Das Paradies kann warten

DAS PARADIES KANN WARTEN

Gruppierungen
mit totalitärer Tendenz

Jacques Vontobel • Hugo Stamm • Rosmarie Gerber
Kurt-Emil Merki • Klaus J. Beck • Maja Wicki

WERDVERLAG

Dieses Buch entstand im Auftrag und mit Unterstützung der Erziehungsdirektion des Kantons Zürich.

Die Deutsche Bibliothek –
CIP-Einheitsaufnahme
Das Paradies kann warten : Gruppierungen mit totalitärer Tendenz / [Hrsg.: Pestalozzianum Zürich]. Jacques Vontobel ... [im Auftrag der Erziehungsdirektion des Kantons Zürich. Ill.: Rolf Weber]. – Zürich : Werd, 1992.
ISBN 3 85932 116 1
NE: Vontobel, Jacques; Pestalozzianum <Zürich>

3., überarbeitete Auflage 1993

Projektleitung/Redaktion: Jacques Vontobel

Fachberatung: Joachim Finger, Joachim Müller, Georg Schmid und Christoph Zingg

Lektorat: Georges Ammann, Andreas Vögeli

Illustrationen/Gestaltung: Rolf Weber, Lenzburg

Layout/Produktion: Vera Honegger, Pestalozzianum Verlag

Belichtungen: Fotosatz Salinger AG, Zürich

Druck/Vertrieb: Werd Verlag, Zürich (Buchhandel)
Pestalozzianum Verlag Zürich

ISBN : 3 85932 116 1

Inhalt

	Seite
Zur dritten Auflage	6
Aufbruch ins Paradies? – Aufbruch ins Abseits?	7
Die Suche nach dem heilen Leben. Eine Annäherung an Gruppierungen mit vereinnahmender Tendenz. *(Jacques Vontobel, unter Mitarbeit von Klaus J. Beck)*	9
Moonies – Himmlische Kolonnen gegen den Kommunismus (*Hugo Stamm*)	27
Scientology – Eine Pseudokirche lässt sich den Würgegriff vergolden *(Hugo Stamm)*	43
“Gefährliche Gruppierungen”? Ein erstes Gespräch (*Jacques Vontobel*)	67
Hare Krischna – Ein Leben in Askese für den Guru (*Hugo Stamm*)	77
Kinder Gottes – Ein Sex-Prophet im Kampf mit dem Antichristen *(Hugo Stamm)*	89
Den Sirenengesängen erliegen? Ein zweites Gespräch (*Jacques Vontobel*)	103
Jugendliche auf der Suche nach dem Okkulten (*Maja Wicki*)	111
Opus Dei – Heroische Unterwerfung für Gottes Stosstrupp *(Rosmarie Gerber)*	129
Eine Welt, aus der man nicht auszubrechen braucht. Ein drittes Gespräch *(Jacques Vontobel)*	141
Atemnot im biblischen Korsett – Evangelikale mit fundamentalistischer Tendenz *(Klaus J. Beck)*	147
VPM – Entschieden für den rechten Weg (*Kurt-Emil Merki*)	159
Anwerbung und Verstrickung im Netz der Abhängigkeiten. Beschränkter Spielraum der Angehörigen *(Hugo Stamm)*	179
Selten zu Hause: Home Boys. Beobachtungen zu einer neueren Jugendgruppierung in einem Schulkreis *(Klaus J. Beck)*	193
Damit es nicht so weit kommt. Konsequenzen für Erziehung und Bildung *(Jacques Vontobel)*	213
Anhang	
– Begriffserklärungen	221
– Beratungsstellen	230
– Arbeitshilfen für Unterricht und Erwachsenenbildung	232
– Fragebogen und Arbeitsblätter	233
– Autorinnen und Autoren	238

Zur dritten Auflage

"Das Paradies kann warten" fand in der Öffentlichkeit eine starke Resonanz. Die beiden ersten Auflagen waren innert kurzer Zeit vergriffen.

In vielen zustimmenden Reaktionen kam zum Ausdruck, dass hier ein aktuelles gesellschaftliches Thema aufgegriffen und eine schon lange fällige Diskussion ausgelöst wurde. Hingegen stiess die Publikation vor allem innerhalb der erwähnten Gruppierungen auf Kritik. Zum Teil gelang es, Gespräche in die Wege zu leiten, die zu genaueren Formulierungen führten; es wurden aber auch Begehren um gerichtliche Beurteilung gewisser Aussagen eingereicht.

Obwohl das Buch ausdrücklich darauf hinweist, dass die neun exemplarisch ausgewählten Gruppierungen im Ausmass ihrer vereinnahmenden Tendenz deutlich voneinander abweichen, wurde ihre gemeinsame Darstellung in einem Band erwartungsgemäss oft kritisiert. Viele Zuschriften wiesen darauf hin, dass das Kapitel "Evangelikale" zum Teil verallgemeinernde oder historisch zu wenig hergeleitete Aussagen enthalte. Deshalb wurde dieses Kapitel für die dritte Auflage neu geschrieben. An der Grundaussage hat sich allerdings nichts geändert: "Evangelikale" zeichnen sich zwar nicht generell durch eine vereinnahmende Tendenz aus; aber ihre in mancher Beziehung kompromisslose Ausrichtung kann unter bestimmten Voraussetzungen zum "Nährboden" für vereinnahmende Tendenzen werden.

Weitere Korrekturen betreffen offensichtliche Unrichtigkeiten oder berücksichtigen berechtigte Wünsche nach Präzisierungen.

Auch in der 3. Auflage bleibt die kritische Grundhaltung bestehen.

April 1993
Pestalozzianum Zürich
Erziehungsdirektion des Kantons Zürich

Aufbruch ins Paradies? – Aufbruch ins Abseits?

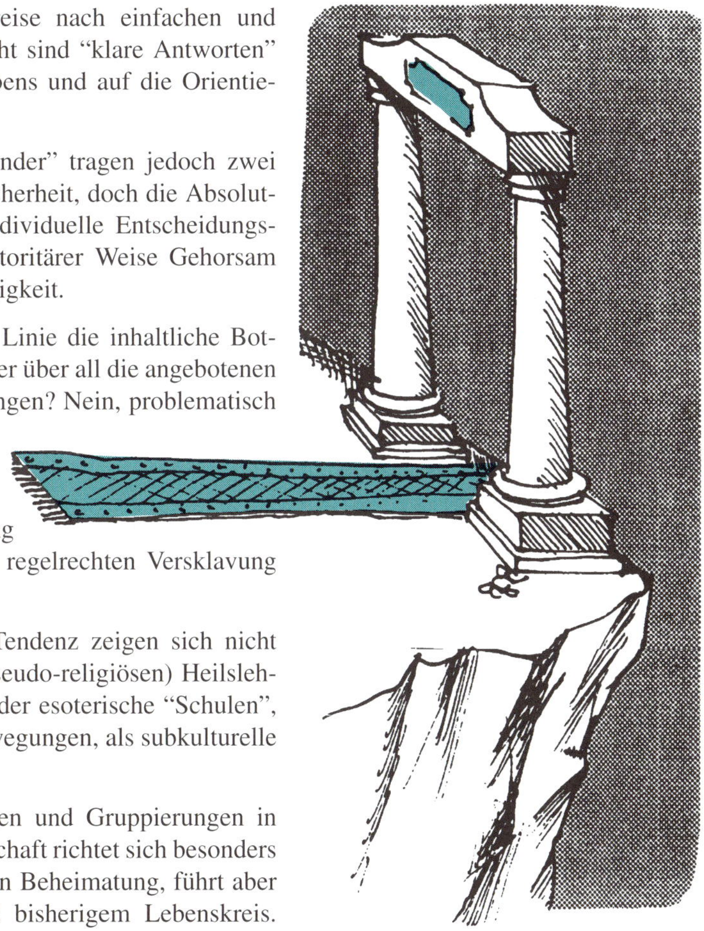

Das Bedürfnis weiter Bevölkerungskreise nach einfachen und griffigen Botschaften nimmt zu. Gesucht sind "klare Antworten" auf die überfordernden Fragen des Lebens und auf die Orientierungs- und Sinn-Defizite unserer Zeit.

Manche dieser angebotenen "Sinn-Spender" tragen jedoch zwei Gesichter: Sie entlasten zwar von Unsicherheit, doch die Absolutheit ihrer Forderungen schränkt die individuelle Entscheidungs- und Kritikfähigkeit ein, verlangt in autoritärer Weise Gehorsam und bewirkt so eine gefährliche Abhängigkeit.

Problematisch ist dabei nicht in erster Linie die inhaltliche Botschaft. Wer wollte sich schon zum Richter über all die angebotenen Lebenshilfen und Wahrheiten aufschwingen? Nein, problematisch ist vor allem die Vereinnahmung von Menschen durch entsprechende Lehren, Glaubenssysteme und Gruppierungen, die der persönlichen Verantwortung für das Handeln entheben und bis zur regelrechten Versklavung führen kann.

Gruppierungen mit vereinnahmender Tendenz zeigen sich nicht nur im Gewand von religiösen (oder pseudo-religiösen) Heilslehren, sondern auch als psychologische oder esoterische "Schulen", als weltanschauliche und politische Bewegungen, als subkulturelle Gruppierungen.

Die Zunahme von solchen Bewegungen und Gruppierungen in jüngster Zeit lässt aufhorchen. Ihre Botschaft richtet sich besonders an junge Menschen und verspricht ihnen Beheimatung, führt aber oft zu Entfremdung von Familie und bisherigem Lebenskreis. Eltern und Lehrpersonen fragen deshalb immer häufiger um Rat, wie sie sich gegenüber solchen oft sehr selbstsicher auftretenden Gruppierungen und den durch sie geschaffenen Problemen verhalten sollen.

Aufgrund vieler Anstösse und Anfragen von verschiedenen Behörden, Lehrkräften und Eltern entschloss sich die Erziehungsdirektion des Kantons Zürich, eine Aufklärungsschrift über Bewegungen und Gruppierungen mit vereinnahmender Tendenz zu erstellen und das Pestalozzianum mit deren Ausarbeitung zu beauftragen.

Autorinnen und Autoren skizzieren Entstehungsbedingungen und konkrete Erscheinungsweisen solcher Gruppierungen. Sie versuchen Licht in die Hintergründe solcher Gruppierungen und ihrer Wirkungsweisen zu bringen, gleichzeitig aber auch beispielhaft Gruppierungen detailliert zu beschreiben und Hilfe für den Umgang mit ihnen zu bieten.

Dass Menschen in Gruppierungen mit vereinnahmender Tendenz verstrickt werden, darf nicht zu vorschnellen Urteilen und Verurteilungen führen. Das Buch soll zur kritischen Auseinandersetzung anregen und mithelfen, das vordergründige Geschehen in die grösseren Zusammenhänge unserer Zeit einzuordnen.

Jacques Vontobel

Ein Lese-Hinweis

Dieses Buch lässt sich auf zwei verschiedenen Ebenen lesen:

- Einerseits enthält es grundsätzliche Überlegungen zu vereinnahmenden Bewegungen (farbiges Papier)
- Anderseits beschreibt es insgesamt neun Beispiele solcher Bewegungen (weisses Papier)

Die beiden Ebenen sind ineinander verschränkt.

Alle Kapitel können unabhängig voneinander gelesen werden. Es ist aber wahrscheinlich – und beabsichtigt – , dass das Interesse rasch auf andere Kapitel überspringt, seien dies nun weitere Beispiele von Gruppierungen oder generelle Fragestellungen.

Ein Anhang enthält Begriffserklärungen, Adressen von Beratungsstellen, Arbeitshilfen für Unterricht und Erwachsenenbildung, Fragebogen zur Selbstklärung und anderes mehr.

Die Suche nach dem heilen Leben

Eine Annäherung an Gruppierungen mit vereinnahmender Tendenz

Das Leben in der pluralistischen Massengesellschaft wird komplizierter. Wer sich in einer Welt widersprüchlichster Anforderungen und Werte orientieren und in ihr seinen Platz finden will, muss eine eigene Identität entwickeln, die Orientierung ermöglicht und Sicherheit gibt. Dies geschieht in der Regel im Rahmen verschiedenster Gruppen, welche in diesem Prozess die Funktion von "sozialen Geh-Hilfen" ausüben. In dieser Zielsetzung bieten sich aber gerade heute auch manche andere Gruppierungen an, die als einfach strukturierte "Welten" erscheinen und einen sicheren Weg zu Glück, Heil und Erfolg versprechen. Diese Gruppierungen sind aber meist totalitär aufgebaut, und die "Geh-Hilfen", die sie anbieten, entlarven sich mit der Zeit als "Laufgitter", welche die individuelle Entwicklung einschränken oder gar verhindern.

Fiat Lux? (Es werde Licht)

Seit kurzem berichten die Medien über den Zulauf von Heilungssuchenden zum Tempel des "Sprachrohres Gottes", der Heilpraktikerin Erika Bertschinger im südlichen Schwarzwald.

An Krücken oder auf eigenen Beinen?

Die ehemalige Fremdsprachenkorrespondentin, die früher in Egg (ZH) und Schwellbrunn (AR) wirkte und sich mit ihrem "Geistnamen" Uriella nennen lässt, behauptet, durch Verbindung mit dem Heiland und das durch ihn verliehene Geheimwissen alle Krankheiten heilen zu können. So verwandelt sie etwa durch 21maliges Rühren (die Wirkzeit ist ihr von "oben" offenbart worden) in einer Badewanne Leitungswasser in Heilwasser, das gegen alle Leiden hilft, zum Beispiel auch gegen Krebs im letzten Stadium.

Ergänzt wird dieser umfangreiche und einträgliche Handel durch Geistheilungen, die sie und ihre "bevollmächtigten Assistenten" in Form von öffentlichen "Streichel"-Ritualen vor der Gemeinde bei Sphärenmusik in Szene setzen.

Im "höheren Auftrag" gründete Uriella den Orden "Fiat Lux", dem mittlerweile hoffnungsuchende Menschen aus allen Schichten der Bevölkerung angehören.

Die Vorschriften für das Ordensleben stellen ein Konglomerat aus Astrologie, Edelsteinkunde, natürlicher Ernährung, Rassenlehre und Bibelzitaten dar. Die Mitglieder des Ordens tragen helle bis weisse Kleider sowie ein Kreuz und ein Marienmedaillon. Sie werden beim Eintritt schriftlich zur Einhaltung der Ordensregeln verpflichtet, die vor allem "Beugung unter den göttlichen Willen" verlangen (und Uriella weitgehende Verfügungsgewalt über ihre Anhänger/innen geben!). Sie haben "Heiligkeit und Vollkommenheit anzustreben", "Enthaltsamkeit und Entsagungen in allen Belangen zu üben", eine "giftfreie Ernährungs- und Lebensweise einzuhalten, d.h. völlige Rohkost ohne Fleisch, Alkohol, Kaffee, Schwarztee, Nikotin, konservierte Lebensmittel und Farbstoffe sowie Pharmazeutika". Gefordert ist ferner Verzicht auf weltliche Lektüre und Vergnügungen jeglicher Art, wie Fernsehen, Radiohören, Zeitungslesen etc., da man alles, was man wissen muss, direkt über Uriella vom "Heiland" erfährt. In kostbare Gewänder gekleidet, mit tadellosem Make-up, das Gesicht umrahmt von dichtem schwarzem Haar – so verkündet Uriella in Volltrance ihre Botschaften.

Wer in den Orden eintritt, bekommt einen neuen Namen, erlebt Massenhochzeiten, und all seine Ängste vor Leiden, Tod und Weltuntergang werden durch die Zusage Uriellas beschwichtigt, er werde im entscheidenden Moment rechtzeitig durch ein Raumschiff evakuiert...

Fiant Tenebrae! (Es werde Dunkelheit)

Das Treiben im und um den Tempel "Fiat Lux" kann bei Aussenstehenden ganz unterschiedliche Reaktionen auslösen:

Soll man über solche selbsternannten Erlöser/innen schlicht lachen und ihre Geschäftstüchtigkeit bewundern? Soll man sich darüber ärgern, dass der Staat solchen Manipulationen keinen Riegel schiebt? Soll man sich wundern, dass die Dummen auf dieser Welt offensichtlich nicht aussterben? Oder soll man das Ganze mit der Bemerkung abtun: "Aber ich doch nicht... mich geht das doch nichts an... jeder muss selbst wissen, was er tut!"?

Es gibt aber auch die Dimension der persönlichen Betroffenheit: Was mag wohl in Menschen vorgehen, die sich auf derartige Heils-Systeme einlassen? Was treibt sie in Abhängigkeiten, die im Extremfall tödlich[1] oder in sklavereiähnlichen Lebensformen enden können? Was erleiden sie als Mitglieder solcher Gruppierungen? Was machen ihre Angehörigen und Freunde durch? – Oder schliesslich die bange Frage: Wäre es möglich, dass ich unter Umständen selber einer solchen Gruppierung zum Opfer fallen und das – wenigstens zu Beginn – auch noch als persönlichen Gewinn empfinden könnte?

Neben dem Orden "Fiat Lux" gibt es unzählige mehr oder weniger vereinnahmende Gruppierungen und Bewegungen. In unterschiedlicher Aufmachung, mit den verschiedensten Kontaktformen und mit verführerischen, situativ-einleuchtenden Versprechungen ködern sie Mitglieder für die grenzenlosen Geld–, Geltungs– und Machtansprüche der Gurus und ihrer Assistenten. Neben eher plumpen "Heils"-Botschaften gibt es solche, die äusserst subtil argumentieren und psychologische Menschenkenntnis, beruflichen und persönlichen Erfolg oder esoterische Sensibilität ins Zentrum ihrer Bemühungen und Versprechungen stellen. Einige davon werden im vorliegenden Buch vorgestellt.

Vereinnahmungen im Alltag

Was uns an "Fiat Lux" erheitert oder erschreckt, findet sich – zumindest ansatzweise bzw. in ideellem Anspruch – auch in unserem "Normal"-Leben: in politischen Parteien und etablierten religiösen Gemeinschaften, im Militär, im Berufsleben, im Erziehungsbereich, im Leistungssport, in geschlossenen Stammtisch- und Jugendgruppen sowie in vielen weiteren frei gebildeten Gruppierungen.

Faschistische Tendenzen, Fundamentalismen, absoluter Disziplinanspruch und detailliert reglementierte Verhaltensmuster, Rituale, autoritäres Verhalten, Konformitäts- und Leistungsdruck, Bandenbildung, ja Folterungen und Misshandlungen sind Auswirkungen von Totalitarismus, die sich auch im Alltag auffinden lassen.

Trotzdem verbleiben im Alltag neben einzelnen totalitär gefärbten Zonen meist viele andere Bereiche, die ein weitgehendes Mass an persönlicher Freiheit, Selbstverwirklichung, freier Information und Eigenverantwortung zulassen (oder zumindest zulassen würden). Und schliesslich kann man solchen Zonen auch ausweichen, Hilfe bei anderen suchen oder sich im Rahmen der geltenden Gesetze dagegen wehren. Anders ist es, wenn Menschen in totalitär strukturierten Gruppierungen durch die Beschneidung von Aussenkontakten, der finanziellen Ressourcen, der Informationsmöglichkeiten sowie der persönlichen Entscheidungsfreiheit und Mobilität in völlige Abhängigkeit und Hilflosigkeit geraten, auch wenn ihnen dies zunächst gar nicht bewusst ist.

Angesichts der gravierenden Folgen, die ein Anschluss an solche Gruppierungen in der Regel nach sich zieht, stellt sich die Frage noch dringender: Was bringt Menschen dazu, solche Abhängigkeiten einzugehen und die dadurch bewirkten Verluste (mindestens am Anfang) noch als Gewinn zu betrachten?

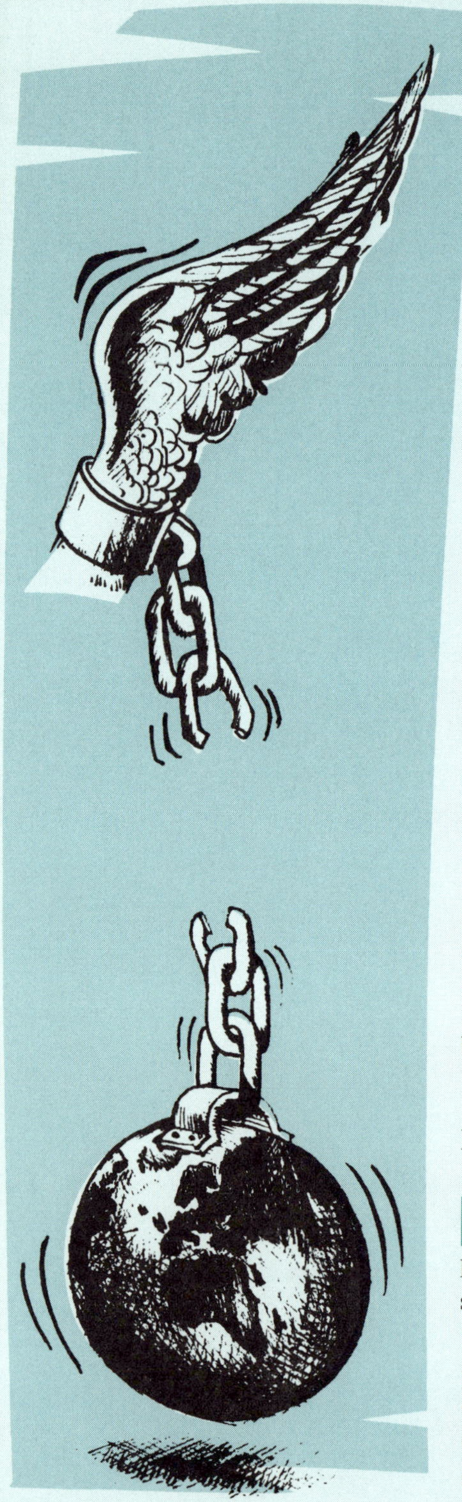

"Es werde Licht" – per Knopfdruck!

Was treibt Menschen dazu, beispielsweise einem Orden wie "Fiat Lux" beizutreten?

Formulieren wir es zunächst allgemein: Sie sehnen sich nach einem "rettenden Prinzip" (F.W. Haack). Von ihm erwarten sie einen Ausweg aus all den Mühseligkeiten und Verstrickungen ihres Alltags. Das "rettende Prinzip" soll mit einem Schlag Finsternis in Licht, Lebensüberdruss in Zuversicht und "Heil" verwandeln. Gleichzeitig mit den quälenden Problemen des einzelnen löst das "rettende Prinzip" dem Anschein nach oft auch alle Probleme der Gesellschaft auf.

Ein solches Heil und Geborgenheit vermittelndes "rettendes Prinzip" hat aber – wie alles in der Welt – auch seine Kehrseite: Es ist oft so übermächtig, so absolut, dass man ihm verfallen kann. In seiner Unfassbarkeit fehlen ihm gleichsam die menschlichen Konturen, um sich mit ihm auseinanderzusetzen. Hier liegt auch die Gefahr: Wer einem Prinzip – auch einem "rettenden" – ausgeliefert ist, kann damit getäuscht, hinters Licht geführt, ausgenutzt, ja versklavt werden. Das "rettende Prinzip" kennt nur eine Wahrheit, nur eine Autorität. Dem einzelnen bleibt, sich ihr unterzuordnen.

Keine "Rettung" ohne Krise

Das "rettende Prinzip" vermag gleichsam "per Knopfdruck" strahlenden Sonnenschein zu verbreiten und quälende Probleme wie Nebelschwaden aufzulösen. Wer aber hat ein solches "Subito-Paradies" nötig? Was für Menschen werden von Gruppierungen wie "Fiat Lux" angezogen?

Es sind vor allem Menschen in *Krisensituationen*, die solcher "Prinzipien" und "Autoritäten" bedürfen. In Krisensituationen wird die persönliche Identität erschüttert, der Lebensfluss stockt, und die lähmende Angst entsteht: Wie soll es weitergehen? "Rettende Prinzipien" finden vor allem in Lebenssituationen Ansatzpunkte, die durch Neuorientierungen oder erhebliche "Brüche" der bisherigen Identität gekennzeichnet sind.

Das "Verfallen", das in individueller Sichtweise als passiv erscheint, hat in gesellschaftlicher Sichtweise auch einen aktiven Aspekt, indem es dazu beiträgt, dass sich das "rettende Prinzip" in der Gesellschaft verbreitet und festsetzt.

Solche Neuorientierungen der bisherigen Identität finden vor allem in den wichtigen Wandlungsphasen des Lebens statt: in der Pubertät, in der Lebensmitte, beim Rückzug aus dem Erwerbsleben, bei schwerer Krankheit, Verlust von Bezugspersonen, sozialem Kontakt und Erwerbstätigkeit etc. Jede dieser Wandlungen erfordert ein Loslassen von etwas, was bisher Sicherheit gab, und ein Suchen nach neuen Lebensgrundlagen, die erst in Ansätzen erkennbar sind. Solche Übergangssituationen, die mit Gefühlen ausgeprägter Verunsicherung verbunden sind, stellen wichtige Ansatzpunkte dar für Gruppierungen, die den Anspruch erheben, mit einem Schlag Ungewissheit wegräumen zu können.

Anfällig für ein "rettendes Prinzip" sind vor allem Menschen mit "gebrochener" Identität bzw. mit Identitätsverlust. Wenn das konkrete Leben von der Vorstellung einer wünschbaren Lebensführung immer weiter wegdriftet, wenn Menschen ihre kritische persönliche Situation nicht mehr verkraften können, wenn sie unter starken Misserfolgserlebnissen, Einsamkeitsgefühlen und Sinnkrisen leiden, wird ihre innere Regulationsfähigkeit mehr und mehr geschwächt. Wenn sich dazu noch massive Verunsicherungen, einschneidende Verlusterlebnisse, ein auswegloser Leidensdruck, Bedrohungen verschiedenster Art oder ein völliger Zusammenbruch der Orientierung gesellen, kann diese Belastung im Extremfall einen völligen Identitätsverlust bewirken. In einer solchen Situation des drohenden individuellen Untergangs klammern sich Menschen naheliegenderweise an jeden Strohhalm, der "Rettung" verspricht.

Das "rettende Prinzip" – verschiedene Ausprägungen

In rationaler Betrachtungsweise müsste eine solche "Rettung" durch Beratungs- und Betreuungsinstitutionen, mittels Unterstützung und Therapie, vertrauensvoller Begleitung und so weiter geleistet werden. Aber Menschen in schweren persönlichen Krisen glauben oft nicht mehr an eine solche Hilfe und haben auch nicht mehr den "Schnauf" für grosse Anstrengungen. Das "rettende Prinzip" leitet sie gleichsam wie ein Engel weg in eine andere, bessere Welt, in die sie nur einzutauchen brauchen, die schützt und wärmt wie das Fruchtwasser den Embryo. Nur von einer radikalen "Subito"-Lösung können sie sich eine absehbare Verbesserung der eigenen Situation erhoffen.

Die massive Ausbreitung totalitärer religiöser Bewegungen in den ehemaligen Ostblockstaaten ist ein aktuelles Beispiel dafür.

Der Beitritt zu einer Gruppierung mit einem "rettenden Prinzip" ist in dieser Sichtweise der Versuch, die eigene Situation durch einen

"Quantensprung" grundlegend zu verändern, vergleichbar etwa mit (realer oder innerer) Emigration, Eintritt in eine "Gegenkultur", Einsatz für eine "Systemveränderung", Flucht in eine Abhängigkeit, in eine Sucht, in eine Pseudo-Welt oder gar in den Suizid.

Interessanterweise erhofften sich die Menschen in den späten 60er und in den 70er Jahren eine Verbesserung ihrer persönlichen Situation im Prinzip durch eine Veränderung des bestehenden gesellschaftlichen und politischen Systems. Mittlerweile ist die Hoffnung, eine Veränderung der sozialen Strukturen bewirke bessere menschliche Lebensbedingungen, merklich abgeklungen. In einer gewissen Ernüchterung hält man es in den 80er und 90er Jahren vielfach für aussichtsreicher, nicht das System, sondern sich selbst zu ändern. Der damalige soziale Aufbruch wandelte sich so in den letzten 15 Jahren mehr und mehr zu einem individuellen Aufbruch. Eine ungeheure Nachfrage nach individuellen Veränderungs- und Entfaltungsmöglichkeiten entstand, deren Bandbreite von psychologischen Selbstverwirklichungskursen bis zur Anklammerung an ein "rettendes Prinzip" reicht. In dieser Anklammerung drückt sich eine Resignation aus: Wenn die reale Welt nicht im wünschbaren Masse verändert werden kann, so muss man sich eben zurückziehen in kleine, "massgeschneiderte" Welten, die den ausgeprägten Bedürfnissen nach Heil, Halt und Geborgenheit entgegenkommen und auf die man in kindlich-regressiver Weise die Verantwortung für sich selber an "Führer" delegieren kann.

Viele dieser "Rückzugswelten" enthalten indessen Forderungen, die sich an das Weltganze richten, so dass die individuellen Ausbrüche letztlich wieder in soziale Aufbrüche münden.

Unsere Gegenwart verstärkt die Tendenz zu passivem, resignativem Ausklinken

Unsere "pluralistisch", "offen" oder "marktwirtschaftlich" genannte Gesellschaft wird mehr und mehr von Krisen geschüttelt. Wirtschaftliche Stagnation, Unsicherheit am Arbeitsplatz, zunehmende Anonymisierung der Beziehungen im sozialen Nahraum, Auflösung von Klassen- und Standeskollektivitäten, fehlender Wohn- und Lebensraum, mangelnde Sinnkriterien und unverbindlicher Normenkonsens, Bedrohungsängste aufgrund feministischer Strömungen, Umweltschäden, multikulturelles Zusammenleben, Staatsverdrossenheit... sind nur einige Stichworte für aktuelle soziokulturelle Faktoren, die Unsicherheit erzeugen und die Impulse zur eigenständigen Lebensgestaltung lähmen.

Allgemein lässt sich sagen: Je identitätsschwächer Menschen sind, je weniger Persönlichkeitsstärke sie haben, desto empfindlicher reagieren sie auf ein Fehlen einheitlicher Orientierungsmuster.

Es braucht Leute, die uns klar und unmissverständlich sagen, was jetzt getan werden muss!

So begründet sich der Ruf bzw. die Suche nach "Führern" aller Art, welche die Komplexität unserer Welt scheinbar auf das "Wesentliche" reduzieren und das "Richtige" durchsetzen.

Das "Wesentliche" und "Richtige" wird so allerdings rasch zum kantigen, harten Holzschnitt, zur Simplifizierung, zum Schwarz-Weiss-Bild, zur Demagogie, zum "Kurz-Schluss". Damit liegen günstige Voraussetzungen für das Entstehen von faschistoiden Gruppierungen vor, aber auch für den gegenwärtigen Boom von Sinn-Stifter-Gruppen esoterischer oder anderer Art.

Die Entwicklungskrise überlagert die gesellschaftliche Krise

Jugendliche erleben diese gesellschaftliche Krisensituation besonders intensiv, weil sie schon durch ihre entwicklungsmässige Umbruchsituation massiv gefordert und sensibilisiert sind. Wenn ihnen beim Aufbau ihrer Identität die ertastete Welt der Erwachsenen als brüchig oder amorph erscheint, kann sich dies zu einer fundamentalen Krise ihrer gesamten Zukunftserwartung und Lebensgestaltung bis hin zum Zusammenbruch der Vorstellung von "Leben aus eigener Kraft" auswachsen.

Wenn sich junge Menschen heute vom Gehäuse der Orientierungsfamilie loslösen, fühlen sie sich oft gleichsam in ein Niemandsland hinausgestossen. Auf ihrer Reise ins Ungewisse bildet die Gruppe der Gleichaltrigen, die "peer group", gleichsam eine "Weltraumfähre", in der sie die dringend benötigte Orientierung und Geborgenheit finden. Aber auch manchen fragwürdigen, vereinnahmenden Bewegungen und Gruppierungen bietet dieses Orientierungs-Vakuum ein reiches Tummelfeld. Manche junge Menschen werden so zum Freiwild für vielerlei "Fallensteller".

Bei vielen Jugendlichen entsteht ein Bruch in der Lebenslinie, wenn sie erfahren, dass die Welt nicht so ist, wie die Erwachsenen sie ihnen darstellen.

Pubertät und Adoleszenz sind Zeiten intensivster Identitätssuche, Zeiten anspruchsvoller, oft hochfahrender Lebensentwürfe, die aber nicht selten in einer unerträglichen Diskrepanz zu den realen Lebensmöglichkeiten in der "anonymen Massengesellschaft" stehen. Sie müssen zurückgenommen und auf Lebensbereiche projiziert werden, die ihrem hohen Anspruch eher genügen. Das sind aber nicht selten (Schein-)Welten, die bestimmte Gruppierungen gemäss dem Wunsch-Lebensstil junger Menschen raffiniert zurechtdrapieren. Viele der sogenannten "Jugendreligionen", der okkulten Gruppen und der gegengesellschaftlichen Jugendgruppierungen sind nach diesem "Strickmuster" aufgebaut.

Die Gruppe macht stark!

Die naheliegendsten Gehhilfen finden wir in den Gruppen, denen wir angehören. Kleinere (etwa die Familie) oder grössere Gruppen (die Gesellschaft) bieten uns Antworten auf unzählige Lebensfragen und entlasten von eigener Entscheidung.

Je ungefestigter die Identität, je unausgeprägter die Persönlichkeitsentwicklung, desto grösser das kompensatorische Bedürfnis, von fertigen Angeboten der Gruppe zur Identitätsfindung Gebrauch zu machen.

Gruppen helfen dem einzelnen, sein Leben besser zu meistern, und geben ihm plausible Antworten auf unzählige Fragen. Sie bieten Sicherheit und ein gewisses Mass an Solidarität, einen überschaubaren Rahmen für Aktionen und soziales Lernen und entlasten vom Stress des permanenten Entscheidungszwanges.

Wie gross die Prägekraft einer Gruppe ist, hängt von der Ungefestigtheit der einzelnen, aber auch von der Durchschlagskraft ihrer Botschaft ab.

Ihre Prägekraft für Mitglieder ist umso grösser, je "komplettere" Lösungen sie scheinbar anbieten kann. Welt- und Sinnklärung, Verhaltens- und Handlungsnormen, klare Abgrenzung von anderen Gruppen und hierarchische Strukturen, in denen jeder seinen Platz kennt und eine "Führerfigur", die den einzelnen lästiger Entscheidungen enthebt, bilden die Basis für Weltbild und Verhalten der Mitglieder.

Krücken nach Mass

Viele Menschen ergreifen auf ihrer Suche nach Halt, Orientierung und Geborgenheit die nächstliegende "Krücke", klammern sich an den erstbesten Haltegriff, der sich ihnen anbietet.

Es gibt aber bekanntlich Haltegriffe und Krücken verschiedenster Qualität. Vor allem kommt es darauf an, ob sie im individuellen Fall das Stehen auf den eigenen Füssen unterstützen oder zumindest die angestrebte Selbständigkeit so wenig wie möglich behindern. Ungeeignet, ja gefährlich sind sie dann, wenn sie die Haltsuchenden noch gehunfähiger machen und in Unfreiheit, Abhängigkeit, Invalidität und Versklavung hineinführen.

Wie hilfreich bzw. wie gefährlich Gruppen für haltsuchende Zeitgenossen sind, lässt sich deshalb nicht absolut, sondern nur im individuellen Bezug bestimmen: Wo ist ein einzelner Mensch hilfsbedürftig? Was sucht er? Welche Entwicklungsmöglichkeiten stehen ihm offen?

Vereinnahmende Gruppierungen – ein gangbarer Weg zum Heil?

Die Suche nach Orientierung, Halt und Geborgenheit hat in unserer Zeit Hochkonjunktur. Suche nach alternativen Lebensformen, chaotisch endende Demonstrationen, Flucht in die Traumwelt von Drogen und Sekten oder Rückzug auf die unmittelbare Bedürfnisbefriedigung – dies alles sind Reaktionen auf nicht durchschaubare und beeinflussbare Entwicklungen in unserer Welt, deren Auswirkungen viele kaum mehr zu ertragen glauben oder sie – ihrer Unerträglichkeit halber – einfach verdrängen.

Während Konsum, Sensationsberieselung, Medikamente und Drogen aller Art bestehende Probleme jeweils nur kurzzeitig überdecken und Therapie oder Beratung oftmals als zu wenig effizient und zu aufwendig erscheinen, zeichnet sich in den "Paradies-Angeboten" mancher totalitärer Gruppierungen ein gangbarer und vor allem schnell erreichbarer Ausweg ab.

In der Vielfalt und Relativität der möglichen Perspektiven und ausgehend von der Frustrationsmenge und vom Leidensdruck vieler Zeitgenossen bieten sie scheinbar den Ansatz für persönliches Glück, sinnvolles Leben und eine "heile" Welt. Ihre scheinbar klar strukturierte Weltordnung wirkt überschaubar, begreifbar, plausibel und "anmächelig" zugleich. Die Vertreter solcher Gruppierungen scheinen zudem oft die einzigen zu sein, die einem wirklich zuhören, die sich für die aufgestauten Probleme interessieren, mit Trost, Hilfe und menschlicher Nähe reagieren und dem "Angeschlagenen" einen festen Platz anzubieten haben.

Je stärker die Prägekraft einer Gruppe durch vorgegebene Strukturen ist, je mehr sie für den einzelnen zum "Gipskorsett" statt zur "Gehhilfe" wird, desto grösser ist die Wahrscheinlichkeit, dass es sich um eine vereinnahmende, totalitäre, autoritär geführte Gruppe handelt.

Die Vorderseite der "pluralistischen Gesellschaft" ist bekannt: Sie bietet verschiedensten Ansichten und Glaubensvorstellungen Raum und zeigt sich tolerant gegenüber Randgruppen und Subkulturen aller Art.
Zur Kehrseite der pluralistischen Gesellschaft gehört dagegen, dass sie keinen allgemeinverbindlichen Orientierungsrahmen bietet und dadurch Gefühle von Orientierungs- und Regellosigkeit bewirken kann.

Der schwierige (Wieder-)Ausstieg aus dem Schein-Paradies

Prekär wird die Lage meist dann, wenn sich die "Paradies"-Tore hinter den Neuankömmlingen geschlossen haben. Statt der erhofften Geborgenheit kommen nun massive Anforderungen auf sie zu, statt wirklicher Fragenbeantwortung ritualisierte Phrasen und statt der erwarteten freien persönlichen Entfaltung Kontakt- und Informationsverbote mit der Welt ausserhalb des goldenen Käfigs. Die Welt "draussen" scheint – ausser als Ort von Neurekrutierungen und als abschreckendes Beispiel – nicht mehr zu existieren.

Parallel dazu erfolgt das "programming"[2] , bei dem das neue Mitglied seine heilsverhindernden Gewohnheiten ablegen und die heilsbringenden Verhaltensweisen seines neuen Lebensraumes annehmen soll. In der Regel wird dabei betont, dass diese Wandlung von höheren Kräften gewollt und unterstützt sei und dass

Auch an den Kirchen nagt zunehmend der Pluralismus.

Der Preis der Freiheit ist Verunsicherung. Anderseits: Allgemeinverbindliche Regelungen schränken die individuellen Freiräume ein und können zu Zwang, Totalitarismus und Diktatur führen.

Widerstände gegen diese Umstellung als Zeichen des "Bösen" gewertet werden müssten, das es zu überwinden gelte.

So entsteht nach und nach – oft durch gehirnwäsche-ähnliche Methoden – eine umfassende Vereinnahmung durch die Gruppierung. Ein Aussteigen wird dadurch zunehmend undenkbar, denn man müsste sonst zugeben, dass alles, was man bisher getan hat, falsch war. Der Sprung zurück ins frühere Leben, in die Verantwortlichkeit, erscheint dermassen schwierig, dass schon der Gedanke daran massive Ängste bewirkt. Wer könnte schon mit dem Bewusstsein leben, ein "Aussätziger" zu sein, der das "Gute" verraten hat, weil er nicht fähig war, ihm nachzuleben? Die Fesseln, welche die "Heilslehre" für das Böse vorgesehen hat, erweisen sich deshalb am Ende oft als Handschellen für ein freies, selbstverantwortetes Leben.

Verschiedene Erscheinungsformen von Gruppierungen mit vereinnahmender Tendenz

Totalitäre, autoritär geführte Gruppierungen treten in den verschiedensten kulturellen Bereichen auf.

Im kirchlich-religiösen Bereich tragen sie etwa die Bezeichnung "Sekten" . In diesem Buch wird der Begriff "Sekte" grundsätzlich vermieden, da er nur ausgrenzt, aber wenig klärt. Trotzdem kann die ursprüngliche Bedeutung von "Sekte" dazu beitragen, das Wesen der vereinnahmenden, totalitären Gruppierungen besser zu verstehen. Das lateinische "secta" (von sequor) hat nämlich noch nicht den engen Bedeutungsgehalt der heutigen "Sekte", sondern meint ganz allgemein "Auftrag", "Richtung", "Richtlinie", "Lehre".

In dieser ursprünglichen Bedeutung kommt ein typisches Merkmal vereinnahmender Gruppierungen zum Ausdruck: die Ausrichtung auf ein gemeinsames Ziel, eine "Mission", welche die Mitglieder miteinander verschweisst. Denn: Wo immer eine Gruppierung von einem gemeinsamen Auftrag durchdrungen ist, treten die Interessen der Mitglieder notwendigerweise zurück. Die gemeinsame Mission ist entscheidend; individuelle Ziele sind zweitrangig!

Als "Sekten" bezeichnet man im Alltag Gemeinschaften, die sich mit einer gewissen Radikalität und Kompromisslosigkeit um eine "religiöse" Lehre scharen. Von dieser erwarten sie ein handfestes "Heil"; gleichzeitig wird der Dialog mit der "übrigen Welt" eingeschränkt oder gar abgebrochen.

Je einseitiger indessen der Blick auf das Ganze (totus) hin und von den einzelnen Teilen (den Mitgliedern) weggerichtet ist, desto mehr erfüllt sich der Tatbestand der "totalitären Gruppe" (totalitär: einseitig aufs Ganze bezogen, die einzelnen Teile vernachlässigend bzw. für sich vereinnahmend). Der Begriff "totalitärer Staat" bringt diesen Bedeutungsgehalt augenfällig zum Ausdruck.

Die Durchdrungenheit der Mitglieder vom gemeinsamen Auftrag verstärkt naheliegenderweise die Binnenkontakte auf Kosten der Aussenkontakte. Denn die Aussenwelt, die vom "Auftrag" noch nicht erreicht wurde, erscheint tendenziell als "problematisch", "auf dem falschen Weg" befindlich und damit als feindlich. Von hier aus ergeben sich einleuchtend wichtige Gruppenmerkmale, die den umgangssprachlichen Begriffen "Sekte" und "sektiererisch" entsprechen.

Die Merkmale der umgangssprachlich "Sekten" genannten Gemeinschaften gelten im Prinzip für sämtliche totalitären und vereinnahmenden Gruppierungen, allerdings mit dem Unterschied, dass deren "Lehre" und "Heil" nicht in einem engeren Sinne religiös sein muss, sondern auch andere Bereiche betreffen kann: weltanschauliche, philosophische, politische, pädagogische, wirtschaftliche, kulturelle, "esoterische"... In all diesen Bereichen sind spezifische "Lehren" und Lebenshaltungen möglich, die ein Gefühl von "Heil", Geborgenheit und Auserwähltheit vermitteln und die umgebende Welt als fremd und gefährlich erscheinen lassen. Im Gegenzug zu dieser Ablehnung der Gesamtgesellschaft zeigt sich oft ein besonderer Missionseifer, der die "Richtigkeit" der eigenen Lehre zu bestätigen sucht.

Auch der moderne, aber unglückliche Begriff der "Jugendreligionen"[3] entspricht grundsätzlich dem Konzept der vereinnahmenden, totalitären Gruppierung. Der Begriff ist unzutreffend, weil sich "Jugendreligionen" keineswegs spezifisch an Jugendliche wenden. Sie sind bei Jugendlichen allerdings oft besonders erfolgreich, weil sie geschickt die gesellschaftlichen Defizite ausnutzen, auf die Jugendliche aufgrund ihrer Altersproblematik sensibel reagieren. Der Sendungsauftrag, das Elite-Bewusstsein und das intensive Gemeinschaftsgefühl, das "Jugendreligionen" vermitteln, spricht viele Jugendliche zutiefst an, reisst sie (vermeintlich) radikal aus dem wenig einladenden Eingliederungsprozess in die Erwachse-

Diese formale Betrachtungsweise darf den Blick auf den je individuellen "ideologischen Kern" dieser Gruppierungen nicht verstellen, der stets als eine Kritik an den bestehenden gesellschaftlichen Zuständen und als ein Hinweis auf eine notwendige Veränderung verstanden werden muss.

nenwelt heraus und vermag sie in einem entsprechend radikalen Ausmass in ihren Dienst zu stellen.

Fazit: Von der Zielsetzung unseres Buches her erscheint es nicht notwendig, die Begriffe "Sekte", "Jugendreligionen", "neu-religiöse Kulte", "vereinnahmende" und "totalitäre Gruppierungen" scharf voneinander zu unterscheiden. Auch die Bezeichnungen "dogmatische", "doktrinäre" oder "autoritär geführte Gruppen", "destruktive Kulte" etc. stehen vor einem grundsätzlich gleichen Bedeutungshintergrund. Die Motive zum Beitritt, die persönlichen Auswirkungen auf die Mitglieder und die Haltung zur "übrigen Welt" entsprechen sich formal in einem hohen Masse, auch wenn die inhaltlichen "Botschaften" voneinander abweichen mögen.

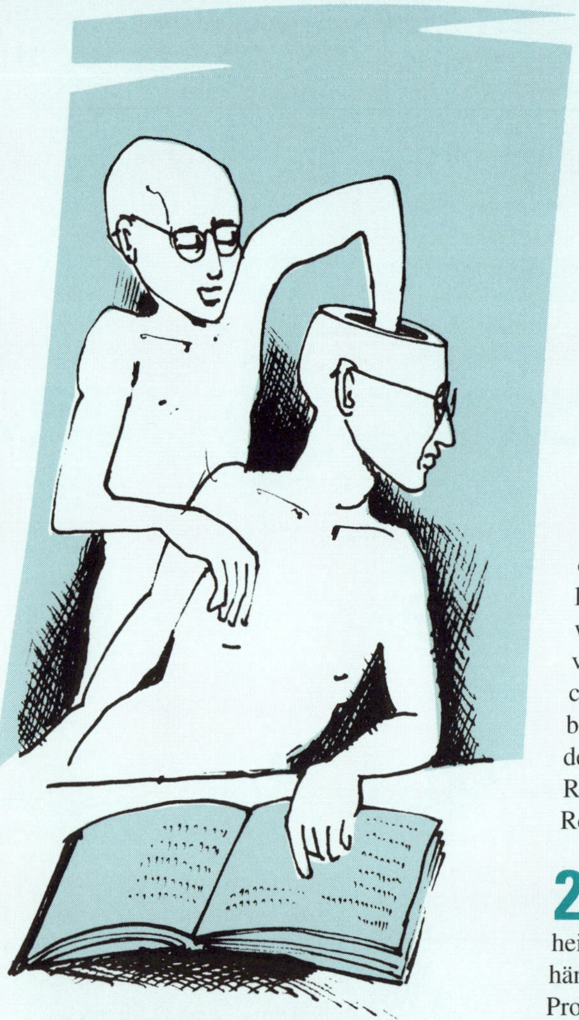

Autoritär strukturierte Gruppierungen mit vereinnahmender Tendenz – einige wichtige Hauptmerkmale[4]

1 Hintergrund ist stets die Berufung auf eine höhere Instanz und ihre Eingebungen bzw. auf ihren alleinigen Wahrheits- und Erkenntnisbesitz, das "richtige" feeling bzw. den "richtigen Durchblick". Eine Diskussion oder Infragestellung der Lehre ist nicht möglich. Jede Abweichung, jede andere Auffassung wird – oft in fanatischer Weise – als Irrlehre mit verderblichen persönlichen oder gesellschaftlichen Konsequenzen gebrandmarkt. Damit begründet sich der Alleinvertretungsanspruch des "Gurus" bzw. der Gruppierung sowie das Recht, auch gegen gesellschaftliche Gesetze und Regeln zu verstossen.

2 Wahrheiten und Zusammenhänge werden auf einige wenige, in ihrem Allgemeinheitsgrad nicht mehr überprüfbare Zusammenhänge reduziert, die man zu durchschauen glaubt. Problemlösungen kommen durch besonderen Einsatz für die Gruppierung, das Einhalten bestimmter Rituale und/oder nach dem Muster "deus ex machina" zustande.

3 An der Spitze steht ein "Guru", meist der Gründer (selten eine Gruppe), der allein im Besitz der vollen Wahrheit ist, der mit höheren "Mächten" Kontakt hat oder diesen sogar angehört und dessen Entscheidungen – sogar wenn widersprüchlich – unfehlbar sind. Er kann in eigener Machtvollkommenheit "Assistenten" bevollmächtigen.

4 Mitgliedern, die alle gestellten Auflagen erfüllen, wird ein Heilsanspruch, Sicherheit bzw. Rettung vor drohenden Gefahren, Glück und ein erfolgreiches, "richtiges" Leben versprochen.

5 Abweichler und Nicht-Zugehörige gelten als verloren, feindlich oder als Verkörperung des Bösen. Sie müssen einerseits missioniert, anderseits abgewehrt werden.

6 Die Autonomiebestrebungen der Gruppierung gegenüber der Umgebung und ihre Abgrenzung schliessen die Auffassung ein, dass man berechtigt sei, den "Ungläubigen" das wegzunehmen, was man selbst benötige, sei es mit "List" oder mit Gewalt.

7 Die bisherige Identität von Mitgliedern wird durch Zuteilung eines neuen Namens, Einschränkung der bisherigen Aussenkontakte, Verbot bestimmter Informationsquellen und Kritik an der "Lehre", ständige formelhafte Wiederholung der Grundsätze der Gruppierung etc. abrupt verändert.

8 Gleichzeitig werden die Binnenkontakte zwischen den Gruppenmitgliedern ritualisiert und schematisiert und dadurch unerwünschte Initiativen von ihrer Seite abgeblockt. Gemeinsame Arbeit, Lebensformen und Feste sollen den ständigen Einsatz für die Gruppe sichern, Aussenkontakte und Kritik durch permanente Beschäftigung vermeiden helfen und den wirtschaftlichen Status der Gruppierung sichern. "Nicht-Erleuchtete" und "Rückfällige" gilt es rechtzeitig zu erkennen. Sie müssen – nötigenfalls auch gegen ihren Willen – "zurückgehalten", "behandelt" oder "bestraft" werden.

Eine Auswahl von Gruppierungen mit vereinnahmender Tendenz

Dieses Buch versucht, aus der Fülle verschiedenster einschlägiger Gruppierungen beispielhaft einige herauszugreifen und monographisch zu skizzieren. Diese Auswahl ist natürlich in keiner Weise repräsentativ für alle entsprechenden Gruppierungen.

Die wegleitenden Kriterien für die Auswahl waren pragmatischer Natur:

- Die ausgewählten Gruppierungen haben in der gegenwärtigen gesellschaftlichen Wirklichkeit eine gewisse Aktualität.
- Sie "reiben" sich mit der übrigen Gesellschaft, d.h. sie erzeugen

Diskrepanzen und Konflikte mit staatlichen und anderen Institutionen und Organisationen.

- Ihre "Botschaft" spricht in besonderem Masse junge Menschen an.

- Sie repräsentieren zusammen in exemplarischer Form ein möglichst weites Spektrum verschiedenartiger inhaltlicher Botschaften und Aktionsformen.

Die hier ausgewählten Gruppierungen zeichnen sich nicht notwendigerweise durch eine besonders ausgeprägte vereinnahmende und totalitäre Tendenz aus, sondern haben ausschliesslich Beispielcharakter. Sie wollen – stellvertretend für viele andere – wichtige Phänomene und Mechanismen augenfällig machen und modellartig aufzeigen, was sich gegenwärtig an verschiedensten Punkten in unserer Gesellschaft – oft zu wenig bemerkt – ereignet. Sie wollen illustrieren, nicht "entlarven".

Die ausgewählten Gruppierungen in knappen "Steckbriefen"

- **Moonies** (Vereinigungskirche) und **Kinder Gottes** sind klassische Beispiele von "Jugendsekten". Beide sind im Dunstkreis des Christentums entstanden und – als "Erweckungsbewegungen" – an seinem äussersten Rand angesiedelt. Während die "Kinder Gottes" ("Familiy of God") vor allem die massiven und vielfach unbefriedigten Bedürfnisse junger Menschen nach familiärer Geborgenheit und "Nestwärme" ausnützen, spricht Moons "Vereinigungskirche" stärker das Bedürfnis nach einer umfassenden Orientierung an, die religiöses und weltliches "Heil" in sich vereint und eine handfeste Deutung der Zukunft unserer Welt vermittelt.

- **Hare Krishna** ist ein Beispiel einer "Guru-Bewegung", die vor dem Hintergrund eines fernöstlichen (hinduistischen) Menschen- und Weltbildes verstanden werden muss.

- Die Gruppierung **Scientology** nennt sich zwar "Kirche", muss aber als eine säkulare Vereinigung gesehen werden, die dem Bedürfnis nach Selbsterkenntnis mit einem unternehmerisch sehr geschickt aufgezogenen "Klärungs-Angebot" antwortet.

- Mehr oder weniger vereinnahmenden und totalitären Charakter weisen auch manche **Okkult-Zirkel** auf, die auf der aktuellen New Age-, Esoterik- und Spiritismus-Welle reiten.

- Der **Verein zur Förderung der psychologischen Menschenkenntnis (VPM)** ist eine Gruppierung mit vereinnahmender Tendenz, die sich aus einer psychologischen "Schule" heraus gebildet hat, also ausserhalb einer religiösen Tradition steht.

- Das Beispiel der **Home Boys** zeigt, dass in unserer Zeit auch viele spontane, nicht durch einen "Guru" oder eine "Lehre" begründete Zusammenschlüsse totalitäre Tendenzen aufweisen können. Die Existenz solcher Gruppierungen erklärt sich durch die Tatsache, dass sich die individuelle Bedeutungslosigkeit durch den Zusammenschluss in entsprechenden Gruppen in ein berauschendes Machtgefühl verwandeln kann. Andere Beispiele wären – politisch gesehen – faschistoide Gruppierungen von Jugendlichen oder Erwachsenen.
- Auch innerhalb der etablierten Kirchen sind gegenwärtig Gruppierungen mit vereinnahmender Tendenz festzustellen. **Opus Dei** hat sich aus der katholischen Kirche heraus entwickelt; die Bewegung der fundamentalistisch orientierten **Evangelikalen** ist im Schoss der protestantischen Kirche gewachsen. Beide sind Beispiele fundamentalistischer Strömungen, die auch in anderen religiösen Bekenntnissen (z.B. im Islam) eine Rolle spielen.

Anmerkungen

[1] Etwa wenn die Gruppe den Gang zum Arzt verbietet.

[2] wörtlich: programmieren. Gemeint sind hier Verfahren, bei denen unerwünschte Verhaltensweisen und Denkstrukturen gelöscht und durch gruppenkonforme ersetzt werden sollen.

[3] Der Begriff "Jugendreligion" deckt sich zum Teil mit dem Begriff "Neue religiöse Bewegungen".

[4] Diese Typologie hat – wie jede Typologie – ihre Abgrenzungsproblematik. Die "Home Boys" sowie manche okkulte Gruppierungen erfüllen nicht alle erwähnten Merkmale, befinden sich also in einem Rand- und Übergangsbereich zu anderen Gruppenformen.

Eine Literaturauswahl zum Thema

Handbücher/Lexika

Eggenberger, O.: Die Kirchen, Sondergruppen und religiösen Vereinigungen. Zürich, 5. Aufl. 1990. (Kurze Beschreibungen der wichtigsten religiösen Bewegungen im deutschsprachigen Raum; gehört in jede Handbibliothek.)

Gasper, H., Müller, J. und Valentin, F.: Lexikon der Sekten, Sondergruppen und Weltanschauungen. Freiburg/Bs., 4. Aufl. 1992. (Nachschlagewerk, das über die wichtigsten Sekten, Sondergruppen und Weltanschauungen, ihre Lehre und Lebenspraxis informiert und theologische, religions-, human- und sozialwissenschaftliche Hintergründe erschliesst.)

Reller, H. und Kiessing, M.: Handbuch religiöser Gemeinschaften, Freikirchen, Sondergemeinschaften, Sekten, Weltanschauungsgemeinschaften, Neureligionen. Gütersloh, 3. Aufl., 1985.

Reimer, I.: Evangelistisch-missionarische Werke und Einrichtungen im deutschsprachigen Raum. Stuttgart 1991. (Praktisches Nachschlagewerk über die evangelistischen Gemeinschaften und Bewegungen.)

Wichtige Merkmale der neun Gruppierungen im Vergleich

1 Bezeichnung der Gruppierung	**MOONIES** Vereinigungskirche (Unification Church) Mun-Bewegung Vereinigte Familie	**SCIENTOLOGY** (Dianetik)	**HARE KRISCHNA** (Internat. Gesellschaft für Krishna-Bewusstsein) (ISKCON)	**KINDER GOTTES** Familie der Liebe (Family of Love)
2 Entstehungsort und -zeit	Südkorea 1954	USA 1954	USA 1966	USA, Kalifornien 1968
3 Gründer	Sun Myung Moon (Mun) * 1920 ("Der neue Messias")	L.Ron Hubbard 1911-1986	Swami Prabhupada (1896-1977) ("Göttlicher Meister")	David Berg *1919 ("Moses David")
4 Basiswerk	"Die göttlichen Prinzipien" "Die Familie" (Zeitschrift)	"Dianetik – die mod. Wissenschaft der geistigen Gesundheit"	"Die Bhagavadgita - wie sie wirklich ist" (1966)	"MO-Briefe"
5 Schlüsselbegriffe der Lehre	Vollendung des (gescheiterten) Erlösungswerkes Christi	Steigerung der geistigen Fähigkeiten ("clear") zur Rettung der Menschheit vor dem drohenden Untergang	Erreichung des Krishna-Bewusstseins (Gottes-Bewusstheit)	Reich Gottes auf Erden vorbereiten, Antichrist bekämpfen, das Volk zu Gott führen.
6 Mitgliederzahl/ Organisation	Weltweit: gegen 200'000 Schweiz: 5 Zentren, weniger als 100 Mitglieder	Weltweit ca. 700 Kirchen, Schweiz: 5 Kirchen, 10 Missionen, ca. 300 Mitarbeiter, ca. 4'500 Mitglieder	Weltweit ca. 100'000 geweihte und Laienmitglieder Schweiz: 3 Zentren, 50-70 Mitglieder	Schweiz: ca. 10 Familien
7 Unterorganisationen/ verwandte Organisationen	The Collegiate Association for the Research of Principles, (C.A.R.P.) The International Queworld Crusade I.C.U.S. P.W.P.A. I.O.F. CAUSA	ZIEL (Zentrum für individuelles und effektives Lernen) Narconon (Drogenrehabilitation) WISE (World Institute of Scientology Enterprises) Verein verantwortungsbewusster Geschäftsleute CCHR (Bürgerkommission für Menschenrechte)		Teens for Christ World Services Gospel Service World Missions Heavens Magic

1 Bezeichnung der Gruppierung	**OKKULTISMUS** Spiritismus Magie Hexenkulte Satanismus	**OPUS DEI** (Werk Gottes)	**EVANGELIKALE**	**VPM** Verein zur Förderung der psychologischen Menschenkenntnis "Zürcher Schule"	**HOME BOYS** (Fly Girls)
2 Entstehungsort und -zeit	USA und Europa ab ca. 1965	Spanien 1928	USA, Europa	Schweiz	USA ca. ab 1950-60
3 Gründer		Josémaria Escriva de Balaguèr		Annemarie Buchholz-Kaiser (Friedrich Liebling, 1894-1982)	Spontane Gründungen unter schwarzen Ghetto-Jugendlichen
4 Basiswerk		"Der Weg"		"Der VPM - was er wirklich ist" Zeitschrift "Menschenkenntnis" "Gemeinschaft"	Hip Hop-/Rap-Musik diffuse Gegnerschaft gegen etablierte Gesellschaft
5 Schlüsselbegriffe der Lehre					
6 Mitgliederzahl/ Organisation		Weltweit ca. 75'000 Mitglieder		CH: ca. 1'200 Mitglieder und Anhänger BRD + A: ca. 800 Mitglieder und Anhänger	Lokale Gruppierungen in Agglomerationen
7 Unterorganisationen/ verwandte Organisationen		Kulturverein Arbor Internat. Limmatstiftung Verein für die Förderung der techn. und human. Bildung Verein für Jugendbildung Stiftung für internat. Zusammenarbeit Verein Internat. Tagungsseminar		Aids-Aufklärung Schweiz Verein drogenfreie Schule Studentenforum an der Uni ZH etc.	

Übersichts-Werke

Eggenberger, O.: Kleine Sektenkunde. Zürich, 6. Aufl., 1991. (Guter Überblick über Sekten.)

Werkmappe "Sekten, religiöse Sondergemeinschaften Weltanschauungen," hg. vom Referat für Weltanschauungsfragen, Sekten und religiöse Gemeinschaften, A-1010 Wien in Zus. arbeit mit der Arb.gruppe "Neue religiöse Bewegungen in der Schweiz" der Schweiz. Bischofskonferenz und des Schweiz. Evang. Kirchenbundes sowie der Kath. Sozialethischen Arb.stelle der Dt. Bischofskonferenz. (Jedes Jahr erscheinen 3-4 Faszikel über Sekten und Weltanschauungsgemeinschaften.)

Jugendreligionen in der BRD. Bericht in der Bundesrepublik an den Petitionsausschuss des Dt. Bundestages. Bonn 1983.

Haack, F.W.: Europas neue Religion. Sekten – Gurus – Satanskult. Zürich/ München 1991.

Keden, J., Hemminger, H.J. und Schmidt-Dominé, J.: Gurus, Geister, Heiler und Propheten. Neukirchen 1991. (Hilfreicher Überblick über die neue religiöse Szene, besonders geeignet für Jugendliche.)

Schmid, G.: Im Dschungel der neuen Religiosität. Esoterik, östliche Mystik, Sekten, Islam, Fundamentalismus, Volkskirchen. Stuttgart 1992. (Ein kompetenter Führer durch das Dickicht traditioneller und neuer Religiosität.)

Rechtsfragen

Schweizerische Arbeitsgemeinschaft gegen destruktive Kulte (SADK): Sekten im rechtsfreien Raum? Zürich 1990.

Taudien, H.: Grenzen der Religionsfreiheit. München 1987.

Moonies – himmlische Kolonnen gegen den Kommunismus

Die vom Koreaner San Myung Moon gegründete Bewegung baut durch Verquickung von biblischen Elementen mit politischen Programmen (Antikommunismus) und einer geschickten Darstellung seiner Person einen "Messias" auf, der zur Rettung der gegenwärtigen Welt ausersehen ist. Diese Rettung bedarf aber des unermüdlichen und selbstlosen Einsatzes aller Mitglieder der Bewegung. Daraus erwächst schliesslich ein weltumspannendes wirtschaftliches Imperium.

Wer den im Ausland missionierenden Moonies auf den Leim kriecht, gilt für die Angehörigen oft jahrelang als verschollen. Die Entbehrungen, welche die Anhänger Moons als Werkzeuge für seine "Welteroberung" erleiden, werden durch die Hoffnung entschädigt, dereinst im Schosse der "wahren Familie" das ewige Leben zu erlangen. In dieser Gewissheit bereitet das Jugendheer des neuen Messias Moon das Reich Gottes auf Erden vor.

San Francisco, Bushaltestelle an der Missionstreet. Peter, ein 22jähriger Sprachschüler aus der Schweiz, wird von zwei jungen, sympathischen Frauen angesprochen und zu einem Abendessen ins Flood-Building an der Marketstreet eingeladen. Die beiden Gastgeberinnen, eine Deutsche und eine Österreicherin, geben sich als Mitglieder einer internationalen Studentenorganisation aus. Beim Treffen wird geplaudert und gesungen. Später wird Peter mit einer Diashow auf einen siebentägigen Workshop neugierig gemacht, den die Organisation gleich morgen durchführen will. Dass die netten, jungen Leute Anhänger des Südkoreaners San Myung Moon sind, dem Gründer der "Vereinigungskirche", ahnt Peter nicht. Im

Rekrutierungszentrum in der City gibt es keine Hinweise darauf.

Der junge Schweizer fühlt sich von seinen Betreuerinnen angetan, meldet sich bei der Sprachschule kurzerhand für eine Woche ab und wird noch am gleichen Abend ins Camp Waacama-Hills im Napa-Valley ausserhalb von San Francisco gebracht. Im Kurs werden vor allem religiöse Themen behandelt: die Schöpfungsgeschichte und alttestamentliche Fragen. Der Workshop gipfelt in der These, dass die biblischen Offenbarungen auf das Kommen eines neuen Messias hinweisen. Dieser Messias aber kann nur einer sein: San Myung Moon.

Peter behagt die religiöse Thematik nicht sonderlich. Er will zurück in die Sprachschule, wird aber von seinen persönlichen Betreuerinnen ins Gebet genommen: Es sei kein Zufall, dass er hier gelandet sei, es handle sich um einen besonderen Ort. Deshalb dürfe er jetzt nicht aufgeben und müsse weiter studieren, sich voll einsetzen, um die Wahrheit zu finden. Peter wird schwach, er vermag sich nicht durchzusetzen und nein zu sagen.

Die Schonzeit ist vorbei, die Moonies verordnen Peter ein 21-Tage-Seminar. Der Stundenplan ist randvoll, die Zeit der Unverbindlichkeiten vorbei. Zu ihrer Überraschung müssen Peter und seine andern Campgäste mit eiserner Disziplin die "Göttlichen Prinzipien", San Myung Moons Bibel, pauken. Fragen schätzt der Kursleiter nicht. Peter wird stets vertröstet. Dieses Thema werde in einer der nächsten Stunden besprochen, bekommt er zur Antwort.

Jeden dritten Tag muss Peter einen "Erfolgsbericht" schreiben und ihn mit dem Kursleiter besprechen. So erfährt dieser, wie stark die "Gehirnwäsche" – wie viele Sektenkenner die Indoktrinierung bezeichnen – gewirkt hat. Und immer wieder bekommt Peter zu hören: Dies ist ein spezieller Ort; Gott hat dich geleitet, du bist nicht zufällig hier!

Peter wird nun regelmässig von seiner persönlichen Betreuerin in vertraulichen Gesprächen unter vier Augen ausgehorcht. Er ist froh, jemandem seine Ängste und Zweifel anvertrauen zu können. Die Betreuerin jedoch überbringt die intimen Informationen ungefiltert dem Kursleiter, der zu Peters Verblüffung bei der nächsten Aussprache mit hellseherischen Fähigkeiten auftrumpft.

Am Ende des 21-Tage-Kurses folgt die Graduation, die Nagelprobe. Es wird getestet, ob die Geschichte vom neuen Messias verfangen hat und ob aus den Campgästen linientreue Moonies geworden sind. Wer noch nicht genug imprägniert ist, erhält das Diplom nicht und muss nachsitzen. Peter ist ein zäher Brocken, er gehört zu den Zweiflern. Bei ihm dauert der Kurs sechs Wochen.

"Wer den Kurs abgeschlossen hat, steckt derart tief im Teufelskreis, dass er keine Chance mehr hat, aus eigener Kraft auszusteigen",

sagt Peter rückblickend. "Ich hatte das Glück, dass Angehörige mich und die Camp-Leiter auf geschickte Weise überrumpelten. Ich realisierte erst auf dem Flughafen von San Francisco, dass ich auf sanfte Weise gekidnappt worden war. Zu Hause kümmerten sich einige Ex-Moonies um mich, die mir in langen, persönlichen Gesprächen klar machten, in was hinein ich mich verrannt hatte. Sie zeigten mir das wahre Gesicht von Moon, dem Gründer der Vereinigungskirche, und seine raffinierten Manipulationsmethoden."

Solche Befreiungsgespräche wurden auch unter dem Begriff "Deprogrammieren" bekannt. Sie sind rechtlich illegal und in Fachkreisen umstritten. Doch manche Eltern sehen keine andere Möglichkeit, ihre Kinder aus der Sektenwelt zu befreien. Im Fall von Peter mussten die Ex-Moonies zuerst sein Vertrauen gewinnen, denn er war im 21-Tage-Kurs mit wahren Horrorstories vor möglichen Deprogrammierern gewarnt worden. Diese seien ein Werkzeug des Satans. Um nicht in ihre Hände zu geraten, treten Moonies meistens zu zweit auf und dürfen keine regelmässigen Kontakte nach aussen pflegen. "Ich musste eine Erklärung unterschreiben, dass ich freiwillig bei den Moonies sei. Damit wollten die Camp-Leiter zur Polizei gehen, falls ich von Deprogrammierern erwischt würde", erzählt Peter.

Was hielt Peter trotz der extremen psychischen und physischen Belastung bei den Moonies? Im Vordergrund stand die Geborgenheit in einer Gemeinschaft junger Leute, die den absoluten Lebenssinn gefunden zu haben glaubte und sich dafür völlig engagierte. Da war aber auch die nackte Angst, den grössten Fehler seines Lebens zu begehen, wenn er, geplagt von Zweifeln, abhauen wollte: "Falls die Prophezeiungen von Moon zutreffen, würde ich mit meiner Abkehr Gott verraten. Deshalb muss ich ausharren, um der Wahrheit definitiv auf den Grund zu kommen", redete sich Peter jeweils ein. (Die Geschichte von Peter wurde zum Schutz seiner Persönlichkeitssphäre verfremdet.)

Im Stil von Jesus

Der Gründer der Vereinigungskirche, auch Moon-Bewegung genannt, verkündet, der neue Messias und "wahre Vater" zu sein. Da es wenig gesicherte Daten zur Biographie von Moon gibt und offenbar viele kircheninterne Angaben aus dem Reich der Geschichtsklitterei stammen, lässt sich kein verlässliches Bild zeichnen. Die nachfolgende Lebensgeschichte setzt sich aus jenen Quellen zusammen, die am glaubwürdigsten erschienen.

Geboren wurde Yong Myung Moon, der sich als neuer Messias und "wahrer Vater" versteht, am 25. Februar 1920 als Sohn eines Bauern in Chunju, das heute in Nordkorea liegt. In der kirchenin-

"Ich bin stolz, das Kind des einen Wahren Elternpaares zu werden. – Ich werde unter Einsatz meines Lebens kämpfen. – Ich bin verantwortlich, meine Pflicht und meine Mission zu erfüllen. – Das gelobe ich und schwöre ich." (Aus Moon-Gelöbnis)

ternen Biographie wird das Geburtsdatum kurzerhand auf den 6. Januar vorverlegt. Für einen Messias macht es sich offenbar besser, am Tag der Erscheinung des Herrn auf die Welt gekommen zu sein. "An jenem Tag wurde einem Menschen das Leben geschenkt, dem der göttliche Auftrag für die schwierigste Aufgabe der Geschichte bestimmt war: die Welt zu erneuern", zitiert Friedrich W. Haack im Buch "Jugendreligionen" eine Kirchenschrift der Moonies.

Moons Familie löste sich von den buddhistischen Traditionen und liess sich von einer christlichen, wahrscheinlich presbyterianischen Gemeinschaft bekehren. Mitte der 40er Jahre trat Moon einer Sekte mit dem Namen "Israel Orden" bei, dessen Führer, Kom Moun Paik, sich ebenfalls für den Messias hielt. Die Kirchenbiographie will wissen, dass Moon schon als Kind Visionen hatte. Damit soll wohl die frühe Vorsehung Gottes suggeriert werden. Am Ostermorgen 1936 erhielt er angeblich den Erlösungsauftrag. "Jesus selbst gab ihm den Auftrag, sein Werk hier auf Erden fortzusetzen", heisst es in einer Propagandaschrift der Vereinigungskirche.

Während des Zweiten Weltkriegs wanderte Moon nach Japan aus und studierte in Tokio ein technisches Fach. Von einem Studienabschluss ist nichts bekannt. Rund ein Jahr vor Kriegsende kehrte er nach Korea zurück, wo er versucht haben soll, die christlich orientierten Gemeinschaften zu vereinen; seine Missionsbestrebungen stiessen jedoch auf Ablehnung.

1947 wurde Moon von den kommunistischen Behörden verhaftet und für mehrere Monate inhaftiert, angeblich wegen seltsamen sexuellen Initiationsriten in der Kirche. Verschiedene Quellen behaupten, er sei von christlichen Kreisen denunziert worden. "Durch Denunziation kam es zu mehrfachen Verhaftungen, bis er später in einem Gefängnis brutal geschlagen und – für tot gehalten – in den kalten Schnee hinaus geworfen wurde. Dort wurde sein lebloser Körper von einigen Anhängern gefunden, die jedoch wenig Hoffnung für sein Überleben hatten. Doch wie durch ein Wunder kam San Myung Moon bald wieder zu Kräften", heisst es in einer kircheneigenen Biographie. Friedrich Kabermann zitiert in seinem Buch "Die Jesusfalle" eine andere Schrift, in der die Auferstehungsgeschichte noch deutlicher wird: "Seine trauernden Anhänger finden seinen Körper und beginnen mit den Vorbereitungen für die Beerdigung. Nach drei Tagen kommt er jedoch auf unerklärliche Weise wieder zu sich, und obgleich nach den Misshandlungen alles Blut aus seinem Körper gewichen war, erhebt er sich sofort..."

"Das Leben von Reverend San Myung Moon ist in der Tat aussergewöhnlich; ein Leben, das ein leuchtendes Beispiel einer Vision, eines Glaubens und der Liebe zu allen Menschen ist." (Aus Moon-Zeitschrift)

1948 wurde er erneut verhaftet und zu mehreren Jahren Arbeitslager verurteilt. Laut "New York Times" lautete die Anklage auf Bigamie, weil er, ohne geschieden zu sein, seine zweite Frau geheiratet hatte.

Im Arbeitslager liess Moon erneut seine messianische Vorsehung erkennen. "Wegen systematischer Unterernährung und Überarbeitung starben die meisten Gefangenen bereits nach sechs Monaten. San Myung Moon, von der Liebe Gottes getragen, verbrachte dort knapp drei Jahre, bis ihn 1950 die UNO-Truppen befreiten", verkündet die Moon-Schrift. Die eigentliche Heldentat vollbrachte der unterernährte Häftling nachher: "Darauf unternahm er einen äusserst beschwerlichen Fussmarsch in den Süden. Während Hunderten von Kilometern trug er einen Freund mit gebrochenem Bein auf dem Rücken."

"In der Welt, in der wir leben, tobt seit Jahrzehnten eine Schlacht um die Seelen der Menschen. Zwei diametral entgegengesetzte Gesellschaftssysteme ringen um die Vorherrschaft." (Aus Causa-Report)

Nun machte Moon mit seiner göttlichen Berufung ernst. Er baute seine Heilslehre aus, die er später die "Göttlichen Prinzipien" nennen sollte, verkündete seine heilige Botschaft und gründete am 15. Mai 1954 die "Holy Spirit Association for the Unification of World Christianity", kurz Vereinigungskirche. 1960 heiratet er seine vierte Frau, die 18jährige Hak Ja Han, die Tochter seiner Köchin. Die "wahren Eltern" zeugten 13 Kinder.

Im Kommunismus versteckt sich der Satan

Die Geschichte der Vereinigungskirche ist geprägt vom fanatischen Kampf gegen den Kommunismus. Das politische System des Ostens war für Moon das Werk des Satans. Moon lebte jahrzehntelang mit der Wahnidee, er müsse das Reich Gottes auf Erden errichten, indem er den Kommunismus bezwinge. Sein Hass auf die Kommunisten frass sich in den nordkoreanischen Gefängnissen in seine Seele. Das Erlösungsrezept beschränkt sich deshalb nicht auf die Religion; Moon setzt in der Schlacht gegen das Böse auch politische und wirtschaftliche Kampfmittel ein. Sein Imperium umfasst nicht nur religiöse Stosstrupps, sondern auch politische Organisationen und wirtschaftliche Zweige.

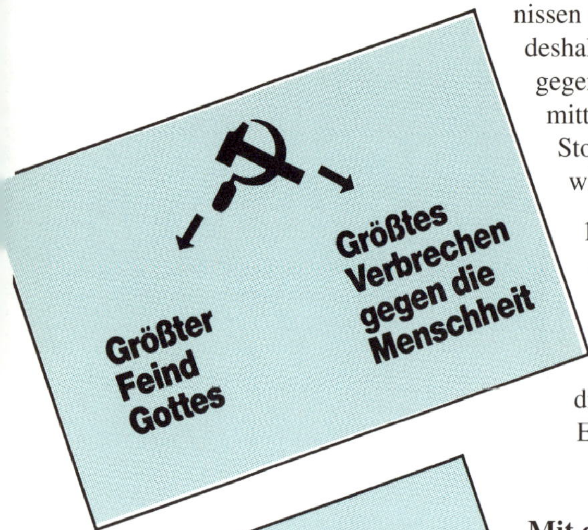

1958, vier Jahre nach der Gründung der Vereinigungskirche, war für Moon die Zeit reif, der westlichen Welt seine messianische Botschaft zu verkünden. Nach einer Versuchsphase in Japan wählte er 1959 die USA als Stützpunkt für seine missionarischen Feldzüge durch die westliche Welt; 1963 streckte er seine Fangarme nach Europa aus.

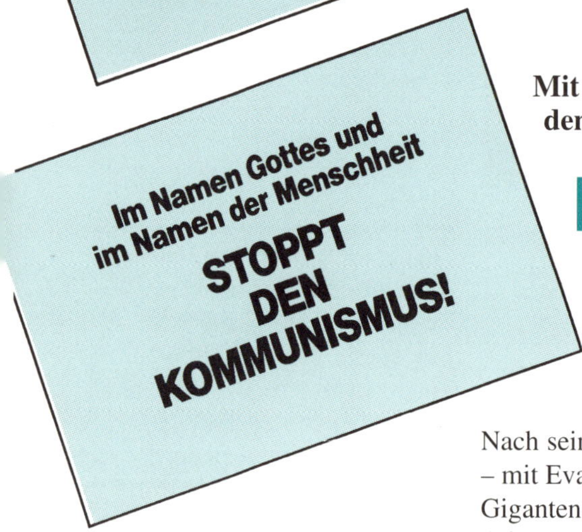

Mit dem neuen Messias und der wahren Familie aus dem Jammertal

Moons Erlösungstheorie basiert auf der Bibel, doch als neuer Messias musste er die Heilsgeschichte fortschreiben und aktualisieren. Gott wirkte dabei als Einflüsterer. Moon nennt seine Bibel die "Göttlichen Prinzipien". Allerdings beschränkt er sich nicht darauf, die Fortsetzung der Heiligen Schrift zu verfassen, er interpretiert sie über weite Strecken neu.

Nach seiner Version begann das Unheil – ähnlich wie in der Bibel – mit Eva und dem Sündenfall, jedoch ohne Apfel. Der Kampf der Giganten – Gott gegen den Teufel – wird auf der Erde ausgetragen. Adam und Eva wandeln als vollkommenes Paar auf der Erde. Doch nicht lange: Luzifer erliegt dem Charme der schönen Eva und verführt sie. Die Befleckte hält die Schmach nicht aus und versucht, Adam in den Sündenfall einzubeziehen, was ihr auch gelingt. Der Satan gewinnt das Spiel, das Paar stürzt ins Verderben, ihre Kinder erben ihre Schwäche. Erlösen könnte sich die Menschheit nur durch Wiedergutmachung: Sie müsste Opfer bringen und den Satan in sich und der Umwelt bekämpfen.

Gott ist aber auf die Hilfe der Menschen angewiesen. In einer ersten Runde schickt er Jesus aufs satanische Schlachtfeld. Doch dieser versagt laut Moon kläglich: Statt als Ersatz-Adam eine reine Eva zu ehelichen und eine wahre Familie zu gründen, lässt sich der Sohn Gottes ans Kreuz nageln. Mit der Kreuzigung verhindert Satan die Erlösung der Welt. Diese abenteuerliche These verkündet Moon nicht nur in den für den internen Gebrauch bestimmten "Göttlichen Prinzipien", er predigte das Versagen von Jesus auch in der Öffentlichkeit. Vor amerikanischen Geistlichen, die er im Mai 1986 nach Südkorea einlud, sagte er: "Aber – und was ich jetzt sage, wird Sie nicht unberührt lassen, und wegen dieser Aussagen bin ich auch mein ganzes Leben verfolgt worden – Jesus Christus war ein Mensch... Seine Mission war es, eine wahre Frau wiederherzustellen; zu seiner Zeit bestand die Möglichkeit einer solch ungewöhnlichen Partnerschaft." Doch Jesus war unfähig, Gottes Plan von der wahren Familie umzusetzen. "In den Augen Gottes hätte ein wahrer Nachkomme Jesu viel grösseren Wert als all die Menschen hier auf Erden zusammen", verkündete Moon.

2000 Jahre lässt Gott die Menschen durch das Jammertal wandeln, bis er Moon als zweiten Messias schickt, die Welt zu erneuern. Und der Koreaner stellt Jesus glatt in den Schatten. Seine vierte Frau entpuppt sich als die wahre Eva, sie bilden das reine Paar, und ihre 13 Kinder sind die vollkommenen Erdenbürger. Moon hat den entscheidenden Schritt im Heilsplan vollbracht; nun gilt es nur noch, den Satan (in Form des Kommunismus!) zu besiegen und die christlichen Kirchen in Moons Vereinigungskirche zusammenzuführen.

Moons Ziel ist es also, dem Satan die kommunistische Welt zu entreissen. Die beiden ersten Weltkriege teilten die Welt in eine demokratische und in eine kommunistische Hälfte, formuliert es Moon in den "Göttlichen Prinzipien". Der dritte Weltkrieg diene dazu, den Kommunismus zu bezwingen. Deshalb führt Moon mit seinen Anhängern auch einen kriegerischen Feldzug. Die Endlösung, das Reich Gottes auf Erden, will der koreanische Kultgründer mit dem Schwert erzwingen. Seine Anhänger geloben denn auch: "Ich werde unter Einsatz meines Lebens kämpfen."

Noch vor kurzem glaubte Moon, er müsse die auf die schiefe Bahn geratene USA retten, bevor er zum entscheidenden Schlag gegen die Kommunisten ausholen könne. Denn sein vermeintlicher Verbündeter wurde zeitweise vom Teufel geritten: Die Vereinigten Staaten hatten es gewagt, Moon 1972 wegen Steuerhinterziehung zu 18 Monaten Gefängnis zu verurteilen. Am 20. Juli 1984 schloss sich die Zelle hinter dem neuen Messias. Ein Jahr später wurde er wegen guter Führung frühzeitig entlassen, worauf er sich deprimiert nach Südkorea zurückzog. In der erwähnten Rede vom 15. Mai 1986 vor amerikanischen Geistlichen erklärte Moon in Korea: "Ich habe viele Organisationen ins Leben gerufen, um Amerika zu retten... Ich versuche, die Nation Amerika zum Wohle der Menschheit zu retten."

Die Vereinigungskirche war während ihrer turbulenten Geschichte in zahlreiche Prozesse verwickelt. Besonders spektakulär verlief der Verleumdungsprozess in England, den die Moonies 1981 gegen die Zeitung "Daily Mail" führten. In einem Artikel mit dem Titel "Die Kirche, die Familien zerstört" hatte das Blatt die Machenschaften der Vereinigungskirche schonungslos an den Pranger

"Dennoch führte religiöse Bigotterie und Intoleranz in Amerika zur Verfolgung und einer falschen Darstellung von Reverend Moon in den Medien. Am 20. Juli 1984 wurde Moon wieder einmal gefangengenommen, diesmal wegen der falschen Anklage einer Steuerhinterziehung."
(Aus Moon-Zeitschrift)

gestellt. "Daily Mail" beschuldigte sie, ihre Anhänger durch Gehirnwäsche zu kontrollieren, sie abhängig zu machen und von ihren Familien zu entfremden. Ausserdem müssten die Anhänger Moons grosse Beträge erbetteln und in Armut leben, während er selbst ein luxuriöses Leben führe. – Die Vereinigungskirche verlor den Monsterprozess und musste riesige Summen an Anwalts- und Gerichtskosten zahlen.

Wie absolut die Abhängigkeit und Unterwürfigkeit der Moonies gegenüber Moon und seiner Ideologie ist, zeigt das Trauungsritual der Vereinigungskirche. Heiratsfähig sind die Moonies im Normalfall erst nach drei Jahren bedingungslosem Engagement in der Kirche. Dass als Partner nur ein lupenreiner Moonie in Frage kommt, versteht sich. Die Wahl trifft der "Messias" persönlich. Dabei würfelt er seine Anhänger durcheinander, indem er sich von seiner göttlichen Inspiration leiten lässt.

Die Paare lernen sich normalerweise erst wenige Tage vor der Segnung kennen. Auf Herkunft und Sprache nimmt Moon bei der Partnerwahl kaum Rücksicht; das Paar muss sich oft in einer Fremdsprache verständigen. Pro Paar nimmt sich der "Messias" meist weniger als eine Minute Zeit. Dies mag kaum verwundern,

denn Moon traut zu Demonstrationszwecken Tausende von Paaren gleichzeitig. Den Rekord stellte er am 25. August 1992 auf, als er in Südkorea 10 000 Paare zusammenführte (s. Bild S. 34 unten). Ausgerichtet wie für ein militärisches Defilee standen die Moonies in der riesigen Halle für die Fotografen Parade.

"Die ganze Welt ist in meiner Hand. Ich werde die Welt erobern und beherrschen. Wir werden Gottes Willen erfüllen, indem wir alles in Ordnung bringen. Alle Hindernisse müssen vernichtet werden." (Moon)

Kampf für das Reich Gottes mit Ginseng und Waffen

Macht und Geld sind auch bei Moon siamesische Zwillinge. Da der Kampf gegen den Kommunismus ohne Geld und Waffen nicht zu gewinnen sei, bauten Moon und seine Jünger in den vergangenen 30 Jahren ein potentes wirtschaftliches Imperium auf, zu dem auch Waffenfabriken gehören. Den kommerziellen Erfolg garantiert das Arbeitsheer seiner Anhänger, die für Gotteslohn Millionen scheffeln. Die Liste seiner Fabriken und Firmen ist unüberblickbar; Moons Imperiums-Dschungel lässt sich kaum entwirren. Stützpunkte seines Wirtschaftsreiches sind Südkorea und die USA. In den letzten Jahren expandierte er stark nach Südamerika und Europa. Sicher ist, dass die Moon-Bewegung den weltweiten Ginseng-Markt weitgehend beherrscht und damit Millionengewinne macht. Moon erweist sich als vielseitiger Wirtschaftskapitän; seiner Organisation gehören Banken, Hotels, Zement- und Waffenfabriken. In jüngster Zeit gründeten Moonies unzählige Dienstleistungsgesellschaften, Export- und Importfirmen, Verlage, eine Fischereiflotte und Zeitungen, wovon die seit 1982 erscheinende Tageszeitung "Washington Times " (nicht zu verwechseln mit der "Washington Post") die renommierteste ist. Zahlreiche Ländereien und Immobilien runden sein Vermögen ab. Prunkstück ist das 1976 gekaufte Hotel "New Yorker". Moon wollte sogar das Empire State Building kaufen, das ehemals höchste Gebäude der Welt. Weltweit dürften die Moonies heute Hunderte von Organisationen und Firmen kontrollieren. In den letzten Jahren haben sie viele Betriebe unter eigenem Namen gegründet.

Der "Messias" mit dem unersättlichen Drang nach weltlicher Macht und Prestige bewegt sich auch virtuos auf der politischen Bühne und hält seine Anhänger pausenlos in Trab, die Welt religiös, wirtschaftlich und politisch grossflächig zu durchdringen. Dank dem Potential von Zehntausenden religiös fanatisierter Moonies kann er mit Millionenbeträgen Kampagnen und Aktionen organisieren. Als Werkzeug dienen ihm unzählige Unterorganisationen der Vereinigungskirche, die unter dem Deckmantel von Studentenorganisationen, Bürgerinitiativen, politischen Gruppierungen usw. sein Herrschaftsregime aufbauen helfen.

"In unserer Bewegung bin ich jetzt in der Lage, sowohl die geistige als auch die physische Grundlage des Paradieses wiederherzustellen." (Moon)

Diese Unterorganisationen machen den absoluten Machtanspruch

von Moon deutlich. Da gibt es den "Rat für die Religionen der Welt" (Council for the World's Religions, CWR), in dem führende Repräsentanten grosser Religionsgemeinschaften (wie Buddhismus, Hinduismus, Islam, Judentum, Konfuzianismus usw.) vereint werden sollen. Mit diesem 1984 gegründeten Rat zeigt Moon an, dass er nicht nur den Führungsanspruch über die christlichen Religionen stellt, sondern seinen Machtbereich auf alle Religionen ausdehnen will.

Die Vereinigungskirche hat die Schweiz bis vor kurzem nicht als primäres Missionsfeld benutzt. Obwohl sie hier schon vor Jahren verschiedene Unterorganisationen gegründet hat, haben ihre Missionare bei uns erst Mitte 1990 begonnen, junge Leute gezielt zu ködern. Bisher gerieten die meisten betroffenen Schweizer Jugendlichen im Ausland in die Fänge der Moon-Bewegung.

Über ihre raffinierte Missionsmethode klärt ein Flugblatt auf, das viele Reisebüros jungen USA-Reisenden abgeben. Das Infoblatt, das bereits in zweiter Auflage vorliegt und seit seinem Erscheinen zu einer deutlichen Abnahme der Neueinsteiger in die Moon-Sekte geführt hat, beginnt mit der Überschrift: "Allein in Amerika – Ein Fressen für die Moon-Sekte". Das von der Pro Juventute in Zusammenarbeit mit der InfoSekta und der SADK herausgegebene Flugblatt beschreibt die Anwerbung folgendermassen: "Falls Du alleine in den USA herumreist, kann es Dir passieren, dass Du von jungen Leuten angesprochen wirst, die sich als Student(inn)en oder Mitglieder der C.A.R.P. (Collegiate Association for the Research of Principles) ausgeben und Dich zu einem 'International Evening' oder einem Dinner einladen. Diese sogenannte Studentenorganisation C.A.R.P. hat aber mit Universität oder Studium nichts zu tun, sondern ist eine von vielen Tarnorganisationen der Moon-Sekte, die sich darauf spezialisiert hat, alleinreisende Student(inn)en und Schulabgänger(innen) anzuwerben."

Tatsächlich lauern die Moonies jungen Touristen oder einsamen Sprachschülern an Treffpunkten oder Sehenswürdigkeiten auf und laden sie zu einem Studententreffen oder Nachtessen ein. "Charmant und freundlich verwickeln Dich die Moonies in ein offenes Gespräch über Beziehungen, Beruf und Familie. Sie erzählen, wie wichtig es sei, alle 'guten und intelligenten' Leute zu vereinen, um die vielen Probleme der Welt gemeinsam zu lösen", heisst es im Flugblatt.

Nach dem Nachtessen folgt meist ein Vortrag über Gott und die gottlose Welt, in der Egoismus und Chaos herrschen. Am Schluss wird die Vereinigungskirche vorgestellt, die das Erlösungsrezept kennt und sich uneigennützig für Gott und die Menschen einsetzt. Anschliessend erhalten die jungen Besucher eine Einladung für ein zweitägiges Studienseminar.

Wer das ganze, mehrwöchige Kursprogramm absolviert, hat normalerweise weder den Wunsch noch den Willen, sich abzusetzen, denn er hat sich längst vollständig der Vereinigungskirche verschrieben. "Die Kurse bieten den Moonies Gelegenheit, gezielt Manipulationsmethoden anzuwenden, die Deine Wertvorstellungen und Deine Psyche total verändern können. Du wirst konsequent vom Kontakt mit Freunden und Familienangehörigen abgehalten (...) Du bist nun soweit Moonie, dass Du Dich aufgibst für die Ideale der Moon-Sekte", heisst es im Flugblatt dazu.

Von betroffenen Eltern aufgeschreckt, reagierte 1987 auch das Eidgenössische Departement für auswärtige Angelegenheiten mit einer Warnung, die in der Aussage gipfelt: "Ein Mitmachen bei solchen Religionsgemeinschaften führt nicht zur erhofften Befreiung, sondern in den allermeisten Fällen in neue, ungewollte Abhängigkeiten. Vor einem Beitritt kann daher nicht eindringlich genug gewarnt werden."

Moonies in der Offensive

Eine heikle Klippe für die Vereinigungskirche ist der Umgang der neuen Mitglieder mit ihren Angehörigen. Diese erfahren von den Söhnen und Töchtern anfänglich meist nur, dass sie unerwartet ein neues Studium angefangen hätten und deshalb länger in den Staaten bleiben würden. Kontaktmöglichkeiten gibt es kaum, und es braucht viel Spürsinn der Eltern, um herauszufinden, wo ihre Kinder wirklich gelandet sind.

Die neuen Mitglieder werden von der Umwelt total abgeschottet und leben im Ghetto der Moon-Camps oder in Missionsgruppen, die im Minibus durchs Land fahren, Blumen, Bilder oder modischen Kleinkram verkaufen und neue Mitglieder anzuwerben versuchen. Telefonisch sind die Moonies selten zu erreichen; die Post geht meist über ein Quartier der Vereinigungskirche. Indizien weisen darauf hin, dass die Briefe geöffnet werden.

Verschiedene Eltern in der Schweiz haben ihre Töchter oder Söhne seit Jahren nicht mehr gesehen. Andere unternahmen Reisen in die USA, ohne dass es ihnen aber gelang, ein paar Tage allein mit ihren Kindern zusammen zu sein.

"Der Messias muss der Reichste sein." (Moon)

Die Vereinigungskirche betreibt seit über zehn Jahren an der Forchstrasse in Zürich ein Zentrum, wo meist auch eine Wohngemeinschaft von Moonies lebt. Zuständig für die Deutschschweiz ist seit vielen Jahren Thomas Schrämli. Auch der für die Öffentlichkeitsarbeit verantwortliche Yves Nidegger arbeitet bereits jahrelang für die Vereinigungskirche.

Zwar hat das Zürcher Zentrum immer schon sogenanntes Fund-Raising betrieben, das heisst gebettelt, Blumen, Kerzen, Kleinkram und vor allem Strohpuppen verkauft und dabei gleichzeitig versucht, junge Leute anzuwerben; doch die kleine Familie in Zürich blieb bis vor kurzem ziemlich wirkungslos. Die Moonies lebten mit ihren spärlichen Einnahmen offensichtlich in ärmlichen Verhältnissen. Deshalb blieb einzelnen Mitgliedern nichts anderes übrig, als einer regulären Arbeit nachzugehen, um den Lebensunterhalt zu sichern.

Im Frühjahr 1990 gingen die Zürcher Moonies in die Offensive und begannen nach dem bekannten Muster anderer neureligiöser Kulte, systematisch und getarnt junge Leute zu ködern.

Ihre Aktionen wirken nach aussen harmlos. In der neuen unterirdischen Fussgängerpassage im Zürcher Bahnhof Stadelhofen sprechen sie junge Passanten an und versuchen, sie mit Hilfe eines Handzettels in ein Gespräch zu verwickeln. Der Zettel enthält sechs allgemein gehaltene Fragen. Wer sich in die Diskussion darüber einlässt, wird zu Kaffee und Kuchen in das neu gegründete Zentrum "Principle Study Center" (PSC) eingeladen. Zur Verblüffung der Eingeladenen befindet es sich im ersten Stock des alten Bahnhofgebäudes. Auf die Frage, wer hinter dem neuen Zentrum stehe, geben sich die Moonies als eine Gruppe junger Leute aus, die sich mit religiösen und weltanschaulichen Fragen beschäftigen.

"Von allen Heiligen, die jemals von Gott gesendet wurden, bin ich der Erfolgreichste." (Moon)

Den jungen Passanten wird ein Videofilm vorgeführt, der "wissenschaftlich verpackt" einen Teil der Heilstheorie der Vereinigungskirche vermittelt. So demonstriert beispielsweise ein Film dem Betrachter in raffinierter Weise und mit der Bibel als Zeugen, dass die Endzeit naht und Gott einen neuen Messias schicken wird, der allenfalls bereits unter uns weilt. Deshalb müssten wir uns vorsehen und wachsam sein, um den Messias nicht wie Jesus zu verkennen, sondern ihm zu folgen. Dass mit dem neuen Messias Moon gemeint ist, wird dabei vornehm verschwiegen. In den Filmen kommen die Namen Vereinigungskirche oder Moon konsequent nicht vor – auch dies ein Teil des Tarnsystems. Im anschliessenden Gespräch testen die Moonies, ob der Film die erhoffte Wirkung gezeigt hat. Wer sich beeindruckt gibt, wird zu einem Treffen eingeladen. Im grösseren Rahmen werden die Interessenten in subtiler Weise weiter indoktriniert. (Übrigens haben sich die Moonies die Zentrumsräume im Bahnhof Stadelhofen auf unsaubere Weise erschlichen. Sie gaben gegenüber dem Vermieter an, darin ein Elternfortbildungszentrum zu betreiben.)

Zürich als Finanz-Drehscheibe

Auch im Finanzbereich spielt Zürich eine wichtige Rolle für die Vereinigungskirche. So hält die an der Stauffacherstrasse ansässige Zentravest Investment und Management Ltd. einen Teil des Kapitals der Waffen- und Maschinenfabrik Ton Il Industries Co., einer Fabrik aus dem Imperium des neuen Messias.

"Ich liebe Amerika, weil der Vater im Himmel Amerika und das amerikanische Volk liebt." (Moon)

Ein weiteres Zentrum betreibt die Vereinigungskirche in Genf. Aktiv werden die Moonies auch regelmässig in Bern, Lausanne und Lugano. Ein Ausbildungszentrum gibt es allerdings in der Schweiz bisher nicht. Wer einen Kurs der Vereinigungskirche absolvieren muss, wird nach Camberg in der BRD geschickt. Laut eigenen Angaben sind in der Schweiz rund 80 aktive Mitglieder tätig, die in mehreren Zentren oder "Familien" leben und die man als Geistliche der Vereinigungskirche betrachten kann. Die Zahl der Sympathisanten ("Kirchenvolk") soll 5000 betragen. Diese Angabe scheint zu Propagandazwecken frisiert zu sein. Weltweit hat Moon in 130 Ländern schätzungsweise drei Millionen Anhänger um sich geschart. Auch diese Zahl scheint zu hoch. Es dürften allerdings mehrere Hunderttausend sein. Die meisten stammen wahrscheinlich aus Korea und Japan; aber auch in den USA ist die international geprägte Vereinigung stark vertreten. Seit dem Fall des eisernen Vorhanges konzentrieren die Moonies ihre Missionstätigkeit auf die ehemaligen Ostblockländer.

Die in der Schweiz tätigen Moonies unterliegen selten einem so repressiven Regime wie die in den USA lebenden Mitglieder, die in Camps oder Missionsgruppen arbeiten. Der Kontakt zu den Eltern wird nicht so rigoros unterbunden. Ausserdem dürfen in der BRD und in der Schweiz Moonies oft ihre Ausbildung abschliessen oder in einzelnen Fällen gar ausserhalb des Zentrums leben. Offenbar haben die Verantwortlichen erkannt, dass es kontraproduktiv ist, die Mitglieder völlig von ihrer vertrauten Umgebung zu isolieren.

In der Schweiz ist verschiedentlich auch Causa, ein rechtsradikaler politischer Ableger der Vereinigungskirche, in Erscheinung getreten. Diese 1984 in Genf gegründete Organisation versuchte im November 1986 nach bekanntem Muster in der Deutschschweiz Fuss zu fassen, indem sie im Hotel "Hilton" ein zweitägiges Seminar veranstaltete, zu dem auch einflussreiche Meinungsträger eingeladen wurden.

Der Erfolg blieb jedoch gering; nur gerade zwei Dutzend Besucherinnen und Besucher sassen verloren im grossen Saal. Prominenz war keine auszumachen, die meisten Anwesenden schienen Sympathisanten der Vereinigungskirche zu sein. Causa-Generalsekretär Yves Nidegger liess sich aber nicht aus dem Konzept bringen und verkündete: "Wir verstehen uns nicht allein als eine antikommunistische Bewegung, weil anti – gegen – zu sein nicht genügt. Denn eine Schlacht oder einen Krieg – wir sind heute in einem Krieg – kann man nicht aus der Verteidigung heraus gewinnen."

In seinem Vortrag schob er den Linken und Kommunisten zwi-

schen 1917 und 1986 weltweit 150 Millionen Tote in die Schuhe und zeigte am Schluss ein Dia von Gorbatschow, dem grossflächig Blut über die Glatze tropfte.

Die jüngste Initiative von Causa in der Schweiz bildet das Forum für Nationale Zeitfragen. Auch hier ist Causa-Generalsekretär Yves Nidegger die führende Kraft. Das Forum will Persönlichkeiten des öffentlichen Lebens dafür gewinnen, an der geistigen Erneuerung im Sinne Moons mitzuwirken. Dabei gelang dem Forum, was Causa nicht schaffte: aussenstehende Meinungsträger für Tagungen zu den Themen "Geistige Identität" und Aids im April und Oktober 1988 zu gewinnen.

Causa International wurde 1980 in den USA gegründet, um den Kampf der lateinamerikanischen Staaten gegen den Kommunismus ideologisch zu unterstützen. Causa – Konföderation für die Vereinigung der Gesellschaft Amerikas – hat den Begriff "Gott-ismus" als Gegenpol zum Kommunismus geprägt. Moon zögert nicht, den Gottesbegriff als Etikette für eine politische Ideologie zu verwenden. Causa umfasst zahlreiche Unterorganisationen, unter anderem die World Media Association, die jährlich zu Propagandazwecken grosse Veranstaltungen mit gesponserter Prominenz in verschiedenen Ländern durchführt.

Die Unterorganisationen erfüllen teilweise die Funktion einer Tarnorganisation, auch wenn die Moonies heute kein Hehl mehr daraus machen, dass CARP und Causa mit der Vereinigungskirche verbunden sind.

Die politischen Umwälzungen im Ostblock brachten Moons Erlösungstheorie ins Wanken und den selbsternannten Messias in ideologische Nöte. Das kommunistische Weltreich zerfiel, obwohl der Koreaner seine heiligen Kolonnen noch nicht in Bewegung gesetzt hatte. Mit einem geschickten Trick zog sich Moon aus der Affäre. Im März 1990 führte er in Moskau, mitten im Herzen des Bösen, mit 500 geladenen Gästen aus 60 Ländern eine Weltgipfelkonferenz für den Frieden durch. Die Moon-Zeitung "Unification News" vom Mai 1990 feierte die überraschende Veranstaltung als glorreichen Durchbruch und historisches Ereignis für Moons Familie und die Vereinigungskirche. Das Titelblatt zeigt ein Bild, auf dem Moon Gorbatschow im Rahmen einer Audienz die Hand schüttelt. Was war passiert, dass Moon, der kurz zuvor noch den dritten Weltkrieg gegen den Kommunismus beschworen hatte, plötzlich an die Brutstätte des Satanischen pilgerte?

"Causa hat sich den Sieg über den Kommunismus zum Ziel gesetzt, auf dass alle Völker von der Knechtschaft befreit werden." (Causa-Handbuch)

Der Zerfall des Kommunismus drohte Moons Glaubwürdigkeit und sein Image als selbsternannter Messias zu zerstören. Deshalb ergriff er die Flucht nach vorn, um sich von seinen Anhängern als Friedensapostel in Moskau feiern zu lassen. Für die Moonies ist klar, dass die Vereinigungskirche ihr Ziel, die Beseitigung des

Kommunismus, erreicht hat. Der dritte Weltkrieg findet nun halt nicht mit Waffen statt, sondern auf dem geistigen Schlachtfeld. So heisst es denn in einer Werbeschrift von Causa wörtlich: "Causa hat sich den Sieg über den Kommunismus zum Ziel gesetzt, auf dass alle Völker von der Knechtschaft befreit werden."

Moon und seine Anhänger glauben, dass sie mit der Überwindung des Kommunismus in die Endphase des göttlichen Heilsplans getreten sind. Gar nicht in ihr Konzept passt allerdings, dass die politische Weltlage instabiler ist denn je und sich Moons göttliche Prinzipien offensichtlich (noch) nicht durchzusetzen vermögen.

Quellen:

Young Oon Kim: Die göttlichen Prinzipien, Studienführer. Frankfurt 1963.
Causa-Handbuch, hg. von Causa Deutschland. Frankfurt 1986.

Literatur

Bendrath D. (Hg.): Ein Messias aus Korea? München 1980.
Haack F.W.: Unification Church – Connections, Organisationen, Firmen, Aktivitäten und Begriffe des Mun-Imperiums. München 1989.
Haack F.W.: Jesus Christus und/oder San Myung Mun. München 1989.
Hammerstein O.: Ich war ein Munie – Tagebücher und Berichte einer Befreiung aus der Munsekte. München 1980.
Hauth R.: Vereinigungskirche – Tong Il Kyo im Angriff. München 1978.
Helfer H.U.: Mun-Sekte, Vereinigungskirche. Zürich 1990.
Yamaoto I.: Herr über tausend Puppen. Wuppertal (Oncken) 1979.
Melbye I.: Munie, ein Reportage-Roman. Aarau 1990.
Moritzen N.-P.: S.M. Muns Vereinigungskirche. Lehre und Praxis. Erlangen 1981.
Mun Sun Myung: Die göttlichen Prinzipien. (Übersetzung von: The Devine Principles). 1966.
Sontag F.: Sun Myung Moon and the Unification Church. Nashville 1977.

Scientology – Eine Pseudokirche lässt sich den Würgegriff vergolden

Die von Ron Hubbard gegründete Bewegung gibt sich wissenschaftlich. Sie verspricht die Lösung von Lebensproblemen durch ein geschachteltes Kursprogramm für persönliche Reinigung (purification), Klärung, Läuterung und Erfolg. Die scientologische «Therapie» geschieht in Form einer Science-Fiction-Reise in die Vergangenheit, eines Psycho-Trips auf der persönlichen Zeitspur durch Millionen vergangener Jahre, damit die Unsterblichkeit gewonnen werden kann. Aber das verheissene Glück hat seinen Preis. Erste (scheinbare) Fortschrittserlebnisse, die Einsteigern als Beweis gelten, auf dem rechten Weg zu sein, sind begleitet vom zunehmenden Stress der Bewältigung von immensen Materialfluten und der Beschaffung immer grösserer Summen für die notwendigen Weiterbildungskurse. Nach der Erschöpfung der eigenen Mittel und der Kreditlimiten bleibt nur noch das Provisionenmachen durch die Anwerbung neuer Mitglieder. Ein Aussteigen aus diesen Verpflichtungen wird dadurch immer unwahrscheinlicher.

Die Karriere von Markus S. in der Scientology-Kirche begann mit Albert Einstein. Der Charakterkopf des grossen Physikers und Denkers diente als Blickfang einer Werbebroschüre, die ihm eine sympathische junge Frau unter die Nase hielt. Auf dem Hochglanz-Traktätchen stand der Satz "Wir nutzen nur zehn Prozent unseres geistigen Potentials", der von Einstein stammen soll. Die Frau lud Markus S. zu einem Persönlichkeitstest ins grösste Scientology-Zentrum von Europa an der Zürcher Badenerstrasse ein.

Was harmlos mit Einstein begann, endete für Markus S. mit einer tiefen seelischen Verstrickung in der Pseudokirche und im finanziellen Ruin. Denn er wollte unter allen Umständen "clear", geklärt werden, frei von jeglichen psychischen und körperlichen Leiden, wie ihm von Scientologen versprochen wurde. Und er wollte sein geistiges Potential steigern. Natürlich mit Hilfe von Scientology-Kursen.

Markus S. plünderte zuerst sein Konto. Die paar tausend Franken reichten gerade für den Kommunikationskurs und den 'Purification-Rundown', das Reinigungsprogramm. Dazu verbrachte er täglich bis zu fünf Stunden in der Sauna und schluckte Megadosen von Niacin, einem Vitamin-B-Präparat. Dann verkaufte er sein Auto und die Stereoanlage, um damit Auditing-Stunden zu bezahlen. Bald pumpte er seine Eltern und einen reichen Onkel an. Doch damit waren die Zentrumsleiter an der Badenerstrasse in Zürich noch nicht zufrieden. Sie schlugen Markus vor, er solle seine Eltern dazu bewegen, eine Hypothek auf ihr Haus aufzunehmen und ihm das Geld als Erbvorbezug auszuhändigen. Als sich die Eltern weigerten, schoben ihm die Leiter im Scientology-Zentrum einen Darlehensantrag eines Finanzinstitutes über den Tisch, den er nur noch unterschreiben musste. Auf die 60'000 Franken wurde ihm ein Zins von 17,3 Prozent belastet. Heute ist Markus S. vollzeitlicher Mitarbeiter der Scientology-Kirche. Das Darlehen stottert er immer noch ab. (Das Porträt von Markus S. wurde zur Wahrung der Persönlichkeitssphäre verfremdet.)

Hubbard und die erfundene Lebensgeschichte

Die Biographie von Scientology-Gründer Lafayette Ron Hubbard, in seinen Broschüren millionenfach kritiklos nachgebetet, tönt abenteuerlich. Die Scientology-Schriften zeichnen das Bild eines Mannes mit angeblich übermenschlichen Fähigkeiten. Hubbard hat sich seine phantastische Lebensgeschichte selbst auf den Leib geschrieben. Ironie des Schicksals: Seine Biographie wurde von einem unverdächtigen Zeugen, dem hochkarätigen Scientologen Gerry Amstrong, ungewollt entlarvt. Dieser wollte die Sektenkritiker Lügen strafen, weil sie seinen verehrten Führer mit angeblichen Unwahrheiten in den Dreck gezogen hatten. Mit Akribie arbeitete er die Geschichte Hubbards auf, trug Tausende von Dokumenten zusammen und sprach mit unzähligen Zeitgenossen des Scientology-Gründers. Als er jedoch merkte, mit welcher Dreistigkeit Hubbard seine Anhänger und die Öffentlichkeit angelogen hatte, trat er aus der Scientology-Kirche aus. Anhand von Amstrongs Recherchen schrieb der Schriftsteller Russell Miller eine neue Biographie von Hubbard. Das 520 Seiten starke Buch "Bare-faced Messiah, the true story of L. Ron Hubbard" liest sich wie ein Kriminalroman und zeichnet das Bild eines Mannes, der unter Realitätsverlusten gelitten haben muss.

Geboren wurde Hubbard am 13. März 1911 in Nebraska. Laut offizieller Biographie soll er seine Kindheit auf der Farm seines Grossvaters in Montana verbracht haben, da sein Vater als Kommandant in der US-Navy arbeitete und deshalb selten zu Hause war.

Eine wichtige Rolle in seinem Leben spielten Reisen: "Da der Dienst des Vaters in der Armee die Familie in den Fernen Osten führte, war L. Ron Hubbard mit 14 Jahren in China und verbrachte die nächsten Jahre mit Reisen durch Asien", heisst es in Scientology-Schriften. In Nordchina studierte er angeblich bei asiatischen Mönchen und in Polynesien die Kulturen der Eingeborenen. Mit 18 Jahren schickte ihn der Vater nach Amerika zurück, wo er an der George Washington-Universität zu studieren begann und bereits mit 21 Jahren das Hochschulstudium mit der Bestnote beendet haben soll. Hubbard behauptete gar, einen Doktortitel erworben zu haben. Den Lebensunterhalt bestritt er vor allem als Autor von Science fiction-Texten. Die Erfahrung mit dieser Sparte muss ihm bei der Entwicklung der scientologischen Weltanschauung und Heilslehre geholfen haben.

Hubbard, Simulant oder Wunderheiler?

"Hubbard wird als Krüppel, gelähmt und blind, ins Marine-Spital eingeliefert".

Hubbards Behauptung, er habe mit 21 Jahren das Studium beendet, ist hochstaplerisch. Laut Amstrong hat der Scientology-Gründer die Hochschule nach kurzer Studienzeit wegen ungenügender Noten verlassen. In neueren Biographien fehlt der Hinweis auf den Hochschulabschluss. In den vierziger Jahren nimmt seine Lebensgeschichte eine dramatische Wende. Im Buch "Was ist Scientology?" heisst es:

"Beim Ausbruch des Zweiten Weltkrieges wird er 1941 auf die Philippinen abkommandiert. Er überlebt den Kriegsanfang im Süd-Pazifik. 1944 wird er als Krüppel, gelähmt und blind, ins Oak-Knoll-Hospital der Marine eingeliefert. Durch seine ausgedehnte Erziehung auf dem Gebiet des menschlichen Verstandes (...) entwickelte er Techniken, die ihm halfen, Herr über seine Verletzungen zu werden und seine Fähigkeiten wiederzugewinnen (...) 1947 war er gänzlich wiederhergestellt und wurde als völlig diensttauglich aus dem Armee-Hospital entlassen."

In Tat und Wahrheit war Hubbard ein Simulant, der laut verschiedenen Berichten nie im Fronteinsatz gestanden haben soll. Seine

phantastischen Schauergeschichten über den angeblichen Abschuss eines japanischen U-Bootes vor der Küste Kaliforniens sind demnach frei erfunden. Er simulierte zahlreiche Beschwerden, um sich eine Kriegsrente zu erschleichen. Er verschrieb sich dem Okkultismus des Schwarzmagiers Crowley und dessen Templer-Orden. Hubbards Sohn beschrieb seinen Vater als Tyrann. Zu Beginn der 80er Jahre verschwand Hubbard plötzlich von der Bildfläche. Sektenkenner vermuteten, dass er geisteskrank geworden oder in jener Zeit gestorben sei. Im Januar 1986 verlautete, er sei verschieden. Als diese Meldung um die Welt ging, war er bereits eingeäschert – ein seltsamer Abgang für ein Genie mit einem angeblich unsterblichen Thetan (Seele).

Abenteuerliche Geschichte einer umstrittenen Kirche

Die Geschichte der Scientology-Kirche präsentiert sich mindestens so abenteuerlich wie die offizielle Biographie ihres Gründers. Allerdings mit dem Unterschied, dass sie wahr ist. Die Einbrüche, Razzien und Prozesse, in die der neureligiöse Kult verwickelt war, lassen sich belegen.

Die Gründungszeit von Scientology liegt weitgehend im dunkeln. Fest steht, dass alles mit dem Manuskript "Dianetik" begann. Hubbard glaubte, mit dieser Schrift ein Jahrhundert-Werk geschaffen zu haben, fand dafür allerdings lange Zeit keinen Verleger.

Hubbard beschreibt in seinem Dianetik-Buch neue "psychologische" Therapiemethoden und behauptet, er könne praktisch alle körperlichen Leiden heilen. Geblendet von den Versprechungen, organisierten begeisterte Leser anfangs der 50er Jahre Dianetik-Zirkel. Es bildeten sich Therapiegruppen, und Hubbard sah sich bald in der Rolle eines Psycho-Gurus.

Neben der Disziplin Dianetik ("durch die Seele") entwickelte Hubbard später den zweiten Lehr- und Therapiezweig Scientology ("Lehre des Wissens"), welcher der Organisation den Namen gab. Er zog zu Beginn der 50er Jahre eine Art Kurswesen auf. 1954 wandelte er die Organisation in eine Kirche um. Dadurch kam Scientology in den Genuss der Steuerfreiheit, und der Talar verlieh den Scientology-Geistlichen ein vertrauenerweckendes Image. Die Kirchengründung war ein Hochseilakt, denn Scientology versteht sich als Wissenschaft und klammert die Frage nach Gott konsequent aus.

Es mutet seltsam an, dass sich die Scientology-Kirche nicht mit Gott beschäftigt. Hubbard schreibt: "Es wird hier ausdrücklich darauf hingewiesen, dass Scientology als Wissenschaft nicht in die

Dynamik des höchsten Wesens eindringt." Doch dies hinderte ihn nicht, Priester einzusetzen und Zeremonien zu entwickeln für "Gottesdienste", Glaubensbekenntnisse, Namensgebungen, Trauungen und Begräbnisse. In einem Blitzkurs von ein paar Wochen können sich Scientologen zu Priestern ausbilden lassen. Hubbard-Anhänger, die nachweisen, dass sie eine dreijährige Ausbildung als Geistliche genossen haben, werden in der Schweiz vom Militärdienst befreit.

"Die Scientology ist schädlich, sie stellt eine ernsthafte Bedrohung für die Gesellschaft dar."

Hubbard gründete 1967 eine Elite-Truppe auf Hochseeschiffen, die Sea-Org ("Meeres-Organisation"), die er mit weitreichenden Macht- und Kontrollfunktionen ausstattete. Sea-Org-Mitglieder unterzeichnen einen Mitgliedschaftsvertrag, der sich über eine Million Jahre erstreckt.

"Bedrohung für die Gesellschaft"

Hubbards Spekulation auf Steuerfreiheit ging lange Zeit auf: Die angebliche Kirche blieb in vielen Ländern vom Fiskus verschont. Bis Mitte 1981 anerkannten auch die Steuerbehörden in der Schweiz Hubbards Organisationen als Kirchen und Missionen. Parlamentarische Vorstösse brachten auf Bundesebene und in verschiedenen Kantonen schliesslich die Wende. Trotzdem blieben den Steuerbeamten bisher von den Millionenbeträgen, welche die Zentren jährlich einnehmen, meist nur Kopfsteuern. Die Scientology-Zentren führen nämlich ihre Gewinne buchhalterisch geschickt an die übergeordneten Zentren im Ausland ab, vor allem in die USA. Der Trick: Die Schweizer Zentren müssen für die Ausbildung ihrer Mitarbeiter in den höher gestellten Scientology-Zentren in Dänemark, England, Kalifornien oder Florida horrend hohe Rechnungen zahlen, die den erzielten Gewinn auffressen.

Das sektiererische Verhalten der Scientologen und die sonderbare Heilslehre von Hubbard erregten bald die Besorgnis verschiedener Behörden und Psychologen in mehreren Ländern. Das amerikanische Gesundheitsministerium führte in Washington eine Razzia durch, und die australische Regierung setzte einen Untersuchungsausschuss ein, der zum Schluss kam: "Die Scientology ist schädlich; ihre Methoden sind schädlich; ihre praktische Anwendung stellt eine ernsthafte Bedrohung für die Gesellschaft dar, und zwar in medizinischer, moralischer und sozialer Hinsicht."

Einen weiteren Schlag mussten Hubbard und seine Anhänger in England einstecken. Gesundheitsminister Kenneth Robinson ordnete 1967 drastische Einreisebeschränkungen für Scientologen an und bezeichnete Scientology im Unterhaus als einen sinnlosen Kult.

See-Organisation

"Ehrlich gesagt, meine Freunde, ein Rückblick auf die Kämpfe der vergangenen 32 Jahre gibt nur Anlass zu spöttischem Humor. Es ergibt sich das Bild eines Gegners, der seine Tage thronend in den Bäumen oder am Schwanze schaukelnd verbringt, mit der Wirksamkeit eines psychologisch behandelten Affen, der am Gummiknüppel eines Polizisten mit der Idee herumschält, es sei eine Banane, und ihn dann nur dazu verwendet, um den Oberaffen eins auszuwischen." (Hubbard)

Gefängnisstrafen für Hubbard

Im Jahre 1969 führte die französische Polizei Razzien in verschiedenen Scientology-Zentren durch, und der Scientology-Gründer war wohl heilfroh, für den Arm der Justiz auf den internationalen Gewässern unerreichbar zu sein. Das Verdikt des Pariser Gerichts: Eine vierjährige unbedingte Gefängnisstrafe für Hubbard und drei seiner Gefolgsleute. Der Richter beschuldigte die Angeklagten, in betrügerischer Weise Heilung von geistigen Krankheiten versprochen zu haben. Die drei Scientology-Mitarbeiter legten Berufung ein und wurden mehr als zehn Jahre danach mit dem Hinweis auf die Religionsfreiheit freigesprochen. Hubbards Verurteilung dagegen blieb rechtskräftig.

Auch in den USA, dem Ursprungsland von Scientology, gab es kriminelle Handlungen von Hubbard-Anhängern, Razzien, Untersuchungen, Gerichtsverhandlungen und Verurteilungen. Darin verwickelt war auch Mary Sue Hubbard, die Frau des Gründers. Sie erhielt vom Bundesgericht elf Jahre Gefängnis. Mit ihr wurden acht weitere Scientologen wegen Verschwörung gegen den Staat und Diebstahls verurteilt.

Im März 1982 erschütterten innerkirchliche Machtkämpfe die Grundmauern der Organisation. Eine junge Garde unter der Führung des 23jährigen David Miscaviage probte den Aufstand und inszenierte erfolgreich eine Palastrevolution. Hunderte von führenden Scientologen und praktisch das ganze Guardian Office (Wächteramt oder "Geheimdienst") wurden von der neuen Crew in gerichtsähnlichen internen Verfahren "abgeurteilt".

Die ehemaligen Führungskräfte wurden nach eigenen Angaben in die geheimen Hauptquartiere in Kalifornien gebracht und dort monatelang eingesperrt. "Man benutzte Gehirnwäsche-Taktiken, um jeden einzelnen dazu zu bringen, die Verbrechen des andern zu gestehen", äusserte der Sprecher der Gruppe.

Viele der ausgestossenen Scientologen weigerten sich, die ihnen auferlegte Sühne zu leisten, und gründeten Gegenorganisationen. So kam es in den USA und in vielen europäischen Ländern zu Absplitterungen von der Mutterkirche. Da die dissidenten Scientologen die Kirchenpolitik verurteilten, hingegen von Hubbards Ideen und Heilslehren weiterhin überzeugt waren, gründeten sie eigene Kurszentren und boten die gleichen Dienstleistungen wie die Mutterkirche an. Sie warfen den Verwaltern von Hubbards Erbe und der neuen Führungscrew vor, ein Überwachungs- und Unterdrückungssystem aufgebaut zu haben und überrissene Kurspreise zu verlangen.

Auch in der Schweiz gründeten führende Scientologen unter dem Namen "Freie Zone", "Advanced Ability Center" und "Missions

Scientology-Kreuz

Network International" eine Gegenorganisation, die heute noch besteht. Sie bietet Auditing und Kurse zu günstigeren Preisen an und übt etwas weniger Druck auf die Mitglieder aus als die Scientology-Kirche. Allerdings kennzeichnet auch sie elitäres Denken und ein gewisser Absolutheitsanspruch.

"Wir sind die vielleicht einzige wirklich wirksame westliche Streitmacht." (Hubbard)

"Der einzige Gott ist das Geld"

Die eigentliche Scientology-Kirche musste weitere Rückschläge einstecken und geriet immer wieder ins Schussfeld der Medien und der Justiz. Es gab Razzien in München, Mailand und Madrid, wo 1988 insgesamt 69 Mitglieder aus zahlreichen Ländern in einem Luxushotel verhaftet wurden, unter ihnen der "Commodore"

"In Scientology geht die Sonne niemals unter." (Hubbard)

aus den USA. Der Untersuchungsrichter erklärte: "Der einzige Gott dieser sektenähnlichen Gruppierung ist das Geld." Gleichzeitig schloss die spanische Polizei laut Presseberichten vorübergehend 30 Scientology-Zentren.

Hubbards Machtanspruch ist total. Da er sich im alleinigen Besitz der einzigen funktionierenden Erlösungstheorie wähnte, träumte er davon, mit Hilfe seiner Kolonnen den Planeten zu klären und das Universum vor dem Untergang zu retten. Hubbard war von der wahnhaften Idee besessen, diese Utopie in die Realität umzusetzen und den Planeten Erde scientologisch zu erlösen. Wörtlich: "Die Welt hat optimistisch gesehen noch fünf Jahre übrig, pessimistisch gesehen noch zwei. Danach gibt's einen Knall oder vielleicht nur noch ein Gewinsel. Eine Handvoll von uns arbeitet sich halb zu Tode, um es zu schaffen... Die einzige, winzige Chance, die dieser Planet hat, lastet auf ein paar schmalen Schultern – überarbeitet, unterbezahlt und bekämpft – die Scientologen." Und er ruft ihnen zu: "Einzig Clears und OTs werden auf dem Planeten überleben." (Clears und OTs sind hochtrainierte Scientologen).

"Die Rangstufe von Scientologen auf der Welt liegt im oberen Zehntel des obersten Zehntels der intelligenten Bevölkerungsgruppen der Welt. Das ist eben so." (Hubbard)

Seinen Wunschtraum beschreibt Hubbard so: "Wenn jetzt jeder Scientologe in jedem Monat eine neue Person hereinbringen und sie auf dem Weg der Freiheit starten lassen würde, und wenn dann jede neue Person dasselbe macht, würden wir in zwölf Monaten auf vier Milliarden Scientologen kommen." Auf diese Weise könnte der Scientology-Gründer die Erde unter Kontrolle bringen.

So ist denn Hubbard überzeugt: "Die grossen Religionen der vergangenen paar Jahrhunderte verschwinden von der Erde... Wir sind die einzige Religion, die alle ihre Thesen beweisen kann." Es überrascht deshalb nicht, dass laut Hubbard "Scientology heute die wichtigste Bewegung der Erde ist" und dass in der Scientology "die Sonne niemals untergeht".

Ein Spiel mit Millionenbeträgen

Wie wirbt Scientology neue Mitglieder? Die Kirche benutzt auf aggressive Weise sämtliche Kanäle eines professionellen Marketings. Expansion und Anwerbung gehören zu den wichtigsten Aufgaben der Scientologen. Dabei scheuen sich die Scientology-Zentren nicht, unverfroren, hemdsärmlig und oft getarnt neue Kirchen-Mitglieder anzulocken. Allein in der Schweiz wenden die Scientology-Organisationen jährlich Hunderttausende, wenn nicht Millionen von Franken für die Werbung auf.

Bei vielen Leuten verfängt der Trick mit dem Persönlichkeitstest. Junge Scientologen sprechen an strategisch guten Plätzen mit einer originellen Frage Passanten über ihre Befindlichkeit an. Die Leute bleiben verdutzt stehen und lassen sich in ein Gespräch verwickeln. In einem geeigneten Moment werden sie gefragt, ob sie Lust hätten, mehr über sich zu erfahren und einen Persönlichkeitstest zu machen. Dabei hält ihnen der Scientologe einen Fragebogen unter die Nase, auf dem häufig der Charakterkopf von Albert Einstein prangt.

Der 200 Fragen enthaltende Test erweckt zusammen mit dem Porträt von Einstein einen wissenschaftlichen Eindruck. Auch die graphisch dargestellte Auswertung wirkt auf den ersten Blick seriös, entpuppt sich aber bei näherem Hinsehen als dürftig und dilettantisch. In der Regel fördert der Test Charakterschwächen oder persönliche Probleme zutage, die von den Scientologen als entscheidendes Hindernis auf dem Weg zum grossen Glück dargestellt werden. Doch Scientology weiss Rat. Die Testperson wird eindringlich davor gewarnt, die aufgedeckten Schwierigkeiten anstehen zu lassen. Als Heilsrezept werden Kurse von Hubbard angepriesen.

Wer sich noch nicht entschliessen kann und Bedenkzeit fordert, wird mit raffinierten Argumenten und moralischem Druck bearbeitet. Zeitlich befristete Rabatte oder Lockvogel-Preise sollen zu einem sofortigen Kauf animieren. Kommen die Scientologen auch damit nicht zum Ziel, versuchen sie, dem Kunden wenigstens ein Buch von Hubbard anzudrehen.

Für die Quittung wird die Adresse verlangt, welche natürlich in die Scientology-Kartei wandert. Nun fassen die Hubbard-Anhänger systematisch nach, bombardieren die Leute laufend mit Werbematerial sowie mit persönlich abgefassten Briefen und Telefonanrufen.

Oft eröffnen Scientologen einen Bücherstand, verkaufen die Schriften Hubbards und verwickeln die Passanten in Gespräche. Obwohl die Zürcher Gewerbepolizei die Machenschaften der Scientologen kennt, verweigert sie ihnen eine Standbewilligung nicht.

Das Geschäft mit der Angst

Scientology-Zentren werben auch regelmässig mit Postwurfsendungen und bedienen ganze Regionen flächendeckend mit ihrer Zeitung "Freiheit" sowie mit Broschüren und Werbematerial. Als Aufhänger greifen sie dabei oft aktuelle, Angst auslösende Probleme auf. So lockten sie etwa nach der Reaktorkatastrophe von Tschernobyl mit einem Reinigungsprogramm ("Purification-Rundown"), das den Körper von der gespeicherten atomaren Strahlung zu befreien versprach.

Auch Erziehungs- oder Beziehungsprobleme werden als Köder verwendet. Ein Beispiel: Auf dem Umschlag eines 1990 verschickten Werbebriefes steht in grossen Buchstaben: "Werfen Sie einen Blick in Ihr Unterbewusstsein..." Als Absender gibt das Couvert lediglich "Dianetik Beratung, Badenerstrasse 294, 8004 Zürich" an. Der einzige Hinweis auf Scientology findet sich im Kleingedruckten. Das Scientology-Zentrum Zürich schreckte anfangs 1991 auch nicht davor zurück, den Golfkrieg für Werbezwecke zu missbrauchen. Oft wird auch in Grossauflage das Büchlein "Der Weg zum Glücklichsein" verschickt. Beliebte Werbemittel sind ausserdem Inseratekampagnen in Zeitungen und Zeitschriften.

Verschiedentlich gelang es Scientologen, das Buch "Dianetik" bei ahnungslosen Buchhändlern unterzubringen, die es manchmal ins Schaufenster stellten. Bezeichnend ist ebenso die Aktion mit den Zucker-Streusäckchen, die Scientologen den Restaurants zum halben Preis abgeben. Wie der Aufdruck verrät, dienen die leeren Säckchen dem Gast als Gutschein für einen Persönlichkeitstest. Mit keinem Wort wird erwähnt, dass hinter der Aktion Scientology steckt.

Im weitern organisieren Scientology-Zentren öffentliche Veranstaltungen mit Vorträgen und Auditing-Demonstrationen. Ins Fettnäpfchen traten sie, als sie mit dem Bild des Skirennfahrers Peter Müller warben, ohne sein Copyright zu besitzen. (Müller ist kein Scientologe.) Dennoch prangte bald darauf – am Bildschirm gut sichtbar – der Schriftzug "Dianetik" im Zielraum von Weltcup-Rennen. Präsent war Scientology auch verschiedentlich mit grossen Plakaten an Autorennen und auf Fussballplätzen. Die möglicherweise wirksamste Werbemethode betreiben die Scientologen völlig unauffällig im Alltag, indem sie Bekannte zu Scientology-Veranstaltungen oder zu einem Probeauditing einladen. Oft schenken oder verkaufen sie ihnen dabei ein Buch von Hubbard.

Für erhebliches Aufsehen sorgt die Scientology-Kirche seit 1991 in Deutschland. Die Anhänger Hubbards starteten in den neuen Bundesländern eine Offensive, und missionierten die hinsichtlich Sekten unerfahrene Bevölkerung systematisch. Ausserdem gründeten sie viele Firmen. Gleichzeitig weiteten sie auch im übrigen Bundesgebiet ihr Tätigkeitsfeld auf die Wirtschaft (Immobilien, Beratungsfirmen, Kaderschulung usw.) aus und versuchten, Einfluss auf Polizeiorgane und Bundeswehr zu gewinnen.

Für den grössten Wirbel sorgten die Scientologen bei den etablierten Parteien. Betroffen waren vor allem die FDP Hamburg und CDU Baden-Württemberg. Die letztere schätzt, dass rund 300 Scientologen ihre Partei unterwandert haben. Alarm schlug vor allem die Junge Union. Sie setzte eine Unvereinbarkeitsklausel in Kraft, die besagt, dass Scientologen nicht Mitglied ihrer Partei sein dürfen.

Die Junge Union konnte auch die Mutterpartei von der Gefahr überzeugen. In einer Pressemitteilung vom 20. Januar 1992 schreibt sie: "Die Junge Union Baden-Württemberg hat bis auf CDU-Landesebene und schliesslich auch CDU-Bundesebene durchgesetzt, dass die Mitgliedschaft in der Partei und in der Sekte miteinander unvereinbar sind, was in den Reihen der Scientologen wüste Proteste und Drohungen auslöste." In einer Pressemitteilung vom 11. Februar 1992 heisst es: "Die Junge Union hält die Scientology Church für ein skrupelloses Wirtschaftsunternehmen." – Die Scientologen schlugen in einem Flugblatt prompt zurück: "Wir finden: Jetzt reicht es! Die CDU an der Spitze eines anachronistischen Zuges von Verleumdern, Bankrotteuren und dubiosen Organisationen, denen der Hauch von Korruption vorausweht."

Die Junge Union will mit einem neuen Wuchergesetz Scientology zurückbinden. So sollen Menschen, die psychische oder religiöse Abhängigkeit dazu ausnutzen, um Geschäfte in beträchtlichem Umfang abzuschliessen, mit Gefängnis von mindestens sechs Monaten bestraft werden. Auch der Versuch dazu soll strafbar sein. Gleichzeitig werden Parteien, Kirchen, Vereine und Verbände aufgefordert, "gemeinsam gegen das erklärte Bestreben der Scientologen vorzugehen, ihre zweifelhaften Ziele und ihre menschenverachtenden Vorgehensweisen in alle Bereiche unseres täglichen Lebens zu tragen".

Die Auseinandersetzung mit Scientology führte sogar zu einem gemeinsamen Vorstoss der vier Fraktionen von CDU, SPD, Grünen und FDP/DVP. Sie reichten im Landtag von Baden-Württemberg einen Antrag mit 17 Punkten ein. Die Hauptforderung: Die Landesregierung soll darauf hinwirken, der Scientology-Kirche und ihren Unterorganisationen die Rechtsfähigkeit zu entziehen. Ausserdem sollen Gutachten prüfen, ob die Scientology-Kirche als Religionsgemeinschaft gelten soll und ob die Methoden und Kurse zu psychischen und physischen Schädigungen führen.

In der Schweiz haben sich laut eigenen Angaben 5'000 bis 10'000 Scientologen der Pseudokirche verschrieben. Insgesamt sollen bereits 50'000 Personen Kurse besucht haben. Laut Scientology gibt es weltweit Millionen von Mitgliedern. Überprüfen lassen sich diese Angaben nicht; die internationalen Quoten scheinen jedoch Propagandazahlen zu sein.

Scientology-Karriere – ein Tunnel ohne Ende

Wer sich durch eine der zahlreichen Werbemethoden ködern lässt, erhält sofort einen Stundenplan für den ersten Kurs. Das Mammutpensum führt oft zu Stress, anderseits fühlen sich die Kursabsolventen im Zentrum aufgehoben. Hier herrscht eine aufgeräumte Stimmung, man sieht bekannte Gesichter, verteilt ein Küsschen hier und ein Küsschen dort. Vor allem kontaktarme, schüchterne und einsame junge Leute fühlen sich geborgen.

Häufig beginnt ein neues Mitglied die Scientology-Karriere mit dem Kommunikationskurs. Auf mechanische Art und Weise lernt es, Gespräche zu führen und im Umgang mit Leuten Sicherheit zu erlangen. Da sitzen sich beispielsweise zwei Kursteilnehmer/innen gegenüber und starren sich im Laufe mehrerer Sitzungen insgesamt bis zu 25 Stunden in die Augen. Sie lernen auf diese Weise, ihre Schüchternheit zu verstecken und erhalten das Gefühl, in kurzer Zeit ein jahrealtes Problem überwunden zu haben. Sie sind begeistert und überzeugt, dass sich all die versprochenen Gewinne und übermenschlichen Fähigkeiten durch Scientology-Kurse erreichen lassen.

Im Kommunikationskurs wird normalerweise weder über die Methoden noch über Lehrinhalte der Scientology-Kirche gesprochen. So werden die neuen Mitglieder Anhänger von Hubbard, ohne eine Ahnung davon zu haben, worauf sie sich einlassen. Sie sind bald immun gegen jede Art von Kritik an Scientology und oft von einem fanatischem Missionseifer besessen. Die Erfahrung aus unzähligen Fällen zeigt, dass sich neue Scientology-Mitglieder bereits nach sechs bis acht Wochen der Organisation total verschrieben haben. Angehörige, die ihre Töchter, Söhne oder Ehepartner vor der doktrinären Beeinflussung durch Scientology warnen wollen, stehen nach dieser Zeit meist auf verlorenem Posten.

Im Finanzdschungel versteckt sich die Unsterblichkeit

Auf die Hochstimmung nach dem Kommunikationskurs folgt bald ein erster Dämpfer: Der Registrar, zuständig für den Verkauf von Dienstleistungen, hat bereits den nächsten Kurs ausgesucht. Doch diesmal muss das neue Mitglied wesentlich tiefer in die Tasche greifen: Kostete der Kommunikationskurs nur ein paar hundert Franken – die Preise schwanken –, so sind zum Beispiel für den Purification-Rundown (Reinigungsprogramm) schon ein paar tausend Franken zu bezahlen.

Allmählich wird dem Hubbard-Jünger nun bewusst, dass der Weg zur Unsterblichkeit sehr weit ist. Denn nur schon um "clear", also geklärt zu werden, sind viele Auditing-Pakete nötig, die ein Vermögen kosten. Und die Unsterblichkeit ist auch für Geklärte noch nicht greifbar. Hubbard hat ein riesiges Ausbildungssystem geschaffen, an dem man sich fast lebenslänglich abrackern kann, vorausgesetzt man verfügt über das entsprechende Vermögen. Die "Brücke zur totalen Freiheit" kostet Hunderttausende von Franken.

Die Erlösung den Reichen

Extrem teuer können Auditing-Stunden in den oberen Stufen werden, die nur in Kopenhagen, England oder in den USA erhältlich sind. Eine Stunde kann bis zu 1'500 Franken oder mehr kosten. Besondere Ehre verschafft sich, wer Spenden leistet. Wer 40'000 Dollar bezahlt, darf sich "Patron" nennen; wer 100'000 Dollar spendet, heisst "Patron with Honors"; wer 250'000 Dollar auf den Spendentisch blättert, darf sich mit dem Titel "Patron Meritorious" schmücken. 1991 gab es weit über 1'000 Patrons, davon mindestens 140 Schweizer, also überproportional viele. Neun von ihnen zahlten 250'000 Dollar, fünfzehn 100'000 Dollar. Insgesamt lieferten die Schweizer Scientologen rund neun Millionen Dollar in die sogenannte "war chest", die Kriegskasse, mit der

"Die gesamte qualvolle Zukunft dieses Planeten für die nächsten endlosen Billionen Jahre hängt davon ab, was Sie hier und jetzt mit und in der Scientology tun.» (Hubbard)

"Die Geschichte ist zu einem Wettlauf zwischen der Dianetik und dem Untergang geworden." (Hubbard)

Prozesse und Aktionen gegen Kritiker finanziert werden. Bis heute spendeten die Scientologen weltweit rund 100 Millionen Franken dafür.

Die Scientology-Karriere wird von den finanziellen Möglichkeiten bestimmt. Die angebliche Kirche macht damit das Seelenheil der Anhänger von deren Finanzkraft abhängig. Es wird ihnen eingetrichtert, der Planet lasse sich ohne grosse Geldsummen nicht retten. Was bedeutet schon Geld im Vergleich zur geistigen Freiheit und zur unsterblichen Seele?, werden jene Mitglieder gefragt, die zögern. Diese Investitionen werden ja auch für die nächsten Leben getätigt, wird ihnen weisgemacht.

Ist das Bankkonto erschöpft, erkundigt sich der Registrar nach Vermögenswerten und überredet die Scientologen oft, Wertgegenstände zu verhökern. Ist auch dieses Vermögen aufgebraucht, bearbeitet er die inzwischen linientreuen Scientologen mit moralischen Druckmitteln, Darlehen in der Höhe von meist Zehntausenden von Franken aufzunehmen.

Dass Scientologen mit missionarischem und sektiererischem Eifer für Hubbards Kolonnen Geld eintreiben, zeigt ein Gerichtsfall in Basel. Das Straf- und Polizeigericht verurteilte im Juni 1987 zwei Scientologinnen zu bedingten Gefängnisstrafen von zwölf und elf Monaten und brummte ihnen Bussen auf. Die beiden Frauen hatten einem geistig und körperlich behinderten Mann Kurse für über 60'000 Franken verkauft. Bei diesem Betrag handelte es sich um Versicherungsleistungen, die der Mann nach einem Autounfall mit schweren Schädelverletzungen erhalten hatte. "Sie haben einen armen Kerl nach Strich und Faden ausgenommen", kommentierte der Gerichtspräsident. Geködert hatten die Scientologinnen den Mann unter anderem mit dem Versprechen, "er könne durch die Methoden der Dianetik und Scientology einen grossen Teil seiner Invalidität verlieren" (Zitat aus der Urteilsbegründung).

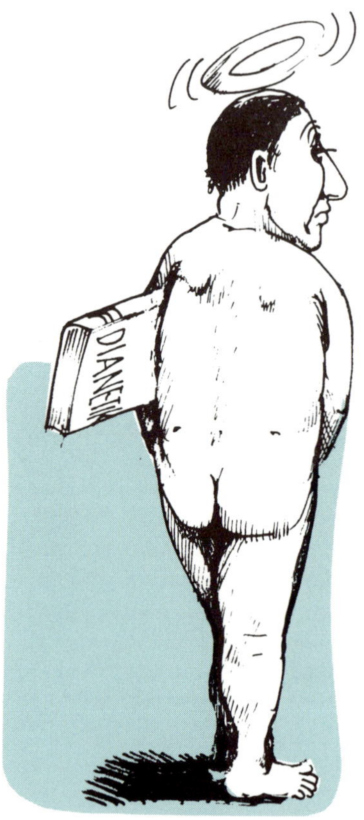

Mammutleistung für Hungerlohn

Sind auch die letzten Finanzquellen eines Scientologen versiegt, verschreibt er sich oft mit Haut und Haar der Scientology-Kirche und arbeitet als Staff-Member (Mitarbeiter) während sechs Tagen pro Woche täglich 12 bis 15 Stunden für einen Hungerlohn. Damit unterwirft er sich einer durch und durch hierarchisierten Organisation, in der ein unmenschlicher Leistungsdruck herrscht. Drei Wochen Ferien sind den Mitarbeitern zwar vertraglich zugesichert, doch dürfen sie diese oft nur einziehen, wenn sie selber einen Ferienvertreter stellen. So arbeiten sie manchmal jahrelang ohne Ferien.

Mit einem verlockenden Versprechen versucht der Zentrumsleiter, Scientologen als Mitarbeiter zu ködern: Sie dürfen die teuren Kurse gratis absolvieren und hoffen, als Scientology-Angestellte schneller "clear" und somit geistig befreit zu werden. Viele werden aber bitter enttäuscht, weil sie in ihrem Arbeitsstress gar keine Zeit für den Kursbesuch haben. Eine weitere finanzielle Abhängigkeit schafft der Arbeitsvertrag: Er enthält die perfide Klausel, dass Mitarbeiter, die vor Ablauf des Vertrages kündigen, einen Teil der gratis bezogenen Kurse zurückzahlen müssen. Die Arbeitsverträge laufen über zweieinhalb oder fünf Jahre und werden im Normalfall Monate vor Ablauf erneuert. Wer also kündigt, läuft Gefahr, dass ihm postwendend eine Rechnung über Zehntausende von Franken ins Haus flattert.

"Wir haben Dich lieber tot als unfähig"

Die Scientologen werden in vielen Zentren in extremer Weise körperlich und psychisch belastet, oft wohl überbelastet. Der religiöse und ideologische Eifer treibt sie zu Höchstleistungen an.

Welchem Druck sie ausgesetzt sind, geht aus folgendem Hubbard-Zitat hervor: "Die richtige Ausbildungseinstellung ist: Du bist hier, also bist Du ein Scientologe. Jetzt werden wir Dich zu einem fachmännischen Auditor machen, was auch immer geschieht. Wir haben Dich lieber tot als unfähig (...) Die gesamte qualvolle Zukunft dieses Planeten – jedes Mannes, jeder Frau und jedes Kindes darauf – und Ihr eigenes Schicksal für die nächsten endlosen Billionen Jahre hängen davon ab, was Sie hier und jetzt mit und in der Scientology tun."

In den Zürcher Zentren an der Badenerstrasse und an der Regensbergstrasse arbeiten rund 200 vollamtliche Scientologen. Die Arbeit wird streng kontrolliert; die Abteilungen müssen jeden Donnerstag um 14 Uhr ihre Statistiken abgeben und Rechenschaft ablegen. Die Resultate werden an die übergeordneten Scientology-Zentren im Ausland geschickt. Ist die Leistung unter die durchschnittlichen Werte gesunken, werden die Mitarbeiter getadelt.

"Wir haben Dich lieber tot als unfähig." (Hubbard)

"Handlungen, die diesen Policybrief ignorieren oder verletzen, sind Schwerverbrechen." (Hubbard)

Sinkt die Kurve über längere Zeit, folgen oft verhörartige Untersuchungen. Nach einem internen Verfahren drohen den fehlbaren Mitarbeitern Strafen. Wer eine der unzähligen Regeln verletzt, muss durch zusätzlichen Arbeitseinsatz Wiedergutmachung leisten.

Der kärgliche Lohn ist abhängig von der wöchentlichen Leistung und den Einnahmen der jeweiligen Organisation. Manchmal erhalten die Scientologen bei 60 bis 80 Arbeitsstunden lediglich 100 bis 200 Franken pro Woche. Und selbst ein führender Hubbard-Anhänger in Zürich kam 1989 nicht auf 600 Franken. Um seine Familie zu erhalten, muss er in der knappen Freizeit einem Nebenerwerb nachgehen. Mitglieder der Elite-Einheit "Sea-Org" erhalten einen Wochenlohn von 30 Dollar.

Hubbards Devise: "Seid nicht mild"

Jeder Scientologe kann mit Provisionen sein Einkommen aufbessern, indem er Kurse, Auditing und Bücher verkauft. Diese Tätigkeit gehört zu den obersten religiösen Zielen. Hubbard beschwört seine Anhänger: "Setzt Quoten, zwingt sie dazu, ihren Lagerbestand abzusetzen... Treibt Organisationen dazu an, dass sie den Buchverkauf vorantreiben, und seid nicht mild dabei. Deren Gesundheit hängt davon ab."

Diese prekäre Entlöhnungs-Situation führt Scientologen immer wieder in den finanziellen und oft in den psychischen Ruin. Dies erfuhr beispielsweise ein 47jähriger geschiedener Vater von fünf Kindern, der Ende 1989 einen Kredit über 150'000 Franken aufnahm. Die monatlichen Abzahlungsraten von 3'574 Franken belasteten ihn derart, dass er Mitte 1990 Alimente und Wohnungsmiete nicht mehr bezahlen konnte. Obwohl er als Ingenieur arbeitete und einen Nebenjob ausübte, musste er abends täglich fünf Stunden im Zürcher Scientology-Zentrum mithelfen.

Die psychische und physische Belastung wurde indessen bald so gross, dass er seine Berufsarbeit vernachlässigte. Im September 1990 verschwand er spurlos. In einem Abschiedsbrief schrieb er: "Liebes Mami, bitte entschuldige mein Verschwinden. Es hat nichts mit Dir zu tun, ich schaffe es nicht mehr, meine Probleme zu lösen." Nach fünf Wochen ohne ein Lebenszeichen tauchte er wieder auf und flüchtete erneut in den Schoss der Scientology-Kirche. Selbst diese Grenzerfahrung vermochte ihm die Augen nicht zu öffnen. Er schaffte es nicht, sich aus der Abhängigkeit zu lösen.

Die Unterwerfung und der Verlust der Entscheidungsfreiheit nehmen mitunter tragische Formen an. Dies erfuhr eine Schweizer

Scientologin, die zur Elite-Einheit "Sea-Org" gehörte. Kurz nach der Heirat mit einem Scientologen wurde sie zur Ausbildung ins Hauptquartier nach Los Angeles geschickt. Die jung vermählte Scientologin blieb indessen ein Jahr lang von ihrem Ehemann getrennt. Schon nach acht Monaten musste darauf ihr Mann zur Weiterbildung in die USA. Das junge Paar schluckte auch diesen "Marschbefehl". Diesmal wurde es für 14 Monate getrennt. Das Wiedersehen war ein Fiasko. Nach einem Monat versetzte man sie nach England, und die Beziehung brach endgültig auseinander. Es wirkt wie Hohn, wenn Scientology Werbekampagnen für Kurse betreibt, die Beziehungen zwischen Lebenspartnern wieder kitten sollen.

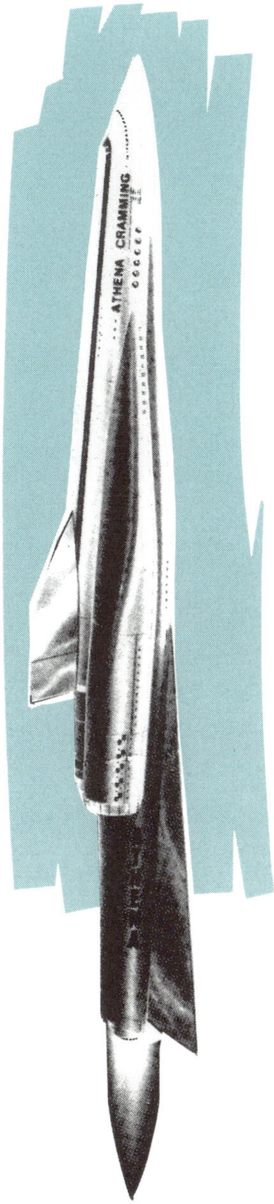

Eine Wissenschaft der unsterblichen Seele?

Für kritische Zeitgenossen ist es unverständlich, dass sich intelligente und gebildete Leute der Scientology-Kirche verschreiben. Ron Hubbard entführt seine Anhänger in eine unbekannte, phantastische, an Science fiction erinnernde Welt, in ein angeblich paradiesisches Reich des absoluten Heils. Er verspricht ihnen übermenschliche Fähigkeiten, eine unsterbliche Seele ("Thetan") und die Befreiung von körperlichem Leiden. Ausserdem zieht er sie in den Kreis einer auserwählten Elite, die den Planeten Erde vor dem Untergang retten muss. Uneingeweihte und Kritiker werden als zerstörerische Kräfte gebrandmarkt, die mit allen Mitteln verhindern wollen, dass die Scientologen der Welt das Heil bringen.

Im Standardwerk "Dianetik" beschreibt Hubbard seine angebliche Wissenschaft: "Sie umfasst eine therapeutische Technik, mit der alle nichtorganischen Geistesstörungen und alle organischen, psychosomatischen Leiden mit der Gewissheit völliger Heilung in beliebigen Fällen behandelt werden können..."

Obwohl sich Scientology als Kirche ausgibt, definiert Hubbard seine Lehre als Wissenschaft und Technologie. Seelenheil und metaphysische Probleme haben für Scientologen nichts mit Glauben und Hoffnung zu tun, vielmehr gelten alle Fragen als "wissenschaftlich gelöst".

Hubbards Trip durch die Jahrmillionen

Wie sieht nun diese Heilslehre unter dem Deckmantel der "Wissenschaft" aus? Im folgenden werden deren wichtigste Elemente zusammengefasst. (Die scientologischen Spezialausdrücke werden dabei aus Gründen der Verständlichkeit in die

"Das Gesetz ist so machtvoll, dass es praktisch die Toten wieder lebendig macht." (Hubbard)

Alltagssprache übersetzt, was u.U. zu Verkürzungen führen kann).

Das Unheil der Menschheit begann laut Hubbard vor Millionen von Jahren. Damals soll ein böser Fürst auf einem übervölkerten Planeten unzählige Thetanen (Seelen) mit einer Bombe auf die Erde geschossen haben. Dabei nahmen sie Schaden, indem die Verbindung zwischen dem Bewusstsein und dem Unterbewusstsein unterbrochen wurde. Anders ausgedrückt: Der Thetan hat quasi das Gedächtnis verloren und kann sich nicht mehr daran erinnern, was mit ihm in den Hunderten oder Tausenden von früheren Leben passiert ist.

Die schlechten Erlebnisse, Eindrücke und Prägungen (Engramme) aus Millionen von Jahren, die den Thetan vor allem im Zustand der Ohnmacht und Hypnose negativ beeinflussten, zerstörten ihn mehr und mehr. Die Signale und Reaktionen des in einen "tiefen Zustand" abgesackten Thetans machen uns zu unfreien und unglücklichen Wesen. Auch die geistigen und körperlichen Probleme und Fehlleistungen (Aberrationen) sind laut Hubbard auf die negativen Prägungen aus früheren Leben zurückzuführen.

Vor der schändlichen Tat des bösen Fürsten war der Thetan ein reiner Geist, der das physikalische Universum aus Materie, Energie, Raum und Zeit erschaffen konnte. Hubbard wörtlich: "Ein Thetan stirbt nicht. Ein Thetan hat telepathische Kräfte... Du bist ein Thetan... In deinem ursprünglichen Zustand warst du deiner als eines unsterblichen geistigen Wesens vollkommen bewusst. Du warst im Besitz der Fähigkeit, dein eigenes Universum, deine eigene Welt und deinen eigenen Körper zu erschaffen."

Mit seiner Lehre will Hubbard den Weg zeigen, wie der Thetan wieder befreit werden kann. Konkret: Er verspricht seinen Anhängern, sie wieder zu reinen geistigen und unsterblichen Wesen zu machen.

Der E-Meter

Hubbard entwickelte die seiner Meinung nach einzig wirksame Methode, um den tödlichen Teufelskreis zu durchbrechen und die in einen tiefen Bewusstseinszustand abgesunkenen Thetanen zu befreien: das Auditing. Bei dieser therapieartigen Prozedur wandert der Scientologe auf der sogenannten Zeitspur Millionen von Jahren zurück und macht all jene Erlebnisse aus, die dem Thetan zusetzten. In der Auditing-Sitzung werden diese Geschehnisse mehrfach durchlebt, wodurch dann der Thetan von den schrecklichen Einflüssen befreit werden soll.

Das als wundersames Heilmittel gepriesene Auditing ist in Wirklichkeit eine aggressive Befragungstechnik, die zum Verhör oder

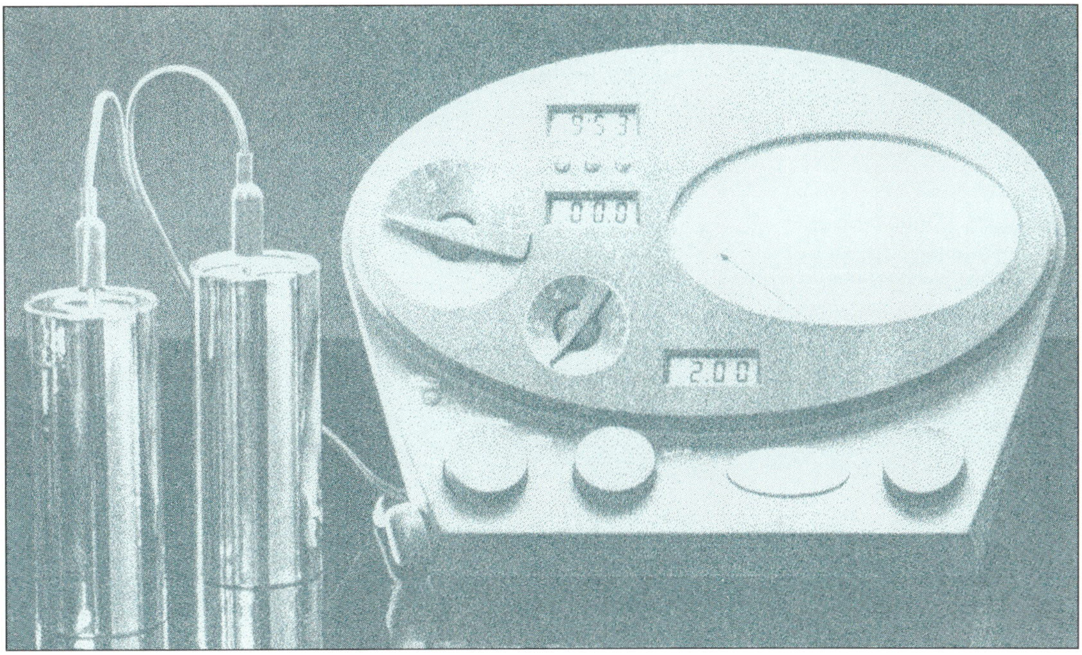

Der E-Meter

Psychoterror ausarten kann. Mit dem Auditing allein vermag der Scientology-Gründer seine Jünger noch nicht völlig in seinen Bann zu ziehen. Dies gelingt ihm hingegen mit dem sogenannten Elektro-Hubbard-Meter, kurz E-Meter genannt. Mit diesem Gerät lassen sich die letzten Zweifel am Auditing ausräumen. Der E-Meter soll den Auditing-Teilnehmern den Weg in die seelischen Tiefenbereiche und durch die früheren Leben weisen. Gleichzeitig "beweist" das eigenartige Messinstrument angeblich auf wissenschaftlicher Basis, dass der Thetan, also die Seele, unsterblich ist.

Den "Hubbard Mark VI E-Meter", wie ein neueres Modell heisst, preist sein mit Selbstvertrauen gesegneter Erfinder als "Rolls Royce unter den E-Metern" an: "Das Mark VI ist ein technischer Durchbruch! Es ist wahrscheinlich das empfindlichste Messinstrument, das es heutzutage auf der Welt gibt... Der Unterschied in der Bedienung dieses neuen E-Meters ist wie der Unterschied beim Fahren eines Volkswagens und eines Rolls Royce."

Manchmal wird der E-Meter auch als Hilfsmittel für die Beichte umschrieben, was seine Funktion und Bedeutung treffender charakterisiert. In Wahrheit handelt es sich lediglich um ein einfaches Instrument zur Messung des Hautwiderstandes.

Der E-Meter als Verhörinstrument

Der E-Meter funktioniert wie ein Lügendetektor, mit dem die Scientologen unter Druck gesetzt werden können. Das Audit-

"Dianetik umfasst eine therapeutische Technik, mit der alle nichtorganischen Geistesstörungen und alle organischen psychosomatischen Leiden mit der Gewissheit völliger Heilung in beliebigen Fällen behandelt werden können." (Hubbard)

ing artet denn auch oft zum Verhör aus. Angeschlossen am E-Meter, ist der Kursteilnehmer gezwungen, selbst intime Fragen des Auditors wahrheitsgemäss zu beantworten. Der Auditor notiert die Aussagen und legt die Therapieblätter in einem Dossier ab. Die Akten werden im Scientology-Zentrum aufbewahrt und selbst dann nicht ausgehändigt, wenn ein Scientologe seine Mitgliedschaft kündigt. Abgesprungene Scientologen haben oft Angst, die Kirche könne ihre persönlichen Daten missbrauchen oder sie damit erpressen.

Wie funktioniert der E-Meter? Der Kursteilnehmer hält zwei am Messinstrument angeschlossene Pole, simple Blechdosen, in den Händen. Durch den einen Pol fliesst ein schwacher, nicht wahrnehmbarer elektrischer Strom in den Körper. Ist der Auditing-Schüler ruhig und gelassen, fliesst der Strom ab, die Anzeigenadel des E-Meters zeigt höchstens einen schwachen Ausschlag. Ist er hingegen aufgeregt, weil ihm eine Frage des Auditors unangenehm ist oder weil er eine ausweichende Antwort gegeben hat, leitet das Nervensystem den Strom besser. Ein Teil davon erreicht den zweiten Pol, und die Nadel schlägt aus. Dies ist für den Auditor der klare Hinweis dafür, dass etwas nicht stimmt, und er kann seinen Klienten so lange bedrängen, bis dieser auch persönliche und intime Angaben preisgibt.

Professor Birnbaumer von der Universität Tübingen untersuchte das Messinstrument schon vor Jahren und kam zum Schluss, dass es sich um "ein technisch mangelhaftes Gerät zur Ableitung von Hautwiderstandsänderungen" handle. Doch als Lügendetektor scheint es gut zu funktionieren, wie Birnbaumer festhält: "Es ist... durchaus möglich, durch geschickte Frageformulierungen informierte oder fehlinformierte Personen zur Preisgabe von Informationen zu bringen, die diese Personen zu Beginn der Befragung nicht geben wollten."

Herr über Leben, Raum und Zeit

Auf Scientologen, die mit Hilfe von Dianetik clear (geklärt) wurden und ihre körperlichen Leiden überwanden, warten die Auditing-Pakete für Fortgeschrittene. Damit wollen Scientologen den Thetan kultivieren, was mit den OT-Stufen (Operating Thetan) erreicht werden soll. Die Ausbildung ist extrem teuer und meist nur in ausländischen Organisationen erhältlich. Um das Wunder von OT zu beschreiben, greift Hubbard tief in die Sprachkiste: "Dies führt uns zu unserer ganz genau spezifizierten Definition von operierendem Thetan, was ein Wesen ist, das Ursache über Denken, Leben, Materie, Energie, Raum und Zeit ist."

Dass OTs phantastische Fähigkeiten entwickeln können, formuliert Hubbard so: "Eine Person kann zum Beispiel während einer Grad-III-Sitzung aus ihrem Kopf hinaussausen und sich selbst vorkommen, so gross wie das Empire State Building zu sein, mit den Füssen im Atlantik herumzulaufen und Herr von allem zu sein, was sie überblickt." Doch damit nicht genug: "Die Scientology wird verwendet, um geistige Freiheit, Intelligenz und Fähigkeit zu steigern, um Unsterblichkeit hervorzubringen."

"Ein Mädchen, das durch Kinderlähmung verkrüppelt war, konnte nach der ersten Session, die sie von mir erhalten hat, ihre Krücken fortwerfen." (Hubbard)

Die Unsterblichkeit wird vertagt

Hubbard verspricht seinen Anhängern also übernatürliche Fähigkeiten. Zu Demonstrationen ihrer angeblich gottähnlichen Kräfte sind Scientologen aber nicht bereit. Nachdem entsprechende Versuche kläglich gescheitert waren, behalf sich Hubbard mit einer geschickten Erklärung: Die Welt sei noch nicht reif, um sich in die höchsten OT-Stufen hinauf ausbilden zu lassen. Entwickelt hat er vor seinem Tod etwa 20 Stufen, freigegeben sind aber erst acht. Wenn alle Organisationen eine bestimmte Grösse erreicht haben, wird die nächste Stufe freigegeben. Die Unsterblichkeit wurde also bis auf weiteres vertagt. Weshalb Hubbard das Zeitliche segnete, obwohl er alle OT-Stufen erforscht und durchgemacht hat, bleibt ein Rätsel.

Dass die Auditing-Therapie gefährlich sein kann, bestätigt Professor Hans Kind, ehemaliger Direktor der Psychiatrischen Poliklinik Zürich, in einem anfangs 1989 erstellten Gutachten. Kind erklärt darin, dass Kursteilnehmer beim Auditing in einen hypnoseähnlichen Zustand versetzt werden. Das einleitende suggestive Prozedere mache den Klienten für die Manipulationen des Auditors zugänglich und schwäche seine Realitätskontrolle. Auf diese Weise lasse sich der therapierte Scientologe zum Glauben bekehren und gelange zur Überzeugung, sich an vorgeburtliche Ereignisse oder gar an solche aus früheren Leben erinnern zu können. So fühle sich der Scientologe mit zunehmender Abhängigkeit als Auserwählter, der über sonst unerreichbare seelische Fähigkeiten verfüge und im Extremfall sogar einen Atomkrieg überleben könne.

Der Psychiatrie-Professor kommt zum Schluss, das Auditing sei eine "völlig unpersönliche, ja unmenschliche Prozedur". Als besonders bedenklich wertet er die Empfehlung von Hubbard, ein Auditor solle ruhig sitzen bleiben und ein Liedchen pfeifen, auch wenn der Patient Krisen und Zusammenbrüche erlebe. Für labile, unsichere Patienten bringe das Auditing erhebliche Gefahren wie Angstzustände, Depressionen und Krisen bis zu psychotischen Zusammenbrüchen. Kind findet auch die Vorstellung, dass Neurosen und psychosomatische Erkrankungen ausschliesslich auf frühere oder vorgeburtliche Ereignisse zurückgehen, völlig unhaltbar.

"Der Gegner kann nicht einmal für morgen planen. Wir hingegen für die Ewigkeit." (Hubbard)

Auditing, eine moderne Form der Gehirnwäsche

Der Gutachter greift auch die Frage auf, ob und wie weit das Auditing mit Gehirnwäsche gleichgesetzt werden kann. Da dieser Begriff vor allem für die politische Umerziehung von Kriegsgefangenen benützt werde, sollte er nicht auf die Scientology angewendet werden. Bezüglich des psychologischen Vorgehens seien aber gewisse Parallelen nicht zu übersehen. Autoritäre Struktur, die Tendenz zur Isolierung und der Gruppenzwang seien offensichtlich. Laut Professor Kind bedeuten die Parallelen zur Gehirnwäsche für Scientologen auf jeden Fall erhebliche Risiken.

Betroffen von den psychischen Schwierigkeiten und den Persönlichkeitsveränderungen ist normalerweise auch die nähere Umgebung der Scientologen. Beziehungen gehen häufig in Brüche, Familien werden auseinandergerissen. Beziehungen haben auf die Dauer nur eine Chance, wenn sich beide Partner in Scientology engagieren. Wer eine kritische Distanz gegenüber dem neureligiösen Kult zeigt, hält es selten über längere Zeit an der Seite eines Scientologen aus.

Unterorganisationen zur Tarnung?

"Geklärte bekommen keinen Schnupfen." (Hubbard)

Scientologen haben im Laufe der 40jährigen Geschichte ihrer Bewegung mehrere Unterorganisationen gegründet, die oft Tarncharakter haben. Selbst die Zentren begannen sich zu tarnen, als die Aufklärung Wirkung zeigte. Plötzlich war auf den Flugblättern, Plakaten sowie in den Inseraten nicht mehr von Scientology-Zentren die Rede, sondern von Dianetik-Beratung. Die drei wichtigsten Unterorganisationen befassen sich mit sozialen Fragen. ZIEL (Zentrum für individuelles und effektives Lernen) befasst sich mit Schul- und Bildungsfragen, CCHR (Kommission für Menschenrechte) ist eine Organisation im Kampf gegen Psychologen und Psychiatrie, und Narconon beschäftigt sich mit Suchtrehabilitation.

ZIEL arbeitet mit der Studiertechnologie von Hubbard und versucht, Eltern, Lehrer und Schüler anzusprechen. Es führt Ferienlager, Nachhilfestunden und Kurse für Lehrer und Eltern durch. Im Kanton Zürich wollte ZIEL eine Privatschule eröffnen, erhielt aber vom Erziehungsrat keine Bewilligung dafür. Darauf reichten die im ZIEL engagierten Scientologen beim Erziehungsrat des Kantons Aargau ein Bewilligungsgesuch ein, das dieser gut hiess. Als bekannt wurde, dass hinter ZIEL Scientologen stecken, gab der Regierungsrat dem Erziehungsrat den Auftrag, das Gesuch unter diesem Aspekt noch einmal zu prüfen. In der zweiten Lesung lehnten die Erziehungsbehörden die Eingabe ab. Trotzdem führen

ZIEL-Leute kleine Klassen im Scientology-Zentrum Zürich, denn der Privatunterricht in Gruppen bis zu fünf Schülern ist auch ohne Bewilligung möglich.

Mit der Bürgerkommission für Menschenrechte (CCHR) führen Scientologen Kampagnen gegen die von Hubbard verhassten Psychologen und Psychiater. CCHR-Mitglieder versuchen vor allem, Skandale in psychiatrischen Kliniken (Medikamentenabgabe, Elektroschocks) aufzudecken. Ausserdem engagieren sie sich in Drogenfragen und propagieren eine repressive Drogenpolitik.

Narconon (von non narcosis) betreibt Therapiezentren für Drogen- und Alkoholabhängige und arbeitet mit dem umstrittenen Reinigungsprogramm sowie verschiedenen Scientology-Kursen. Deutschschweizer Drogensüchtige müssen nach Schliersee bei München reisen, wo fast ausschliesslich ehemalige Narconon-Absolventen arbeiten. Das einzige Narconon-Zentrum in der Schweiz befindet sich in Bex, Kanton Waadt. Eine Entziehungskur dauert mehrere Monate, der Tagesansatz, der von den Angehörigen aufgebracht werden muss, betrug anfangs 1991 120 Franken. Oft übernehmen auch Fürsorgeämter die Kosten. Narconon behauptet, eine Erfolgsquote von 75 Prozent zu erreichen.

Diese Unterorganisationen versuchen, sozial engagierte Leute für die Ideen und Methoden Hubbards zu gewinnen. Interessenten werden normalerweise nicht gedrängt, Scientologen zu werden. Hubbard ist überzeugt, dass das Interesse an Scientology-Kursen und am Auditing automatisch wachse.

In jüngster Zeit versuchen Scientologen ihren Einfluss im wirtschaftlichen Bereich mit eigenen Beratungs- und Weiterbildungsfirmen auszubauen. Personalchefs werden mit Persönlichkeitstests für neue Bewerber oder Mitarbeiter geködert, Geschäftsführer mit Management-Kursen für das gesamte Kader oder mit Weiterbildungsseminarien für die Belegschaft. Die in diesem Bereich engagierten Scientologen haben sich in zwei Unterorganisationen zusammengeschlossen: In WISE (World Institut of Scientology Enterprises) sind Geschäftsleute organisiert, die Hubbards Technologien anwenden, und im VEF (Verband engagierter Führungskräfte) sind Scientologen tätig, die leitende Funktionen in Betrieben bekleiden.

Zu den Unterorganisationen zählen auch folgende Firmen und Gruppen: Buchhandel Arcot, Verlag New Era, Celebrity-Center (Zusammenschluss und Betreuung von Künstlern, Sportlern, Politikern) sowie Criminon (Rehabilitation Gefangener).

Quellen
Hubbard L.R.: Dianetik, Genf 1979
ders.: Selbstanalyse, Kopenhagen 1984.
ders.: Kampf um die Erde. Die Saga aus dem Jahr 3000. Dreieich 1986.
ders.: Scientology. Eine neue Sicht des Lebens. Kopenhagen 1979.

Literatur
Aktion Bildungsinformation e.V. (Hg.): Die Scientology-Sekte und ihre Tarnorganisationen. Stuttgart
Haack F.W.: Scientology – Magie des 20. Jahrhunderts. München, 1982.
ders.: Scientology, Dianetik und andere Hubbardismen. München 1990.
Kin L.: Scientology – mehr als ein Modetrend? Wiesbaden, 1991.
Miller R.: Bare-Faced Messiah – The true story of L. Ron Hubbard. Amerika 1987
Stamm H.: Scientology – Seele im Würgegriff. Zürich 1982

Gefährliche Gruppierungen?

Ein erstes Gespräch

Was soll ein Gespräch in einem Sachbuch?

Ein "Gespräch" ist in einem Sachbuch eher unüblich, wenn es sich nicht gerade um ein Interview mit einem "Experten" handelt.

Das Thema *Gefährliche Gruppierungen* weckt indessen Fragen und Assoziationen und reizt zu Stellungnahmen und Auseinandersetzungen, die eine Diskurs-Form nahelegen.

Im fiktiven Gespräch sind Fragesteller und Antwortgeber identisch. Das Gespräch, in kleine Portionen aufgeteilt, macht die Informationen für den Leser und die Leserin überblickbarer und leichter verständlich. Die gestellten Fragen sind dabei nicht einfach "Erfindungen" des Autors, sondern sind ihm im Laufe der Beschäftigung mit dem Thema von aussen zugetragen worden. Die "Gespräche" verstehen sich in dieser Konzeption als eine lebendige und leserfreundliche Form der Informationsvermittlung.

❝ ***Besteht irgendwo ein Verzeichnis von totalitären Gruppen und Sekten? Das gäbe Klarheit, welche Gruppen gefährlich sind.*** ❝

Eine "schwarze Liste"? So einfach ist das nicht. Dieses Buch stellt zwar einige Gruppierungen und Bewegungen dar, die für ihre Mitglieder problematisch sein können. Aber es wäre anmassend, allen Gruppierungen, in denen wir leben, einfach ein positives oder ein negatives Etikett anzuhängen.

❝ ***Aber es gibt doch Gruppen mit sehr merkwürdigen, obskuren Vorstellungen.*** ❝

Was heisst "merkwürdig"? Warum soll jemand nicht einer "merkwürdigen" Gruppe angehören? "Merkwürdig" ist doch immer das, was vom eigenen, gewohnten Muster abweicht. Es ist uns fremd –

Auch das Leben in einem Kloster erscheint vielen Menschen merkwürdig.

aber muss es deshalb schon schlecht sein? Nicht ob eine Gruppierung "merkwürdig" ist, sondern ob sie auf ihre Mitglieder einen gefährlichen Einfluss ausübt, ist entscheidend.

❝ ***Aber Gruppen, die so andersartige Anschauungen pflegen, stellen doch – gerade für junge Menschen – eine Gefahr dar.*** ❝

Nicht unbedingt. Angenommen, in meiner Gemeinde bestehe eine religiöse Gruppierung, die ihren Gottesdienst nicht am Sonntag, sondern am Mittwoch feiert, und zwar in einer Waldhütte, mit Picknick und Rockmusik am Lagerfeuer. Das mag manchen Menschen merkwürdig und exotisch erscheinen; aber wo ist da eine Gefahr? – Bei uns gilt doch Meinungs-, Glaubens- und Gewissensfreiheit. Da haben auch Anschauungen und Verhaltensweisen Platz, die von unserem "Normalbild" abweichen. Und für manche Jugendliche ist es gerade wichtig, mit ihrem "auffälligen" Verhalten zu demonstrieren, dass sie anders sind als die Elterngeneration.

Andersartig = gefährlich?

❝ ***Ich fände es aber trotzdem gefährlich, wenn mein Kind in eine solche Bewegung einträte. Ich würde mich ja kaum mehr mit ihm verstehen. Es spräche dann eine ganz andere Sprache als ich und würde alles ganz anders sehen.*** ❝

... zum Beispiel Anthroposophen, Oeko-Fundis, Extrem-Alpinisten, Anarchisten, Zen-Gruppen, politische Randgruppen und so weiter.

Zugegeben. Das wäre für mich auch schwierig. Aber ich würde vielleicht diese "andere Sprache" zu verstehen versuchen. Das wäre interessant und könnte meinen Horizont erweitern. Es gibt ja heute immer mehr Menschen, die in anderen Kategorien denken, als wir es uns gewohnt sind. Es wäre billig, als selbsternannter "Normalo" solche Gruppierungen als "abwegig" zu disqualifizieren. Ich versuche tolerant und offen zu sein, auch wenn solche Gruppierungen nicht unbedingt in mein persönliches Weltbild hineinpassen.

❝ ***Ja, das leuchtet mir ein... Und trotzdem sind wir uns doch einig, dass bestimmte Gruppierungen für junge Menschen gefährlich sein können. Wann und warum sind sie denn gefährlich?*** ❝

Gefährlich ist eine Gruppierung immer dann, wenn sie wichtige, notwendige Bedürfnisse von jungen Menschen missachtet und unterdrückt. Wenn sie etwa seine Entwicklung zur Mündigkeit und Autonomie behindert. Wenn sie die eigene, kritische Meinungsbildung blockiert. Wenn sie unbedingten, blinden Gehorsam fordert. Wenn sie totalitär und dogmatisch auftritt. Wenn sie also in einem bestimmten Bereich die Entwicklung des Menschen schwerwiegend beeinträchtigt.

Der Begriff "Sekte" führt nicht weiter

secare (lat.) = abschneiden, spalten

„Kann man solche Gruppierungen nicht als Sekten bezeichnen? Das ist doch ihr gemeinsames Merkmal!"

"Sekte" ist für mich zu sehr religiös fixiert. Das endet zu leicht als Schwarz-Weiss-Malerei: Hier die "gute" Kirche, dort die "böse Sekte"! Warum sollen denn Sekten grundsätzlich schlecht sein? Sie sind zunächst einmal nur Abspaltungen von grösseren Glaubensrichtungen. Aber in der Aufspaltung in "Kirche" und "Sekte" geht es um die dogmatische Streitfrage: Wer hat den richtigen Glauben?

Für mançhe Katholiken sind z.B. die Protestanten eine Sekte.

„Gibt es denn neben den Landeskirchen und den Sekten nicht auch noch Freikirchen und so weiter?"

Auch solche Unterscheidungen helfen uns hier nicht weiter. Denn es gibt heute sogar innerhalb der Landeskirchen Gruppierungen, die etwas von diesem einengenden, entmündigenden Absolutheitsanspruch einer totalitären Gruppierung haben, bei denen man "den Kopf abgeben"[1] muss (vgl. Kap. F und G).

Eine mächtige Kirche kann proklamieren: Die Vorstellungen dieser Gruppe(n) passen uns nicht, die trennen wir von uns ab!

"Sekten" kommen übrigens nicht nur im religiösen Bereich vor. Es gibt auch weltanschauliche, politische, esoterische, ja sogar psychologische Gemeinschaften mit fertigen Heilsangeboten. Diese müsste man dann konsequenterweise auch als Sekten bezeichnen.

"Den Kopf abgeben"

„Wie sieht denn eine solche Gruppe konkret aus, die für junge Menschen gefährlich sein kann?"

Nehmen wir einmal an, in einer Gruppe gelte es als wichtige Regel, dass jeder Konflikt dem "Boss" vorgelegt werden muss. Der befindet dann allein und letztinstanzlich darüber, was die "richtige" Lösung ist. Es findet keine Diskussion darüber statt...

Gehorsam ist nicht Hörigkeit.

„Ist das so gefährlich? Ein bestimmtes Mass an Gehorsam ist doch nötig. Besonders, wenn man noch nicht erwachsen ist."

Gehorsam ist nötig. Manchmal mehr, manchmal weniger. Aber nicht als blinder Gehorsam. Blinder Gehorsam heisst Ausschalten der eigenen Fähigkeit, zu denken, Probleme zu lösen und Verantwortung zu übernehmen. Aber gerade das ist ein wichtiges Entwicklungsziel; indem Menschen versuchen, ihre Lebensprobleme selbständig zu meistern, werden sie mündig. Es ist sehr gefährlich, wenn man nur lernt, "seinen Kopf abzugeben".

Unsere Lebensprobleme überfordern uns

Aber wer kann schon alle seine Lebensprobleme selbständig meistern? Wenn wir daran denken, welche Probleme heute auf uns zukommen – da sind wir doch oft schlichtweg überfordert.

Einverstanden. Doch es kommt darauf an, was ich in einer solchen Situation tue, die mich persönlich so überfordert. Halte ich sie aus? Oder gebe ich auf? Weiche ich aus, ziehe ich mich zurück, oder unterwerfe ich mich irgend einem Führer, einem "Guru"? Oder wandere ich aus?

Statt aufzugeben oder mich blindlings zu unterwerfen, kann ich auch dazu stehen, dass ich viele Probleme nicht aus eigener Kraft bewältige. Und ich kann mich auch beraten lassen. Gute Gespräche wirken oft Wunder.

Aber auch ein "Guru" kann doch Ratschläge geben...

Will mich der Zen-Meister, der mir einen Stockhieb versetzt, abhängig machen? Oder will er meine persönliche Entwicklung fördern?

Ja. Die Frage ist nur: Helfen mir diese Ratschläge, mich weiterzuentwickeln, oder machen sie mich abhängig? Sind sie eine Hilfe zur Selbsthilfe, dienen sie mir als Leitplanken, damit ich mein Leben selbständig gestalten kann, oder werde ich durch sie gegängelt oder sogar ausgebeutet?

Unterwerfung – Voraussetzung für Ausbeutung

Wieso "ausgebeutet"?

Die bedingungslose Unterwerfung unter einen Guru oder eine Lehre bedeutet völlige Abhängigkeit, Hörigkeit. Und diese kann der "Meister" ausnützen. Er kann z.B. über die finanziellen Mittel seiner Jüngerinnen und Jünger verfügen. Er kann ihnen die "geeigneten" Lebenspartner zuweisen und ihnen vorschreiben, wie sie ihre Freizeit zu verbringen haben. Er bestimmt, ob und wie sie mit den früheren Lebensbereichen noch Kontakt haben dürfen. Das ist eine Form von modernem Sklaventum.

Wie kommt es denn dazu, dass sich jemand so ausbeuten lässt und nicht "aussteigt"?

Man sitzt eben in einer Art Falle. Alle Auswege sind durch Barrieren verbaut. Man hat schon so viel in das "neue Leben" investiert und dabei die meisten früheren Bezugspersonen verloren, dass man nicht mehr an einen Weg zurück denken kann. Man müsste zugeben, dass das meiste, was man bisher getan hat, falsch war. Zudem ist man in der Regel von der neuen Lehre bereits derart durchdrungen ("programmiert"), dass man sich gar nichts anderes mehr denken kann. Ausserdem droht einem "Verräter" massive Bestrafung.

❝ *Verstösst ein solches Guru-Verhalten nicht gegen unsere Rechtsordnung? Ist das nicht ein Straftatbestand: Freiheitsberaubung, Nötigung und so weiter?* ❝

So einfach ist das nicht. Das Mitglied ist ja offiziell freiwillig eingetreten, auch wenn dabei sehr viel Manipulation im Spiel war. Ausserdem steht es oft dermassen unter dem prägenden Einfluss der Gruppe, dass es gar nicht spürt, wie es ausgebeutet wird. – Es hat eine neue "Existenzform" gefunden, und es muss nun seinen Preis dafür bezahlen!

❝ *Einen hohen Preis! – Aber warum gehen denn so viele in die Falle? Man sagt doch, die Jungen würden immer kritischer. Diesen Widerspruch verstehe ich nicht.* ❝

Das hat wohl weniger mit Kopflosigkeit als mit Unzufriedenheit zu tun, gerade bei jungen Menschen. Wenn ihnen eine totalitäre Gruppierung genau das verspricht, was sie sich intensiv und dringend wünschen, dann greifen sie eben danach.

Viele Gruppierungen nützen mit traumwandlerischer Sicherheit die diffusen Wünsche und Bedürfnisse aus, von denen junge Menschen überflutet werden.

Nicht die Existenz der Gruppierung ist die Ursache des Problems ...

❝ *Was vermissen und ersehnen sie denn so sehr? Warum werden sie anfällig für solche Versprechungen?* ❝

Das ist der entscheidende Punkt: das Bedürfnis nach solchen Gruppierungen. Es reicht nicht, sie zu verbieten und zu bekämpfen. Nicht die Gruppierung ist letztlich das Problem, sondern die Bereitschaft, ihr beizutreten. Wenn ihr niemand beitreten würde, dann wäre sie wie ein Ballon ohne Helium!

Was macht sie anfällig? Die Sehnsucht nach einem leicht begehbaren Weg in unserer unübersichtlichen, verworrenen, zerrissenen Welt. Das Bedürfnis nach klaren, einfach fassbaren, Massstäben, Normen und Werten. Der Wunsch nach ganzheitlicher Zugehörigkeit.

Diese Sehnsucht ist im Grunde genommen berechtigt: Die "Grundwahrheiten" des Lebens sind einfache Wahrheiten!

❝ *Warum sind denn diese Bedürfnisse gerade heute so stark?* ❝

Manche Menschen haben eben im heutigen Leben die Orientierung verloren – oder sich gar keine solche Orientierung aufbauen können. Vieles ist ins Wanken geraten, und gleichzeitig tauchen überall neue Werte auf. Doch was von diesem riesigen Angebot ist für den einzelnen verbindlich? In dieser Verunsicherung hört man gerne auf einfache und einleuchtende Botschaften.

Heute haben überlieferte religiöse Vorstellungen in weiten Teilen der Bevölkerung an Tragkraft eingebüsst, ebenso die "aufklärerischen" Leitbilder von technischem Fortschritt und wirtschaftlichem Wachstum, von Leistung und Tüchtigkeit.

Orientierung in der Krise

❝ ***Aber fiel es nicht schon immer vielen Menschen schwer, sich in der Welt wirklich zurechtzufinden?*** ❝

Ja. Aber es gab immerhin auch Zeiten, in denen es einfacher war, sich zu orientieren. In den letzten 20 Jahren ist vieles fragwürdig und brüchig geworden, was früher selbstverständlich war.

Dafür stürmen unzählige neue weltanschauliche Strömungen auf uns ein: Psycho-Lehren, ökologische Katastrophen-Szenarien, technisch-wirtschaftliche Umwälzungen und vieles mehr. Diese verwirrende Fülle verschiedener Werte und Handlungsmuster ist Ausdruck eines massiven gesellschaftlichen und geistigen Umbruchs, in dem wir uns seit Mitte der Sechzigerjahre befinden.

Noch rasanter war der Zusammenbruch des Wertsystems in den ehemaligen Ostblockstaaten. Auf seinen Trümmern spriessen heute unzählige sektenartige Gruppierungen.

Die besondere Anfälligkeit der Jungen

❝ ***Warum ziehen totalitäre Gruppierungen vor allem Jugendliche an? Sind sie für einfache und klare Botschaften besonders empfänglich?*** ❝

Ja. Für junge Menschen ist eine solche Krisenzeit besonders belastend. Denn sie haben das ganze Leben noch vor sich. Die mangelnde Orientierung trifft sie deshalb am schärfsten. Die Pubertätsphase belastet sie zudem mit zusätzlichen Spannungen und Konflikten: Ablösung von der Familie, Berufsfindung, Auseinandersetzung mit der eigenen Sexualität und so weiter. Sie sind "weder Fisch noch Vogel".

In dieser Situation schliessen sie sich meist in Gleichaltrigengruppen (peer groups) zusammen. Diese geben ihnen den Rückhalt und die Orientierung, die sie anderswo vermissen. Solche Gruppen können aber auch zur Gefahr werden, wenn sie sich zu stark von der Gesamtgesellschaft abschotten. Weil junge Menschen leicht beeindruckbar und formbar sind, üben solche – aber auch andere – Gruppen eine starke Wirkung auf sie aus.

Gleichaltrigengruppe (z.B. Fan-Clubs) und totalitäre Gruppe haben Gemeinsamkeiten. Beide kommen oft in ausgesprochen jugendgemässer Aufmachung daher.

❝ ***Sind letztlich nicht gestörte Familienverhältnisse dafür verantwortlich, dass jemand in eine totalitäre Gruppe eintritt?*** ❝

Gestörte Familienverhältnisse – allgemeiner: fehlende oder ungenügende soziale Beziehungsnetze – spielen sicher auch eine Rolle, sind aber nur ein Grund unter vielen andern möglichen Gründen.

Belastungsmenge und Belastungsfähigkeit

Wieviel Desorientierung und Belastung jemand erträgt, hängt nicht nur von der objektiven Belastungsmenge ab, sondern auch von der individuellen Fähigkeit, Belastungen zu ertragen und zu verarbeiten.

Wenn sich jemand vom bisherigen Alltag abwendet und einer totalitären Gruppe beitritt, so können dafür die verschiedensten Probleme verantwortlich sein: Spannungen, Konflikte, Frustrationen bei der Suche nach einer besseren Welt, Sinnleere, soziale Isolation, mangelndes Selbstvertrauen, Enttäuschungen und so weiter. Bei jedem Menschen setzen sich die "Belastungen" wieder anders zusammen. Es kommt dabei weniger auf eine einzelne "Belastung" an als auf das gesamte Ausmass der erlebten Belastungen und Verunsicherungen.

❝ ***Sind wir heute vielleicht weniger belastungsfähig als früher?*** ❝

Eine schwierige Frage! Einerseits müssen wir heute in vieler Hinsicht grössere, diffusere und komplexere Belastungen aushalten. Das Leben ist ja komplizierter geworden. Anderseits gibt es Hinweise auf eine geringere Belastungsfähigkeit. Vielen Menschen fehlt es an festen Lebensleitlinien und -perspektiven. Sie fragen sich, was eigentlich der Sinn ihres Lebens sei. Sie fühlen sich "heimatlos", zu wenig aufgehoben; sie haben kein Gegenüber, kein Du. Die Angst vor der Zukunft lähmt sie. Das alles schwächt ihre Belastungsfähigkeit.

Leid und Misserfolg sind in einer Erfolgsgesellschaft eben ein grundsätzlicher Makel, ein Widerspruch zur offiziellen Doktrin, dass dem Tüchtigen das Glück winke. Unlustgefühle müssen deshalb so rasch wie möglich beseitigt werden, sei es mit Medikamenten oder mit andern "Aufstellern".

Dazu kommt: Viele Menschen fühlen sich heute verpflichtet, sich um jeden Preis "aufgestellt" zu fühlen. Alles muss "de Plausch" sein! Leiden, Aushalten und Verarbeiten von Spannungen und Konflikten muss tunlichst vermieden werden.

"Ich bin wichtig für andere!"

❝ ***Gruppen, die eine bessere Welt versprechen, kommen ja hauptsächlich in grösseren Städten vor. Ist man in den Städten weniger belastungsfähig als auf dem Land?*** ❝

Einerseits sind viele Hauptquartiere zentral gelegen. Anderseits kommt das Leben in der Grossstadt vielen jungen Menschen fremd und unheimlich vor, und sie erleben sich darin oft als ein bedeutungsloses Teilchen. Ein Gefühl von Bedeutungslosigkeit und Ohnmacht entsteht.

Wo früher das Leiden von der familiären oder dörflichen Gemeinschaft mitgetragen wurde, bleibt es heute vielfach dem einzelnen allein überantwortet...

Mit dem Eintritt in eine totalitäre Gruppierung verschwindet dieses Gefühl des Überflüssigseins meist schlagartig.

Sich auf einem "Strom der Liebe" ins "Paradies der Innerlichkeit" treiben zu lassen – ein nicht zu überbietender Gegensatz zum seelenlosen Alltag!

"We are a happy family!"

❝ *Oft sieht man auf den Flugblättern solcher Gemeinschaften viele fröhliche Gesichter. Stellen diese nicht auch eine Art Familienersatz dar?* ❝

Ja. In vielen totalitären Gruppierungen herrscht – an der Oberfläche – ein warmer, herzlicher Umgangston und ein ausgesprochenes Gemeinschaftsgefühl. Diese positive Zuwendung, dieses gefühlshafte, farbige Leben macht die Gruppe für die Neueintretenden attraktiv und steht in einem wohltuenden Gegensatz zur sozialen Kälte ihres früheren Alltags. Sie fühlen sich in der Gruppe geborgen und "daheim".

Religiöses Suchen – und die Kirche(n)?

❝ *Ist es nicht auch das Geheimnisvolle der Botschaft von solchen Gruppierungen, das manche anzieht?* ❝

Viele suchen in ihrem Alltag vergeblich das "Wasser des Lebens". Wo finden sie es?

Viele Menschen spüren, dass ihnen in ihrem Leben etwas fehlt; aber sie wissen nicht genau was. So versuchen sie an den verschiedensten Orten und bei unterschiedlichsten Gelegenheiten, mit überpersönlichen, überirdischen und "kosmischen" Kräften und Mächten in Beziehung zu treten. Sie möchten die Fesseln der eigenen Person sprengen, von denen sie sich eingeengt fühlen, möchten ein "höheres Bewusstsein" erlangen, "den Durchblick haben".

Besonders die Jungen werden dabei von Ahnungen und Versprechungen gelockt, neue, unbekannte, geheimnisvolle, oder gar verbotene Dimensionen zu entdecken, die hinter der "offiziellen Welt" verborgen sind. Sie ahnen Wege, die sie zum "Weltgeheimnis" hinführen könnten. – Eigentlich wäre es die Aufgabe der Kirchen, solche Wege aufzuzeigen. Doch manche wählen diesen Weg nicht (mehr).

❝ *Was stört sie denn an den Kirchen?* ❝

Das menschliche Bedürfnis nach Transzendenz, nach Grenzüberschreitung ist uralt; aber die Möglichkeiten, das Numinose zu erfahren, sind in Kirche und Gesellschaft rar geworden.

Es stört sie vielleicht nichts; aber es treibt sie auch nichts in die Kirchen. Und darauf käme es gerade an.

Stellen wir nüchtern fest: Die Botschaft der Kirchen findet bei vielen – besonders jungen – Zeitgenossen nur noch wenig Gehör. Ihre Bedürfnisse gehen offenbar in eine Richtung, welche die traditionellen Kirchen nicht erfüllen können. So wandern sie denn zu andern "Botschaften" ab.

Vertreter der Kirchen werden da vielleicht sagen, die Leute müssten eben wieder zum "richtigen" Glauben zurückfinden. Man könnte den Spiess aber auch umdrehen und fordern, die Kirchen sollten sich vermehrt an den veränderten Bedürfnissen der heutigen Menschen orientieren.

Viele Menschen suchen heute – bewusst oder unbewusst – nach einer ruhenden Mitte in unserer Welt, die alle Gegensätze und alles Trennende des Lebens in sich zusammenfasst und auflöst.

❝ ***Aber die Kirchen können ihr Angebot ja nicht immer wieder neu formulieren, je nach der "Nachfrage" ihrer Zeitgenossen. Sie würden ja sonst unglaubwürdig.*** ❝

Viele dieser Wünsche sind kaum Eintagsfliegen. Und solche Bedürfnisse haben übrigens auch viele andere, die an der "Kirche" leiden. Der Unterschied ist nur, dass diese die Spannungen aushalten und nicht zu irgendwelchen totalitären Propheten abwandern.

Viele schlagen auch andere Wege ein, die nicht in totalitäre Gruppierungen führen.

Wir alle befinden uns im Aufbruch – oder sind schon unterwegs

❝ ***Wohin gehen sie denn sonst?*** ❝

In jeder Zeitung finden sich zum Beispiel Horoskope, Inserate für Glück und Gesundheit bringende Armreifen und Amulette, Kursangebote für Meditation, Zen und Tai-Chi, Reinkarnationsseminare, Bachblüten- und Edelsteintherapie, Rückführungen und Pyramidenenergie, und überall werden esoterische Buchhandlungen eröffnet.

Wenn wir die Sekten-Diskussion in diesem erweiterten Rahmen sehen, erkennen wir, dass es sich da keineswegs nur um das Problem einiger Aussenseiter handelt, welche die richtige Eingangstüre zur "Wahrheit" verpasst haben. Nein, in Wirklichkeit befinden sich weite Teile unserer Bevölkerung im Aufbruch, auf der Suche nach einer religiösen Neu-Orientierung – was immer man darunter verstehen will.

❝ ***Aber was ändert sich nun mit dieser Einsicht?*** ❝

Unser Standpunkt verändert sich. Unsere sogenannte "Normalität" schmilzt zusammen. Und dadurch ändern sich unsere Beziehungen zu den Anhängern totalitärer Gruppierungen. Wir verstehen ihre Hintergründe besser. Und vielleicht könnten wir zu ihnen sagen: "Auch wir sind unterwegs. Wir suchen zwar an verschiedenen Orten, aber wir suchen." – Dadurch kann sich eine gewisse Solidarität mit den Opfern totalitärer Gruppierungen entwickeln.

Innerhalb der Kirchen geben gegenwärtig verschiedene Strömungen Anstösse zur Veränderung: etwa die feministische Theologie oder die Befreiungstheologie; aber auch die Diskussionen zwischen dem liberalen und dem fundamentalistischen bzw. evangelikalen Flügel der Kirchen bringen manches in Bewegung.

So könnte die religiöse Umbruch- und Krisensituation mehr und mehr zu einem "öffentlichen Thema" werden, zu einer Diskussion, an der sich alle beteiligen.

Die Einsicht, dass die Problematik der totalitären Gruppierungen nicht die da, sondern uns alle betrifft, reduziert die Gefahr der Vereinnahmung und Vermarktung jugendlicher Sehnsucht.

Die wesentlichen Lebensbedürfnisse erkennen heisst Klarheit gewinnen über die wirklichen, nicht manipulierten Bedürfnisse.

Das tönt einleuchtend. Was wäre denn das Ergebnis einer solchen Diskussion?

Ich wünschte mir: Die Erkenntnis, dass es im Umgang mit totalitären Gruppen nicht darum geht, die "Fehlgeleiteten" wieder in den Schoss des "richtigen Glaubens" zurückzuführen, sondern dass wir zur heutigen Umbruch- und Krisensituation stehen und uns nichts vormachen. Ich meine das ganz konkret: Auch ich selbst bin davon betroffen, auch ich sitze in dem Boot, das auf einer "Nachtmeerfahrt" unterwegs ist!

Die Problematik, die hinter den totalitären Gruppierungen steht, lässt sich nicht mehr verdrängen. Sie betrifft uns alle. Die totalitären Gruppierungen sind mehr als ein billiges Feindbild, das man belächeln oder bekämpfen kann. Ihre Anhänger lassen sich immerhin oft von ernsthaften Lebensimpulsen leiten – im Gegensatz zu denen, die an Ort treten und sich nicht fragen, welchem Lebenssinn sie eigentlich folgen oder was sie an ihrem Leben ändern müssten. Aber auch im Gegensatz zu jenen, die solche Impulse lediglich mit Süchten, z.B. mit Arbeitssucht, Konsum und Freizeitstress übertönen.

Wir müssten den Anhängern totalitärer Gruppen eigentlich sagen: Euer Aufbruch ist gut, denn er kann viele andere ermuntern, ihr Leben ebenfalls zu überdenken und sich in Bewegung zu setzen! Aber lauft bitte nicht jedem "Guru" nach! Bleibt im Gespräch!

Eine solche Haltung wäre eine tragfähige Grundlage für eine Prävention gegen totalitäre Gruppen.

Prävention gegen totalitäre Gruppen? Wo müsste man da ansetzen?

Eigentlich an drei Orten:

Erstens: Jene, die sich "auf der Suche" befinden, über mögliche Fallen auf diesem Weg aufklären. (s.S. 103)

Zweitens: Ihre Widerstandskraft stärken, damit sie nicht jedem Sirenengesang erliegen. (s.S.108)

Und drittens: Sich für eine Welt einsetzen, aus der wir nicht auszubrechen brauchen, wenn wir unsere Lebensbedürfnisse befriedigen wollen. (s.S. 141)

Anmerkung

[1] "Du musst nur Deinen Kopf abgeben!" ist der Titel eines Buches von Rosmarie Gerber und Artur K. Vogel über Jugendsekten und totalitäre religiöse Gemeinschaften in der Schweiz (Unionsverlag Zürich 1984, 188 Seiten, vergriffen)

Hare Krischna – ein Leben in Askese für den Guru

Auf der Grundlage der Reinkarnations-Lehre wirft diese fernöstliche Gruppierung gewohnte Verhaltensweisen radikal über Bord. Die feste Einbindung in eine neue Gruppe, die Unterwerfung unter den Guru und einen bis ins Letzte geregelten Tagesablauf lassen dem Einzelnen keine Möglichkeit zur freien Entfaltung, zu eigenen Entscheidungen und Aktivitäten.

Der Guru Swami Prabhupada sitzt als lebensgrosse Wachsfigur im Tempel und wird als Prophet des Gottes Krischna verehrt. Dabei wird er selbst zum "Gott", der von den Gläubigen ernährt, gekleidet und entsprechend ausgestattet werden muss. Ihm zu Ehren und um die spirituelle Glückseligkeit zu erreichen, verzichten sie auf jede Form von Genuss, was ihnen den Weg zum Nirwana erleichtern soll. Als Ziele der Askese werden Erlösung, Erleuchtung und mystisches Glück versprochen.

Die totale Abkehr von den bisherigen Lebensbereichen und der Sprung in eine absolute Gegenwelt überfordert viele. Die Aufgabe des eigenen Ichs ist ein Element östlicher Daseins-Interpretation; in unserer abendländischen Kultur fehlen indessen oft die Voraussetzungen, um einen solchen Schritt unbeschadet zu überstehen.

Hare Kṛṣṇa
Hare Kṛṣṇa
Kṛṣṇa Kṛṣṇa
Hare Hare
Hare Rāma
Hare Rāma
Rāma Rāma
Hare Hare

Der Wecker schrillt. Es ist vier Uhr morgens. Stefan S. richtet sich auf und schaut um sich. Links und rechts neben ihm räkeln sich auf den dünnen Schlafmatten Zimmergenossen mit kahl geschorenen Köpfen und schmalen Zöpfen. Stefan greift sich an die Stirne, fährt mit der Hand über den Kopf. Er hat sich noch nicht an die Haarstoppeln gewöhnt. Kahl ist nicht nur sein Kopf, kahl ist auch die Dachmansarde, in der die Mönche schlafen. Stefan hat sich weder mit der harten Unterlage noch mit der frühen Tagwache anfreunden können.

Hätte er die Vergangenheit nicht radikal abgeschüttelt, würde er jetzt noch friedlich bis um sieben Uhr in seinem weichen Bett schlafen, warm duschen und sich dann von der Mutter ein Frühstück servieren lassen. Und um 7.45 Uhr könnte er sich gemütlich auf den Weg ins Gymnasium machen.

"Zum Vorgang des hingebungsvollen Dienstes gehören grundsätzlich neun verschiedene Tätigkeiten...: Ihm letztlich alles hinzugeben."
(Aus Hare-Krischna- Broschüre)

In den nächsten fünf Stunden bezeugt Stefan dem neuen Gott Krischna inbrünstig seine Liebe und Hingabe. Er meditiert mit den andern Mönchen und Nonnen im prunkvollen Zürcher Krischnatempel an der Bergstrasse im noblen Zürichberg-Quartier in die Morgendämmerung hinein, tanzt sich unter den Augen des perfekt in Wachs gegossenen Gottes und seiner Propheten in Ekstase, lässt sich von der mystischen Atmosphäre des mit farbenfrohen Altären, kitschigen Heiligenbildern, Blumen und viel Zierat ausgeschmückten Raums betäuben und gibt sich der monotonen indischen Musik hin. Kernstück des mehrstündigen Rituals ist das Chanten, der Singsang des Maha-Mantras "Hare Krischna, Hare Krischna, Krischna, Krischna, Hare, Hare, Hare Rama, Hare Rama, Rama Rama, Hare Hare". Exakt 1728 Mal wiederholt er das Mantra, umrundet 16mal die Gebetskette mit den 108 Perlen, ruft endlos die Götter an, Tag für Tag. Bis ihm schwindlig wird vom Tanzen und Chanten, bis der Kopf leermeditiert und sein Bewusstsein von Krischna durchdrungen ist, bis die mystische Welt ihn beherrscht.

Um neun Uhr ist die erste Phase der Erlabung der Seele abgeschlossen. Nun darf Stefan zusammen mit den eingeweihten Mönchen und Nonnen, die strikt getrennt schlafen und sich zwecks Zügelung der sinnlichen Gefühle sexuell konsequent enthalten müssen, für das leibliche Wohl sorgen. Die Askese bezieht sich auch auf das Essen; die Gurus haben einen strengen Vegetarismus verordnet, der sogar Tierprodukte wie Eier vom Esstisch verbannt. Strikt enthalten müssen sich die Krischna-Anhänger vieler Genussmittel wie Alkohol, Tabak, Tee und Kaffee. Glücksspiele sind unsittlich.

Wenn die Schüler dem spirituellen Meister ein gewöhnliches Auto anbieten, ist das eigentlich nicht ausreichend, da der spirituelle Meister so wie Gott behandelt werden muss.

Auf dem Weg ins Arbeitszimmer begegnet Stefan dem Amerikaner Swami Visnupada, dem zurzeit in Zürich weilenden und für Mitteleuropa zuständigen Guru der Krischna-Gesellschaft. Stefan faltet die Hände, fällt auf die Knie und beugt zum Zeichen der untertänigsten Ehrerbietung den Kopf bis auf den Boden. Am ersten Tag hatte Stefan Mühe, sich jedesmal vor dem spirituellen Meister auf den Boden zu werfen. Doch seit er erfahren hat, dass Visnupada ein von Krischna geweihter Guru ist und die Ehrerbietung der Verschmelzung mit Krischna dient, geniesst er das Ritual. Und Stefan erinnert sich an ein Interview mit dem Hare Krischna-Gründer, das er einmal im Buch "Die Schönheit des Selbst" gelesen hat. Der Interviewer zeigte sich darin erstaunt, dass seine Geweihten ihn wie einen Gott verehrten, worauf Prabhupada antwortete: "Ja, das ist ihre Pflicht. Weil der spirituelle Meister Gottes Befehl ausführt, sollte er eben so geehrt werden wie Gott." Und auf die Frage, weshalb er sich von den Schülern so viele schöne Dinge schenken und sich in einer Luxuslimousine umherchauffieren lasse, sagte Prabhupada: "Das lehrt die Schüler, den spirituellen Meister als so gut wie Gott zu betrachten... Wenn sie den spirituellen Meister wie Gott achten, müssen sie ihm die gleichen Annehmlichkeiten anbieten, die sie Gott anbieten würden. Gott reist in einem goldenen Wagen. Wenn Gott in ihr Haus kommt, werden sie ihm dann ein gewöhnliches Auto bringen – oder werden sie für einen goldenen Wagen sorgen?"

Zuerst muss Stefan auf Anordnung des Tempelpräsidenten einen Artikel aus der englischen Krischna-Zeitschrift übersetzen und die deutsche Ausgabe vorbereiten. Am Nachmittag schickt ihn der Tempelchef zusammen mit Daranga Das an die Bahnhofstrasse, wo sie den Passanten Bücher, Zeitschriften, Kerzen und Schallplatten mit indischer Meditationsmusik andrehen müssen. Der Tempelpräsident hat längst gemerkt, dass es Stefan auch nach vier Wochen noch widerstrebt, die Leute anzusprechen, ihnen ein Buch zu schenken und dann dafür eine Spende abzubetteln. Doch er wagt es nicht, von seinen Gewissensbissen zu sprechen oder die Betteltour gar zu verweigern. Eine Widerrede wagt Stefan nicht, denn er will nicht in Ungnade fallen. Jeder Arbeitsgang dient schliesslich dazu, Krischna näher zu kommen.

Vor dem Nachtessen muss sich Stefan auf Anordnung des Gurus in die Bhagavad-gita, das Buch "Seiner Göttlichen Gnade" vertiefen. Anschliessend gibt er sich im Tempel noch einmal Krischna hin, ein Ritual, das sich oft mehrmals pro Tag wiederholt. Vor dem Altar der Propheten tanzt Stefan zum Schlag der Trommeln und zum eindringlichen Klang der Zimbeln, lässt die Arme durch die Luft wirbeln, stampft mit den Füssen, verrenkt den Körper, vollführt wilde Sprünge und lässt sich beim Verstummen der Musik vor der Wachsfigur Prabhupadas auf den Boden fallen. Noch einmal ergeben sich die Mönche und Nonnen Krischnas dem kultischen Tanz Kirtan.

Der Tag endet für Stefan oft erst um 23 Uhr. Nach einem Tageswerk von 15 bis 19 Stunden fällt er todmüde auf die harte Matte. 15 Stunden Unterwerfung und Gehorsam, jede Minute Krischna geweiht, 15 Stunden Kampf gegen die materiellen und sinnlichen Begierden, Relikte der dekadenten Gesellschaft ausserhalb des Tempels, 15 Stunden zur Abtötung der bisherigen Lebenswurzeln: ein bedingungsloser Sprung in die fremde, mystische Welt, in der persönliche Musse keinen Platz mehr hat.

(Das Fallbeispiel von Stefan wurde zur Wahrung der Persönlichkeitssphäre verfremdet.)

Verdrängte Gefühle

"Ich würde das allerdings nicht Gehirnwäsche nennen. Ich nenne es Seelenwäsche." (Ein Betroffener)

Die Persönlichkeitsveränderung der Krischna-Jünger erleben die Eltern am direktesten: "Wir stellten bald fest, dass sich W. total verändert hatte. Er sprach nur in vorgekauten Floskeln. Ein persönliches Gespräch war nicht möglich. Gegen eine Umarmung wehrte er sich. Mir wurde bewusst, dass dahinter eine üble Manipulation steckt, um die emotionale Bindung an die Eltern rasch und radikal zu unterbinden. Die Zuneigung zu den Eltern wird sogar in Hass umfunktioniert", erzählte eine Mutter über ihren 21jährigen Sohn.

Dass Hare-Krischna-Anhänger ein verkrampftes Verhältnis zu Beziehungen haben, ist in der Heilstheorie begründet. Der Gründer Swami Prabhupada bringt es in seinem Standardwerk "Bhagavad-gita – Wie sie ist" zum Ausdruck: "Die krpanas oder Geizhälse verschwenden ihre Zeit aufgrund der materiellen Auffassung des Lebens in übermässiger Zuneigung für Familie, Gesellschaft, Land usw. Die meisten Menschen haften am Familienleben – an Frau, Kindern und andern Angehörigen –, und diese Anziehung auf der körperlichen Ebene wird 'Hautkrankheit' genannt. (...) Da Arjuna intelligent war, konnte er verstehen, dass seine Zuneigung für die Familienangehörigen und sein Wunsch, sie vor dem Tod zu schützen, die Ursachen seiner Verwirrung waren."

Die Mutter des 21jährigen Mönchs wurde vom Tempelpräsidenten mit dem Argument "getröstet", dass die meisten Eltern anfänglich zurückhaltend und mit Angst reagierten, später aber glücklich seien über den Entschluss ihrer Kinder, als Krischna-Mönch oder -Nonne zu leben. "Ich war erschüttert, als er meinem Sohn erzählte, seine Mutter habe sogar mit Selbstmord gedroht. Trotzdem habe er das Risiko auf sich genommen und sein Leben Krischna geweiht. Und heute sei seine Mutter glücklich darüber", berichtete die Mutter des jungen Mönchs weiter.

Ein abgesprungener Hare Krischna-Anhänger erlebte die Wirkung der fremden Welt folgendermassen: "Wenn sie ein Jahr lang in einer abgeschlossenen Atmosphäre mit ständiger Indoktrination, mit fremden Riten und Gebräuchen, zum Teil mit Schlafentzug, mit Manipulation beim Essen – wenn sie dort ein Jahr lang gehalten werden, dann werden sie beeinflusst, dass sie das nicht einmal mehr merken. Ich würde das allerdings nicht Gehirnwäsche nennen. Ich nenne es Seelenwäsche. (...) Ich habe viele Leute gesehen, die daran zerbrochen sind. Die sind kaputt. Die sind in Nervenkliniken, aber sie sind nicht böse, sondern dem Guru noch dankbar dafür." (Aus H.J. Geppert: "Götter mit beschränkter Haftung", Heyne-Verlag)

Stefan lebt erst seit wenigen Wochen im Krischna-Ashram und gilt noch als Novize. Eingeweiht wird er erst nach zwölf Monaten. Dann erhält er auch seinen Sanskrit-Namen und gelobt, sein Leben Krischna zu weihen und ihm mit allen Fasern seines Daseins zu dienen. Er wird der Gesellschaft für Krischna-Bewusstsein sein Vermögen überschreiben, da er nun ein Leben ohne persönlichen Besitz zu führen gedenkt.

Ein Guru als Stellvertreter des höchsten Gottes

Der Gründer der Internationalen Gesellschaft für Krischna-Bewusstsein (ISKCON), A.C. Bhaktivedanta Swami Prabhupada, wurde 1896 in Indien geboren und hiess mit bürgerlichem Namen Abhay Charan De. Prabhupada bedeutet "Stellvertreter Gottes". Sein missionarischer Auftrag schlummerte fast ein Leben lang still in ihm. Charan De arbeitete als Angestellter in einer chemischen Fabrik, war Vater von zwei Kindern und führte ein ganz normales Familienleben. Im Jahre 1922 soll er seinem geistigen Meister Goswami erstmals begegnet sein. Mehr als 40 Jahre später behauptete Charan De, sein Guru habe ihn schon damals beauftragt, das Krischna-Bewusstsein in die westliche Welt zu tragen. Prabhupada wurde aber erst als älterer Mann ein spiritueller Meister und löste sich 1959 von der Familie.

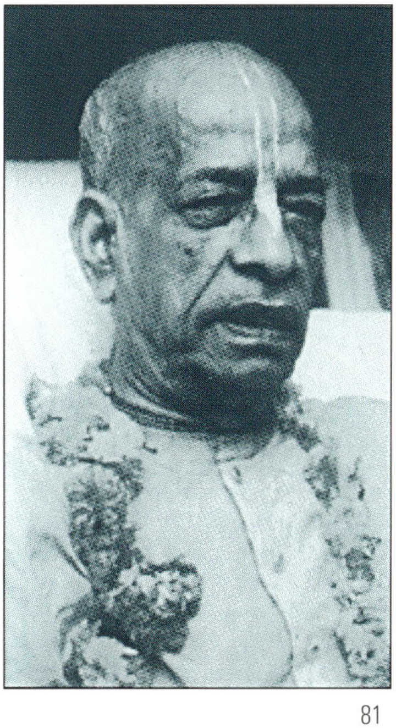

In Indien hatte er wenig Erfolg, Jünger um sich zu scharen und als Guru zu wirken. So versuchte er im Alter von 69 Jahren sein Glück im Westen, reiste mit einem Schiff nach Boston und gründete in New York die Krischna-Gesellschaft. Mit Rupien im Wert von sieben Dollar soll er in den Staaten gelandet sein. Seine östlichen Botschaften, Riten und Meditationen fielen in der Hippie-Zeit auf fruchtbaren Boden. Ein Teil der Jugend probte damals den sanften Aufstand gegen alle Traditionen und Religionen und füllte das Vakuum mit fernöstlichen Philosophien oder mit mystischen Heilslehren indischer Gurus.

Trotz seines hohen Alters arbeitete Prabhupada unermüdlich und übersetzte 80 Bücher aus den in Sanskrit geschriebenen altindischen Schriften, vor allem aus den Veden. Zentrale Werke für die

Hare Krischna-Gesellschaft wurden die Übersetzungen der Bhagavad-gita, der Srimad-Bhagavatan und der Upanischaden.

Im Alter von 81 Jahren starb der in die USA ausgewanderte indische Guru. Prabhupada sah sich selbst als Stellvertreter des "Höchsten Persönlichen Gottes" Krischna. Die Bhagavad-gita zählt unter dem Titel "Die Nachfolge der geistigen Meister" 32 Namen auf. Angeführt wird die Liste von Krischna; sie endet mit Prabhupada, dem als einzigem die Floskel "Seine Göttliche Gnade" angehängt wurde.

Von weltlichen Streithähnen und der höchsten Vollkommenheit

Die Hare Krischna-Gesellschaft gründet ihre Erlösungstheorie auf das Buch "Bhagavad-gita – Wie sie ist", übersetzt und kommentiert von "Seiner Göttlichen Gnade" A.C. Bhaktivedanta Swami Prabhupada. Im Vorwort des heiligen Buches heisst es: "'Die Bhagavad-gita – Wie sie ist' wird nur aus einem einzigen Grund veröffentlicht: Sie soll die bedingte Seele zu dem gleichen Ziel führen, um dessen Verkündung willen Krsna (offizielle Schreibweise für Krischna) einmal an einem Tag Brahmas, das heisst alle 8 640 000 000 Jahre, auf diesem Planeten erscheint. Auf dieses Ziel wird in der Bhagavad-gita hingewiesen, und deshalb müssen wir es akzeptieren; andernfalls ist es nicht möglich, die Bhagavad-gita oder ihren Sprecher, Sri Krsna, zu verstehen. Sri Krsna sprach die Bhagavad-gita vor Millionen und Abermillionen von Jahren zum Sonnengott. Wir müssen diese Tatsache akzeptieren. Es ist das grösste Vergehen, die Bhagava-gita zu interpretieren, ohne den Willen Krsnas zu beachten."

"Der grösste Genuss existiert in unserer Beziehung zu Krischna." (Prabhupada)

Die Bhagavad-gita von Prabhupada geht auf alte indische Schriften, die Veden zurück, die auch das Fundament des Hinduismus bilden. Der Kultgründer behauptet aber, im Gegensatz zu den Hindus die wahren, gottgegebenen Interpretationen und Erklärungen der in Sanskrit geschriebenen Gleichnisse zu verkünden. Die Hare Krischna-Gesellschaft beansprucht für sich die religiöse Wahrheit, sie ist überzeugt, das einzige authentische Zeugnis Gottes zu besitzen. Und so leiten die Kultanhänger den Absolutheitsanspruch ab, wie er im Vorwort der Bhagavad-gita in der Übersetzung von Prabhupada mehrmals betont wird: "Die Bewegung für Krsna-Bewusstsein ist für die menschliche Gesellschaft von grösster Wichtigkeit, denn sie bietet die Möglichkeit, die höchste Vollkommenheit des Lebens zu erreichen; auf welche Weise, wird in der Bhagavad-gita ausführlich erklärt. Unglücklicherweise haben weltliche Streithähne die Bhagavad-gita benutzt, um ihre dämonischen Auffassungen zu propagieren und die

Menschen in die Irre zu führen und daran zu hindern, die einfachsten Prinzipien des Lebens zu verstehen."

Deshalb müsse der Mensch Krischna dienen, um erlöst zu werden. Wer nur den Erscheinungsweisen der materiellen Natur diene, sei unaufhörlich dem Kreislauf von Geburt und Tod unterworfen. Alle Menschen werden aufgefordert, die Hilfe der Bewegung für Krischna-Bewusstsein in Anspruch zu nehmen, heisst es im Vorwort der "Hare Krischna-Bhagavad-gita", die als die Essenz des gesamten vedischen Wissens gepriesen wird. Swami Prabhupada erklärte in einem Interview: "Krsna-Bewusstsein hat nichts mit Glauben zu tun – es ist eine Wissenschaft."

"Die Bezeichnung 'Hindu', 'Moslem' oder 'Christ' ist nur ein Stempel. Niemand von ihnen weiss, wer Gott ist und wie man ihn liebt." (Prabhupada)

Vor diesem Hintergrund ist es nichts als konsequent, die Christen, Hindus, Moslems und Buddhisten als Sektenanhänger zu bezeichnen. Die Götter dieser Religionen werden in der Bhagavad-gita indirekt als Halbgötter bezeichnet: "Gib alle Arten von Religion auf und gib dich einfach Mir hin. Ich werde dich von allen sündhaften Reaktionen befreien. Daher brauchst du nichts zu fürchten."

In der "Bhagavad-gita" wird auch deutlich, dass die Krischna-Bewegung das Ziel verfolgt, die ganze Menschheit mit dem Krischna-Bewusstsein zu durchdringen: "In der heutigen Zeit sind die Menschen sehr bestrebt, *eine* Schrift, *einen* Gott, *eine* Religion und *eine* Beschäftigung zu haben. Möge es also eine Schrift für die gesamte Welt geben – Bhagavad-gita. Möge es nur einen Gott für die ganze Welt geben – Sri Krsna. (...) Und möge es nur eine Beschäftigung geben – dem Höchsten Persönlichen Gott zu dienen."

In Krischna liegt das Glück

Die unterschiedliche Auslegung der Veden ist in erster Linie verantwortlich für die Differenzen zum Hinduismus. Der entscheidende Unterschied liegt im Gottesbild. Der klassische Hinduismus geht von der Unpersönlichkeit alles Göttlichen und einer Vielzahl gleichwertiger Götter aus, denen verschiedene Eigenschaften zugesprochen werden. Der Gründer der Hare Krischna-Gesellschaft postuliert hingegen Krischna als einzig wahren persönlichen Gott. Seine Gottesidee gleicht sich der westlichen Gottesvorstellung an. "Die Bezeichnung 'Hindu', 'Moslem', oder 'Christ' ist nur ein Stempel. Niemand von ihnen weiss, wer Gott ist und wie man ihn liebt", sagte der Guru in einem Interview und fügte hinzu: "Der Unterschied zwischen anderen und uns ist einfach der, dass wir die einzige Bewegung sind, die tatsächlich lehrt, wie man Gott kennen und ihn lieben kann." Ohne Krischna-Bewusstsein bleibt man laut Prabhupada unglücklich: "Solange man sich nicht dem Krsna-Bewusstsein zuwendet, kann man nicht

"Wir predigen die Sklaverei, göttliche Sklaverei... Wir predigen, dass Sklaventum weitaus glücklicher ist als eine falsche Auffassung von Unabhängigkeit. Was immer der Guru sagt, tun wir. Denn er ist vollkommen. Ein Sklave der Vollkommenheit zu sein bedeutet, ekstatisch zu leben." (ISKCON-Magazin 4/1)

glücklich sein. Das ist eine Tatsache. Deshalb fordern wir jeden auf, diese bedeutende Bewegung zu studieren und zu verstehen."

Der zweite wichtige Unterschied: Prabhupada lehnt das Kastensystem ab, das die Hindus aus den Veden ableiten. Allerdings greift der Guru auf ein Klassensystem zurück, das sich vom Kastenwesen unterscheidet. Die vier Klassen umschreibt Prabhupada folgendermassen: "Eine Klasse von hochintelligenten Menschen, eine Klasse von Verwaltern, eine Klasse von erzeugenden Menschen und gewöhnliche Arbeiter."

Ziel der Krischna-Mönche ist es, die höchste Lebensform zu erreichen, erleuchtet zu werden und den ewigen Kreislauf von Geburt und Tod zu durchbrechen. Dabei sind die Krischna-Jünger auf die Hilfe Prabhupadas angewiesen. Dieser erklärt, dass man sich dem Guru ergeben müsse, um Krischna zu finden: "Der Guru ist so gut wie Gott. Wenn wir dem Guru Achtung entgegenbringen, erweisen wir Gott Achtung." Diese Verehrung führt zu einem ausgeprägten Personenkult. Die spirituelle Vollkommenheit kann ausschliesslich über das Krischna-Bewusstsein erreicht werden. Kernpunkt der Heilslehre ist die Wiedergeburt. Je nach Lebensweise wird der Mensch nach dem karmischen Gesetz in eine höhere oder tiefere Klasse geboren. In seinem Buch "Sri Isopanisad" beschreibt Prabhupada das Prozedere folgendermassen: "Wenn jemand nur versucht, Gott zu erkennen, ist ihm die Geburt in einer wohlhabenden und adeligen Familie sicher. Wer jedoch nicht einmal einen Versuch unternimmt, wer in Täuschung leben möchte, wer zu materialistisch ist und zu sehr am materiellen Genuss hängt, muss in die finstersten Bereiche der Hölle eingehen, wie in allen vedischen Schriften bestätigt wird."

Höchste Vollkommenheit kann nur erreichen, wer sein Leben Krischna weiht, wie dies die Krischna-Mönche tun. Das erfordert ein asketisches Leben und führt zur Verschmelzung mit Krischna beim Chanten, Tanzen und Meditieren. Das zentrale Befreiungsritual ist das Singen des Namens von Gott, wie es beim Maha-Mantra täglich 1728 Mal gemacht wird. Prabhupada dazu: "Das Chanten von Hare Krsna ist der einfachste Vorgang, geläutert zu werden... Wenn man Hare Krsna chantet, wird die Intelligenz gereinigt, und man kann spirituelle Dinge verstehen... Und wenn man Gott versteht, bekommt man keinen materiellen Körper mehr. Man geht zurück nach Hause, zurück zu Gott."

Irdische Reaktionen der Entrückten

In Zürich haben die Krischna-Mönche in letzter Zeit ihre Aktivitäten massiv verstärkt. Sie treten wieder vermehrt in der Öffentlichkeit auf und verteilen regelmässig Einladungen zu ihrem wöchentlichen indischen Festmahl im Tempel an der Bergstrasse in Zürich. Nachdem sie sich jahrelang zurückhaltend gegeben haben, führen sie gelegentlich wieder Prozessionen in der Innenstadt von Zürich durch, tragen Fahnen mit dem Mantra und chanten mit Glocken und Schellen.

Ein Beispiel für die oft aggressiven Missionsmethoden erlebte ein Autofahrer. Ein zivil gekleideter Bettelmönch bedrängte ihn auf einem Parkplatz durchs Autofenster. Mit dem üblichen Spruch, er schenke ihm ein Buch voll östlicher Weisheiten, warf er ihm ein Werk auf den Autositz. In aggressiver Weise drängte er den Mann, eine Spende zu leisten. Als ein Passant den Autofahrer aufklärte, wen er da vor sich habe, beschimpfte der getarnte Mönch diesen heftig und drohte ihm mit Gewalt.

Laut eigenen Angaben betreiben die Hare Krischna-Gesellschaften weltweit über 100 Zentren und Tempel, viele davon in den USA und Europa. Die Zahl der ISKCON-Anhänger, die ihr Leben ganz Krischna geweiht haben, umfasst vermutlich nicht mehr als ein paar Tausend. Im Umfeld der Tempel bekennen sich nach Angaben der Bewegung einige hunderttausend Anhänger zu Krischna, die ein bürgerliches Leben führen und mit regelmässigen Spenden die Krischna-Gesellschaften unterstützen. Es scheint, dass die Bewegung stagniert. Prabhupada ist aber anderer Meinung: “Sie wird allmählich zur populärsten Bewegung der Welt.” In der Schweiz

"Wir sollten uns nicht fälschlicherweise für glücklich halten, so wie ein Schwein. Den ganzen Tag über arbeiten wir sehr hart, und nachts gibt es dann noch ein wenig Sexualität – und auf diese Weise glauben wir, sehr glücklich zu sein! Aber das ist kein Glück! Im Srimad-Bhagavatam wird solches Glück als das Glück eines Schweines definiert." (Prabhupada)

unterhält die Krischna-Gesellschaft einen Tempel an der Bergstrasse in Zürich, einen landwirtschaftlichen Musterbetrieb bei Porrentruy, einen Landsitz in Contone (Tessin) sowie zwei kleinere Zentren in Biel und in Bern. Zum weiteren Umfeld gehört auch der sogenannte Kulturtreff "Govinda" an der Preyergasse 16 im Zürcher Niederdorf, der seit Jahren von Ronald Zürrer betrieben wird. Die Verbindung zu Prabhupadas Bewegung ist nach aussen allerdings nicht sichtbar. Ronald Zürrer tritt oft als Referent auf. Eine siebenteilige Vortragsreihe zum Thema "Reinkarnation" führte er von Januar bis März 1990 durch. Eine zweite Veranstaltungsreihe zum gleichen Thema fand anfangs 1991 statt.

Der Krischna-Jünger durfte seine Vorstellung von der Wiedergeburt in Hörsälen der Uni und ETH Zürich entwickeln, was der Veranstaltung einen seriösen und wissenschaftlichen Anstrich gab. Zürrer erwähnte die Hare Krischna-Gesellschaft mindestens an zwei Abenden mit keinem Wort, machte aber einen Hinweis auf das "Govinda". Ausserdem verkaufte er die "Bhagavad-gita – Wie sie ist" des Krischna-Gründers. Das esoterische Thema lockte regelmässig 300 und mehr Zuhörer an.

Früher traten die Mönche und Nonnen ausschliesslich in ihren weissen oder safrangelben Kutten und Saris auf und chanteten regelmässig gruppenweise auf öffentlichen Plätzen. Ihre exotischen Auftritte brachten ihnen bald den Ruf einer sektiererischen Bewegung ein. Die oft aggressiven Betteltouren der Mönche sowie die Aufklärung in den Medien bestätigten die Eindrücke. In jüngster Zeit chanten sie wieder regelmässig auf Zürichs Strassen und Plätzen.

Heute zeigen sich die Anhänger der Krischna-Gesellschaft in der Öffentlichkeit häufig in westlichen Kleidern. Wenn sie die Bhagavad-gita oder ein anderes Buch von Prabhupanda gegen Spenden "verschenken", haben Passanten ohne Hintergrund-Information keine Ahnung, wer ihnen da altindische Schriften schmackhaft machen will.

Seit kurzem ist bei den Hare-Krischna-Anhängern ein deutlicher Anpassungsprozess zu beobachten. Die Schweizer Zentren versuchen, die Isolation zu überwinden. Sie sind bestrebt, das extreme religiöse Image zu korrigieren, und suchen den Kontakt zu den Medien und den Eltern, die sie nun regelmässig besuchen. Es ist schwer abzuschätzen, ob die Öffnung aus Überzeugung erfolgt oder eine taktische Massnahme ist. In einer Broschüre wurde festgehalten, wie mit den Angehörigen umgegangen werden soll. Bei Elterntreffen im Tempel sollen die Berührungsängste und zum Teil massiven Konflikte abgebaut werden.

Die Schweizer Krischna-Anhänger pilgern in jüngster Zeit vermehrt nach Indien und leben vorübergehend in den fernöstlichen

Tempeln. Für Beobachter wirkt ihr Eintauchen in den indischen Alltag künstlich und aufgesetzt. Aber es dürfte seine Wirkung nicht verfehlen: Die abendländische Mentalität und Denkweise wird weiter eliminiert. Selbst die Kinder im Alter von etwa sechs bis zehn Jahren werden hinduistisch geschult und leben im Ausland oft in Krischna-eigenen Heimen. Sie werden so direkt ins Krischna-Bewusstsein und in die indischen Traditionen hineinerzogen.

"Gib alle Arten von Religion auf und gib dich einfach Mir hin. Ich werde dich von allen sündhaften Reaktionen befreien."
(Bhagavad-gita)

Prozess gegen die Eltern

Den meisten Eltern macht nicht in erster Linie die Tatsache zu schaffen, dass sich ihre Töchter oder Söhne vom Christentum abwenden und an fernöstliche Götter glauben. Schmerzhaft sind für sie vor allem die radikale Persönlichkeitsveränderung, die totale Entfremdung von der bisherigen Umgebung und der religiöse Fanatismus, der mit der absoluten Heilstheorie, der Unterwerfung und den bis zum Exzess betriebenen Riten verbunden ist. Gelegentlich leben Krischna-Mönche in ausländischen Zentren, wodurch der Kontakt zur vertrauten Umgebung restlos abbricht.

Für ein Elternpaar im Tessin wurden die Spannungen und inneren Konflikte zu gross, weshalb es sich entschloss, den eigenen Sohn entführen zu lassen. Die beiden engagierten im März 1989 einen auf Befreiungsgespräche spezialisierten Engländer. Der Deprogrammierer war in seiner Jugendzeit selbst sektenabhängig und hatte längere Zeit bei den Moonies (Vereinigungskirche) gelebt, bis ihn seine Eltern erfolgreich entführen und deprogrammieren liessen. Dieses Schlüsselerlebnis bewog ihn, Sektenabhängigen und ihren Eltern zu helfen und selbst als Deprogrammierer tätig zu werden. Die Entführung des Krischna-Mönchs im Tessin klappte, doch die von seinen Glaubenskollegen alarmierte Polizei "befreite" ihn bereits nach 24 Stunden wieder. Das Befreiungsgespräch mit dem Deprogrammierer hatte noch keine Wirkung gezeigt, der Mönch kehrte ins Krischna-Zentrum zurück. Seine Mutter, der Sektenspezialist und die Helfer wanderten in Untersuchungshaft.

Ihren Erfolg feierten die Krischna-Anhänger mit Pressekonferenzen und Demonstrationen, bei denen sie von Scientologen sekundiert wurden. Ende November 1990 kam es zu einem denkwürdigen Prozess: Auf der Anklagebank sassen die Eltern und die Schwester des Krischna-Mönchs, als Hauptzeuge der Anklage trat der Mönch selber auf. Seine Aussagen führten dazu, dass die Angehörigen wegen Freiheitsberaubung zu einer Gefängnisstrafe von mehreren Monaten verurteilt wurden.

Die Krischna-Anhänger machen im Vergleich zu andern Sekten- oder Kultanhängern wohl den radikalsten Sprung in eine religiöse Gegenwelt. Sie tauchen nicht nur in eine unbekannte, neue Geistes-

"Die Hare-Krischna-Bewegung präsentiert die traditionelle vedische Kultur und Religion und bietet auf diese Weise der gesamten Menschheit eine praktische Lösung für die Probleme der heutigen Zeit."
(Aus Hare-Krischna-Broschüre)

"Die vedische Berechnung der zyklischen Zeitalter der Geschichte offenbart, dass die weit zurückliegende Vergangenheit des Menschen ihn in der Zukunft wieder erwartet." (Aus Hare-Krischna-Magazin)

welt ein, sie verändern auch den Alltag total. Innerhalb von wenigen Wochen findet eine Umkehr der Werte statt: Die abendländische Kultur wird ausradiert und mit vedischen Inhalten überschrieben. Zentrale Bedeutung erhalten nun das Karma, die Wiedergeburt und die Vereinigung mit Krischna durch Meditation und Askese. Die Erlösung aus der Reinkarnationsspirale ist praktisch nur über diesen extremen Weg möglich. Lebensinhalte wie Berufsausbildung, Gründung einer Familie, Engagement in der Gesellschaft werden zweitrangig.

Das Eintauchen in die extreme Gegenwelt lässt sich kaum in Raten vollziehen. Dazu ist ein Quantensprung nötig, der mit einer entsprechend radikalen Persönlichkeitsveränderung und der Bereitschaft zum Leiden verbunden ist. Dass verwöhnte Mitteleuropäer mit einem Schlag auf sämtliche Annehmlichkeiten der westlichen Zivilisation verzichten und sich zu kasteien beginnen, ist ein Kraftakt sondergleichen. Dazu sind meist nur junge Leute fähig, die in der nachpubertären Phase keinen Lebenssinn finden können, psychisch leiden und desorientiert sind. Nur sie, die bereit sind, die Lebensenergien und -inhalte um 180 Grad zu drehen, schaffen den Sprung in die spirituelle Extremwelt und in den Tempelalltag. Ältere Erwachsene, die vom Krischna-Bewusstsein geblendet sind oder sich faszinieren lassen, werden meist nur Sympathisanten der Bewegung und besuchen die öffentlichen Tempelveranstaltungen. Sie vergeben damit die Möglichkeit, noch in diesem Leben den Kreislauf der Reinkarnation aufzubrechen.

Quellen

Bhaktivedanta A.C.: Die Lehren Sri Krsna Caitanyas. 1968.
ders. Bhagavad-gita wie sie ist. Vaduz, 5. Aufl. 1981.
Visnupada H.: Varnasrama – Manifest der sozialen Vernunft. Vaduz 1981.

Literatur

Finger J.: Gurus, Ashrams und der Westen. Studia irenica Bd. 32. Frankfurt/Bern/New York/Paris 1987.
Haack F.W.: Guruismus und Gurubewegungen. München 1982.
Hummel R.: Gurus in Ost und West. Hintergründe, Erfahrungen, Kriterien. Stuttgart 1987.

Kinder Gottes – Ein Sex-Prophet im Kampf mit dem Antichristen

Mit apokalyptischen Interpretationen einzelner schürt die "Family of Love" von David Berg seit der Zeit der Hippie-Bewegung Weltuntergangsängste und propagiert die Rettung der Welt durch "Liebe". Darunter wird vor allem Sex verstanden - von sehr früh an praktiziert –, nicht zuletzt als Köder für die Rekrutierung neuer Mitglieder.

Die "Kinder Gottes" warten sehnsüchtig auf Gott, der in naher Zukunft in einer extraterrestrischen Raumstadt auf die Erde schweben und seine auserwählten "Kinder" erlösen wird, während die Gottlosen Höllenqualen erleiden werden.

Für die "Kinder Gottes" gilt das Ideal der totalen Besitzlosigkeit. Sie bestreiten ihren Lebensunterhalt vor allem durch Betteln und Prostitution. Überschüssige Beiträge werden an "Vater David" abgeführt. Ein Ausstieg aus ihrer extremen Gegenwelt ist ohne massive Hilfe von aussen kaum möglich.

"Mir ist, als hätten wir unsere Tochter verloren." Seit acht Jahren hadert Frau S. mit dem Schicksal, seit acht Jahren beherrscht das Los der 31jährigen Tochter ihre Gedanken.

Die Familie der Liebe?

Das Drama, wie es Frau S. bezeichnet, begann mit einer harmlosen Freundschaft. Ihre Tochter lernte auf einer Zugfahrt einen jungen Mann kennen, mit dem sie sich auf Anhieb gut verstand. Er erzählte ihr, Missionar einer wohltätigen Organisation zu sein. "Wir hatten damals keine Ahnung, dass er Mitglied der 'Kinder Gottes' war, und auch unsere Tochter wusste es wohl lange nicht", berichtet die Mutter.

Die Tochter besuchte die Kolonie der 'Familie der Liebe' (wie sich die 'Kinder Gottes' auch nennen) immer häufiger. Sie wurde herzlich aufgenommen und fühlte sich im Kreis der netten jungen

Leute, die ihr Leben ganz dem religiösen und sozialen Engagement widmeten, auf Anhieb wohl und geborgen. Nach einer unglücklichen Beziehung genoss sie die Zuwendung des neuen Kavaliers und der Koloniebewohner, die eine euphorische Lebensfreude ausstrahlten.

"Wir bemerkten, dass sich unsere Tochter allmählich veränderte und sich vor uns verschloss. Sie wich unseren Fragen über die Gruppe aus. Eines Tages erklärte sie uns, sie werde ins Zentrum ziehen." Die Eltern unternahmen Recherchen und stellten die Kolonieleiterin zur Rede. "Wir hatten einen Schock, als wir erfuhren, dass unsere Tochter bei den 'Kindern Gottes' gelandet war und dass sie jetzt wohl auch abgerichtet wurde, junge Männer mit Sex in die Gruppe zu locken."

Die Eltern versuchten erfolglos, ihr klarzumachen, dass sie in einer sektiererischen Gruppe gelandet sei. Wahrscheinlich um die Tochter dem Einflussbereich der Eltern zu entziehen, wurde sie in ein Zentrum der Kinder Gottes in Indien versetzt. In stereotyp abgefassten Briefen berichtete sie, wie glücklich sie sei, seit sie Jesus in ihr Herz aufgenommen und ihm ihr Leben gewidmet habe. Ein Besuch in Indien wurde zur Zerreissprobe, weil sich die Tochter vollends verändert hatte und die Mutter die künstliche Atmosphäre kaum mehr aushielt.

"Die zweite Reise nach Indien war noch schlimmer", erzählt Frau S. "Unsere Tochter war schwanger und heiratete ein Koloniemitglied aus den USA. Mir wurde klar, dass ich nun die letzten Hoffnungen begraben musste, sie könne noch jemals aus der 'Familie der Liebe' ausbrechen."

Nach fünf Jahren kündete die Tochter unerwartet an, sie werde in eine Schweizer Kolonie zurückkehren. Frau S. freute sich und hoffte, Einfluss auf die Erziehung des Enkelkindes nehmen zu können. Als dieses schulreif wurde, erlebte Frau S. den nächsten Schlag: Ihre Tochter weigerte sich, das Kind in die öffentliche Schule zu schicken. Als die Mutter mit den Behörden drohte, tauchte die Kolonie unter. Sie befürchtet, dass sich ihre Tochter beim "Flirty Fishing" mit Aids infiziert hat.

(Um die betroffenen Eltern zu schützen, wurde die Geschichte von Frau S. verfremdet.)

David Berg, ein auserwähltes Kind Gottes

David Bergs Vater, der schwedische Priester Hjalmar Berg, emigrierte als Wanderprediger in die USA. Die Mutter Virginia wird von David Berg als Hausdrachen geschildert; sie terrorisierte ihn und bestrafte ihn hart für seine kindlichen Sexspiele.

David, 1919 geboren, genoss handfesten Anschauungsunterricht in Sachen Sektierertum. Der Vater sah ihn als Prediger sein Lebenswerk fortsetzen, die Mutter hatte Visionen und glaubte, er sei von Gott zu höheren Aufgaben berufen. "Schon vor meiner Geburt widmete mich meine Mutter dem Herrn und erwählte meinen Namen. Viele Propheten prophezeiten über mich, dass ich schon vom Mutterleib an mit dem Heiligen Geist erfüllt war", schreibt er später. Doch David Berg liess sich mit der Verwirklichung von Mutters Visionen Zeit. Er war schwach, schüchtern, zurückhaltend und wurde aus der Armee als dienstuntauglich entlassen.

David Berg schlug sich nun als eher glückloser Prediger in kleinen Kirchgemeinden durch. 1952 soll er eine Berufung durch den Propheten Ezechiel, 1963 eine Botschaft des Propheten Jeremias erhalten haben. Assistiert wurde er nach wie vor von seiner Mutter. 1965 erreichte David Berg die Ankündigung einer nahenden Apokalypse, worauf er unter dem Namen "Teens for Christ" seine eigene Sekte gründete, die sich vor allem an Jugendliche wandte. David nahm den Namen Mose an und nannte sich fortan Mose David oder kurz "MO".

Göttliche Botschaften mit Einschluss der Sexualität

Mein einziges Gesetz ist Liebe!

Die Heilslehre von Mose David ist ebenso einfach wie phantastisch. Der Sektenvater baut sein religiöses Gerüst auf der Bibel auf. Sie gibt aber lediglich die Hülle ab, die er grosszügig mit seinen eigenen Interpretationen füllt. Mose David versteht sich als Prophet. Er gibt vor, im Auftrag Gottes zu handeln und dessen Werk auf Erden zu vollenden. Mindestens so wichtig wie die Bibel sind die sogenannten MO-Briefe, die Botschaften Vater Davids. In weit über tausend Briefen interpretiert er die Bibel, gibt seinem "Kinderheer" Handlungsanweisungen, regelt das Leben in den Kolonien und vermittelt seine Prophezeiungen. Aufschlussreich ist ein Briefwechsel zwischen zwei Freunden. Der ältere kritisiert die Kinder Gottes und versteht nicht, weshalb sie die Befehle des Sektenvaters kritiklos ausführen. Der jüngere, ein Anhänger von Mose David, verteidigt sich mit folgenden Worten: "Die MO-Briefe sind des Herrn Briefe. Es geht dabei nicht um Menschenmeinung." Die MO-Briefe sind für die Kinder die absolute Wahrheit. Wer es wagt, sie zu hinterfragen, ist ein Zweifler und versündigt sich. Damit fällt Mose David die uneingeschränkte Macht über seine Anhänger zu. Verschiedene Eltern berichten übereinstimmend, ihre Kinder seien bereit, für ihren Sektenvater zu sterben, wenn er es verlange. Mose David schreibt denn auch: "Du wirst freiwillig und freudig all deine weltliche Habe deiner örtlichen Kolonie beitragen, um sie mit deinen Brüdern und Schwestern zu teilen... Noch werden dir diese Dinge zurückgegeben werden, denn du hast sie ‘dem Herrn und nicht dem Menschen‘ gegeben. Sogar dein Leben wird nicht länger dein eigenes sein, sondern Jesus gehören.”

Mose David ist ein ausgesprochener Endzeit-Prophet, der einen apokalyptischen Kult mit einer phantastischen Erlösungstheorie betreibt. Seine Jünger sind die Revolutionäre in der Nachfolge von Jesus, die möglichst viele Seelen bekehren und sie vor dem Inferno der letzten Tage retten müssen.

Wie alle neureligiösen Kulte nehmen sich die Kinder Gottes einen Absolutheitsanspruch heraus. Sie sind als einzige im Besitz der letzten Wahrheit und des Erlösungsrezeptes. Wer sich ihnen im Kampf gegen das Böse und Gottlose nicht anschliesst, ist verloren und wird vernichtet. Die Kinder Gottes fühlen sich als die Auserwählten, als die Elite Gottes.

16. AM ENDE DER GROSSEN TRÜBSAL WERDEN SICH „10 KÖNIGE" DEM ANTICHRISTEN ANSCHLIESSEN UND ZUSAMMEN MIT IHM DIE „GROSSE HURE BABYLON ZERSTÖREN UND MIT FEUER VERSCHLINGEN". --Ein letztes Gericht, daß entsprechend vieler Schriftstellen danach klingt, als ob die 10 führenden Länder Europas, wie z.B. die Europäische Gemeinschaft, sich mit Russland verbünden und sich in einem nuklearen Erstschlag gegen Amerika wenden, der die Vereinigten Staaten in nur einer Stunde zerstören wird!

Die Kinder Gottes steigen aus den Gräbern

Wer sein Leben nicht mit letzter Konsequenz Gott widmet und sich dem Diktat des Propheten unterwirft, wird vom Bannstrahl des Herrn getroffen und erleidet Höllenqualen.

Mit seiner Erlösungstheorie impft Mose David seinen Jüngern existenzielle Ängste ein. Als Comic-Geschichte hat der Sektenvater die Apokalypse mit einprägsamen Zeichnungen in der "Endzeit-Zeitung" festgehalten. Der Untertitel lautet: "Die Zeitung der Zukunft! Die genauen Ereignisse der nächsten Jahre! Möchtest Du über Deine Zukunft Bescheid wissen? Hier ist sie! Es dauert nicht mehr lange! Bist Du bereit?"

Unter der ersten Zeichnung steht: "Aber, ob Du es glaubst oder nicht, Du kannst wissen, was die Zukunft bringt! Exakt und in allen Einzelheiten, bis zur genauen Anzahl der Jahre, Monate und sogar Tage – haargenau!" Mose David weiss, dass die Bibel voller Prophezeiungen ist, auch über die letzten Tage der Menschheit, "der Zeit, in der wir heute leben". Der Antichrist wird auf die Weltbühne treten und ein siebenjähriges gottloses Reich aufbauen. "Seine Herrschaft könnte möglicherweise durch den Halleyschen Kometen angekündigt werden, was bedeuten würde, dass sie 1986 beginnt!" In der ersten Hälfte seines Wirkens sorge der Antichrist zwar für Frieden, doch anschliessend beginne der Endzeit-Horror: "Während der Antichrist und seine Anhänger ihre Feinde verfolgen und versuchen, sie auszurotten, wird Gott Seuchen und Plagen schicken." Die Zeit des Grauens soll genau 1260 Tage dauern. David Berg glaubt, dass "die zehn führenden Länder Europas, wie z.B. die Europäische Gemeinschaft, sich mit Russland verbünden und sich in einem nuklearen Erstschlag gegen Amerika wenden, der die Vereinigten Staaten in nur einer Stunde zerstören wird!" Die Zeichnung zeigt einen Atompilz, der über Manhattan aufsteigt.

Doch dies ist die grosse Stunde von Jesus und seinen Revolutionären: "Es wird plötzlich knallen, und wie ein Blitz aus heiterem Himmel wird Jesus wiederkehren, um Seine Kinder aus dieser Welt zu holen!" Nun werden die Heiligen aus den Gräbern steigen, die echten Christen empfangen einen "neuen, wunderbaren, mächtigen, übernatürlichen, verwandelten Körper – genau wie Jesus nach Seiner Auferstehung! Sie werden alle in den Himmel emporfliegen, um dem Herrn in der Luft zu begegnen!" Die letzten Gottlosen auf der Erde müssen dagegen die "schrecklichsten und furchtbarsten Plagen" über sich ergehen lassen.

Nach 1000 Jahren taucht der Teufel noch einmal aus dem Innern der Erde auf und verführt die "unbekehrbaren Gottlosen" erneut. Es kommt zur "katastrophalen Schlacht von Gog und Magog, in der Gott Feuer vom Himmel fallen lässt, um die Gottlosen ganz und gar zu vernichten". Zuletzt senkt sich der Himmel auf die Erde: "Gottes grosse, himmlische Raumstadt wird dann aus dem All auf die wunderschöne, neu erschaffene, paradiesähnliche Erde herabkommen, und Gott selbst wird hier bei uns auf Erden sein! Jesus

"Du und dein Fleisch und dein Geist und deine Liebe und wirkliche Zärtlichkeit, das ist jetzt der Köder. Aber besonders ist dein Fleisch der Köder"

und wir werden die Erde übernehmen, indem wir sie vom Weltall aus besetzen."

Am Schluss der Endzeitgeschichte geht Mose David auf Seelenfang: "Willst Du für immer glücklich leben? Wird Deine Zukunft glücklich sein?... Bist Du einer der Geretteten, denen erlaubt sein wird, in der grossen 'Himmlischen Stadt' zu wohnen? Alles, was Du tun musst, ist Jesus zu bitten, in Dein Herz zu kommen, und Dir wird sofort die Staatsbürgerschaft der grossen, goldenen Stadt zuerkannt!"

Sexspiele im Namen Gottes

In den Botschaften des Sektengründers Mose David spielt die Sexualität eine wichtige Rolle. Er vermag allerdings zwischen Liebe und Sexualität nicht zu differenzieren und scheint ein privates Steckenpferd auf dem Buckel seiner Kinder Gottes zu reiten. Das Motto ist einfach: Jesus predigte, wir sollten unsern Nächsten lieben wie uns selbst. Und Gott hat uns einen Körper gegeben, an dem alles natürlich ist, auch die sexuellen Regungen. Liebe und Sexualität gehören deshalb zusammen, weshalb wir die Liebe auch körperlich ausdrücken sollen.

Die Neigung des selbsternannten Sektenführers ist offensichtlich. Das traurigste Kapitel in der Geschichte seiner Familie der Liebe schrieb er unter dem Kapitel "Flirty Fishing". Darin fordert er seine weiblichen Anhänger auf, neue Jünger durch Flirten zu fischen. Doch mit Flirten hat das Fischen nur bedingt zu tun; es geht um handfesten Sex. Die Anweisungen an seine Liebesdienerinnen hielt Mose David im Flirty-Fishing-Handbuch fest. Sie sollten dafür sorgen, dass sich die Fische im Teich vorerst einmal in sie verlieben: "Du und dein Fleisch und dein Geist und deine Liebe und wirkliche Zärtlichkeit, das ist jetzt der Köder. Aber besonders ist dein Fleisch der Köder." Weiter: "Sei dessen sicher, dass du ein guter Köder bist, der köstlich und verführerisch angeboten wird (...) Du musst lecker und begehrenswert und verführerisch aussehen." (...) "Der Geist Gottes benutzt deinen Körper, dein Fleisch, deine Augen als den Köder, um sie unwiderstehlich zu dir zu ziehen, an deinen Körper, und wenn sie in deine Augen schauen, können sie Seinen Geist und Seine Liebe spüren, und dann kannst du ihnen den Grund dafür, die Wahrheit, mit deiner Zunge sagen."

Unter Einsatz des Körpers versteht Mose David: "Du musst ihm ein Angebot machen, das er nicht ablehnen kann. Ein Mann ist ein Mann, und es ist fast unmöglich für ihn, ein Mädchen abzuweisen, wenn du gewinnend bist, süss genug und ihn genügend bittest, sogar wenn du seinen Schwanz packen musst, um ihn zu überreden!"

"Aber warum machte Gott der Herr Dich fähig, Kinder zu haben im Alter von 11, 12 und 13 Jahren, wenn Du dann nicht auch Sex haben solltest?" (Mose David)

Solche geistigen (und wohl auch seelischen) Turnübungen entlarven Mose David als Sexualneurotiker. Und so prostituierten sich Hunderte von jungen Frauen angeblich für Gott und seinen Propheten Mose David.

Eine ehemalige Anhängerin von Mose David schildert ihre Erfahrungen folgendermassen: "Jahre hindurch hatte ich versucht, Flirty Fishing zu vermeiden, gegen Ende wurde ich jedoch gezwungen, sexuelle Dinge zu tun, die ich nicht wollte. Ich wurde wiederholt mit Prophezeiungen konfrontiert, dass Gott mich töten werde, wenn ich es nicht tue. Ich betete und bat Gott, dass er es mir unmöglich machen möge, in der Gruppe zu bleiben, wenn diese nicht von ihm sei. Aber ich hatte nicht die Kraft, von mir aus die Gruppe zu verlassen. Ich wurde unausstehlich und ging weg. Ich hatte einen Punkt erreicht, bei dem ein Flugzeugabsturz für mich eine Erlösung gewesen wäre."

"Du kannst Gott vertrauen, dass Du Dich nicht ansteckst. Selbst wenn es geschieht, wird er Dich erhalten oder heilen oder Dir helfen, alles zu ertragen." (Mose David)

Kinder sexuell missbraucht

Mose David schreckte nicht davor zurück, Kinder und Kleinkinder in seine Sex-Botschaften einzubeziehen. In Kapitel 58 des Briefes 'My little fish' weist er seine Jünger an, Kindern beizubringen, dass ihre sexuellen Teile genau so gut wie der Rest ihres Körpers und sexuelle Aktivitäten, Gefühle und Vergnügen nichts anderes als Körperfunktionen wie beispielsweise das Essen seien. Abgesprungene Kinder Gottes berichteten, dass schon Kinder im Alter von sechs Jahren 'Sex wie Erwachsene' machen.

Seine Erfahrungen mit den Sexpraktiken beschreibt ein abgesprungenes Mitglied der Kinder Gottes so: "Die Mädchen werden von klcin auf dazu angehalten, sich jedem hinzugeben, der sich mit sexuellen Wünschen an sie wendet, und werden darin unterrichtet, sich herausfordernd zu kleiden und zu verhalten. Sie werden auch in allen Techniken instruiert, wie man Männer zufriedenstellt. Ich spreche hier von kleinen Kindern im Alter zwischen drei und zwölf Jahren, nicht von Frauen oder Teenagern. Auch meine älteste Tochter wurde während der Zeit in der Gruppe sexuell missbraucht."

Das Flirty Fishing war nicht nur ein Abenteuer für besonders ergebene oder sexbesessene Anhängerinnen Mose Davids. Dies belegen unter anderem interne Statistiken über das als Köderterritorium dienende Bett. So sollen von 1978 bis 1982 insgesamt 470 000 Männer durch Flirty Fishing bezeugt (Bezeugung bedeutet in der Familie der Liebe, neue Anhänger zu werben) worden sein. Was darunter genau verstanden wird, geht aus der Statistik nicht hervor.

Mose David machte sich in vielen Ländern faktisch strafbar, indem er seine Anhänger zu Unzuchtshandlungen anstiftete. Es dauerte allerdings lange, bis er sich durchringen konnte, seine absonderliche Einstellung bezüglich Kindersex mindestens nach aussen hin zu korrigieren: In den "Fair News" schrieb er 1989 unter dem Titel "Missbrauch von Kindern", dass Sex mit Minderjährigen verboten sei. Er widerrief alle schriftlichen Aussagen, die in der Familie der Liebe dazu gemacht wurden. In diesem Brief schwört der Kultgründer auch dem Flirty Fishing ab, wozu ihn vor allem die Angst vor Aids bewogen hat: "Jetzt – in den späten achziger Jahren – haben wir die kontroverse Bezeugungstechnik offiziell gestoppt und verboten", schreibt Mose David. Ob dies lediglich beschönigende Worte sind, um die lautstarke Kritik zu unterlaufen, ist ungewiss. Sicher ist aber, dass ein zentrales Element der Heilstheorie nicht über Nacht um 180 Grad umgebogen werden kann.

Für Mose David muss die tödliche Krankheit Aids eine Geissel des Antichristen sein, der die wirkungsvolle Missionierungstaktik (Prostitution) durchkreuzt. Es ist zu vermuten, dass zahlreiche Kinder Gottes beim Feldzug für Jesus mit dem tödlichen Virus angesteckt wurden. Da die Anhänger Mose Davids auch innerhalb der Kolonien lockere Sitten pflegen, dürften auch männliche Mitglieder infiziert worden sein. (Heute müssen neue Mitglieder in der Schweiz einen Aidstest machen.)

Vor den sexuellen Perversionen des selbsternannten Propheten war selbst seine Tochter Linda, die bei den Kindern Gottes den Namen Deborah trug, nicht gefeit. Nach eigenen Aussagen wollte der Vater sich an ihr vergehen. Als sie sich gegen den Inzestversuch wehrte, fiel sie in der "heiligen Familie" in Ungnade und flüchtete über Nacht, Ehemann und Kinder zurücklassend.

Trotz der Peinigungen konnte sich Deborah nicht von der Familie lösen und kehrte zurück. Nach weiteren sechs Jahren – sie war inzwischen Mutter von neun Kindern – schaffte sie den Absprung definitiv. 1985 hatte sie das Trauma soweit überwunden, dass sie es wagte, sich öffentlich gegen den Vater und seine Kinder Gottes zu stemmen. Sie veröffentlichte das Buch "Die ungeschminkte Wahrheit" (Schulte und Gerth), in dem sie mit ihrem Vater abrechnete. Es ist die Geschichte von Sodomie, Kindersex, Inzest, religiöser Manipulation und Unterdrückung der Anhänger.

Eine steile religiöse Karriere

David Bergs Mutter hatte die religiöse Karriere ihres Sohnes schon an seiner Wiege prophezeit. Doch erst Ende der sechziger Jahre ging er daran, das Werk in die Tat umzusetzen. Seine Kinder zogen durch die USA und rekrutierten junge Leute für ihre Bewegung, die sie "Teens für Christus" (Teens for Christ) nannten. Gleichzeitig missionierte Vater Berg gezielt unter den die Gesellschaft ablehnenden Hippies. Er köderte die ausgeflippten Jugendlichen mit der provokativen Etikette "Revolutionäre für Jesus". Zusammengeführt wurden die beiden Gruppen in einem Zentrum in Kalifornien. Unter dem Vorwand einer apokalyptischen Vorahnung, mit der sich Berg als Prophet offenbarte, zogen die Jünger in einem langen Marsch quer durch die USA nach Montreal. Berg hatte nämlich vorausgesagt, Kalifornien werde im Meer versinken. Der Sektenvater hierarchisierte und strukturierte die Bewegung detailliert und gab ihr den Namen Kinder Gottes (Children of God).

Anfang 1970 zogen die Kinder Gottes in eine Ranch in Texas. Von hier aus wollte David Berg die Jugend der Welt missionieren und in

"Anderen von Jesus erzählen und ihnen Gottes einfachen Erlösungsplan erklären, nennt man 'bezeugen'. Du kannst damit anfangen, indem Du Freunden und Verwandten erzählst, wie glücklich Du bist, seitdem Du Jesus gebeten hast, in Dein Herz zu kommen." (Mose David)

allen Kontinenten Kolonien aufbauen. Bald liess er sich als Prophet feiern, weshalb er sich den Namen Mose David zulegte. Bereits 1971 schickte er seine Jünger nach Europa. Die straff geführten und kontrollierten Kolonien gingen mit missionarischem Eifer ans Werk und hatten Ende der siebziger Jahre bereits 10000 Anhänger rekrutiert, die ihr Leben Gott verschrieben und in rund 800 Kolonien in über 70 Ländern lebten.

Betroffene Angehörige realisierten schon anfangs der siebziger Jahre, dass ihre Kinder einem seltsamen Sektenvater verfallen waren, der mit einer auf Angst basierenden Erlösungstheorie und abstossenden Sexualpraktiken arbeitete. Alarmiert von den Schilderungen der Eltern, stellte der Generalstaatsanwalt von New York eigene Untersuchungen an. Der 1974 erschienene Report spricht von Vergewaltigungen, Entführungen und Versklavung der Anhänger Mose Davids. Der Druck der Behörden und der Öffentlichkeit wurde so gross, dass die knapp 3000 in den USA lebenden Kinder Gottes auswanderten. Der Sektenvater tauchte unter und zeigte sich nie mehr in der Öffentlichkeit.

Ende der siebziger Jahre geriet die Organisation in eine Krise, als ein Teil der Führungscrew absprang. Mose David baute deshalb die Hierarchie ab und unterstellte die Heime und Kolonien der zentralen Führung. Als verlängerter Arm Mose Davids agieren seither die "National Area Shepards", die für die einzelnen Länder zuständigen Hirten. Welche Bedeutung die Schweiz für die Kinder Gottes hat, zeigt die Tatsache, dass Zürich als Schaltstelle für Europa auserkoren wurde.

Die Kontrolle über die einzelnen Kolonien und ihre Mitglieder übt Mose David über die monatlichen Rapporte aus, die die Heimleiter abliefern müssen. Darin legen sie Rechenschaft über das Flirty Fishing, die Einnahmen und die Missionserfolge ab. Anhand dieser Monatsberichte, in denen er detailliert Auskunft über das Sexualleben verlangt, kann der Sektenvater seine Kolonien disziplinieren. Zur Reorganisation nach der Krise Ende der siebziger Jahre gehörte auch die Namensänderung. Die Bewegung nannte sich nun Familie der Liebe, doch werden die Anhänger Mose Davids weiterhin Kinder Gottes genannt.

Anfang der achziger Jahre wanderten die Kolonien nach Indien, Nepal, Hongkong, Japan, Südamerika und Zentralamerika aus und lebten mehrere Jahre in Übersee. Verschiedene Angehörige aus der Schweiz besuchten die Kolonien in Indien, kehrten jedoch bald wieder enttäuscht heim. Der fanatische religiöse Eifer hatte bei vielen Kindern Gottes zu einer Persönlichkeitsveränderung und Entfremdung geführt, die einen familiären Kontakt verunmöglichten. Verschiedene Eltern sahen ihre Kinder bis zu zehn Jahren nicht mehr.

"Wenn Jesus in Dein Herz kommt, ist Dein ganzes Leben verändert, wie ein neugeborenes Baby, das in eine völlig neue Welt hineingeboren ist." (Mose David)

In dieser Zeit schien sich die finanzielle Situation der Kolonien zu verschlechtern. Jedenfalls wurden verschiedene Mitglieder gezwungen, einem Broterwerb nachzugehen. Bisher hatte Mose David darauf geachtet, dass die Kinder Gottes den Kontakt mit dem "bösen System", wie er die Aussenwelt bezeichnete, auf ein Minimum beschränkten. Dass die Einnahmen rückläufig waren, hat vermutlich mit der unaufhaltsam wachsenden Kinderschar zu tun. Dadurch erhöhte sich der Finanzbedarf, und die Betreuung der Kinder hielt die Erwachsenen vom Betteln, Flirty Fishing und Missionieren ab.

An vielen Anhängerinnen Mose Davids ging das ungeschützte Flirty Fishing nicht spurlos vorbei: Sie hatten acht, zehn und mehr Kinder, weshalb sich die Kolonien bald in Kinderheime verwandelten.

Missionare auf der Suche nach harten Devisen

Finanzielle Überlegungen waren wahrscheinlich auch ausschlaggebend dafür, dass die in den Fernen Osten und nach Südamerika ausgewanderten Kinder Gottes 1987/88 nach Europa zurückkehrten. Sie erhofften sich in den reichen Ländern eine bessere Ausbeute beim Betteln, Singen in Spitälern und Verkaufen von Videos, Kassetten und Postern.

Seit der Rückkehr haben die Kinder Gottes in der Schweiz und in ganz Europa die Taktik grundlegend geändert. Sie leben völlig zurückgezogen und scheuen jede Form von Öffentlichkeit. Die rund 20 Kolonien mit bis zu 30 Mitgliedern in der Schweiz geben sich als Missionswerke aus. Die Kinder Gottes tarnen sich als Missionare, die für Entwicklungsprojekte in Ländern der Dritten Welt sammeln. Da in den Kolonien auch Ausländer ohne Aufenthaltsbewilligung leben, sind meist nur die Mieter der Wohnungen und Häuser behördlich gemeldet. Werden die angeblichen Missionare als Kinder Gottes enttarnt und von den Behörden kontrolliert, tauchen sie über Nacht unter. Im Sommer leben sie oft auch auf Campingplätzen. Die Kinder gehen nicht in die öffentliche Schule und werden von Heimmitgliedern unterrichtet.

Obwohl Mose David, dessen Aufenthalt seit Jahren unbekannt ist, das System ausserhalb der engen Welt der Kinder Gottes verflucht, profitierten er und seine Anhänger tüchtig vom teuflischen System. Ausser den Kassetten und Videos mit den schnulzigen Kinderchören produzieren seine Jünger kaum etwas und lassen sich von der gottlosen Welt aushalten. Einen Teil der Spenden führen die Kolonien an die Zentrale ab. Sie gebärden sich damit als Parasiten eines Systems, das sie verdammen.

"Im Name Jesus, hilf uns, oh Herr! Töte unsere Feinde! Zerstöre unsere Feinde!" (Mose David)

Über ihre Art zu missionieren geben die Kinder Gottes in einer Broschüre mit dem Titel "Wunder der Liebe" Auskunft: "Gerade jetzt sind Tausende unserer treuen Mitarbeiter unterwegs, um Gottes Botschaft der Liebe und Hoffnung mit zahllosen anderen in fast 100 Ländern auf der ganzen Welt zu teilen: an Strassenecken, in Cafés, Geschäften, Büros, Schulen, Kasernen, Flüchtlingslagern, Krankenhäusern, Altersheimen, Waisenhäusern, Gefängnissen und sogar in Clubs und Bars, wo viele einsame und verzweifelte Menschen sind, die sonst nicht erreicht würden." Die Broschüre erwähnt aber nicht, dass es sich um Kinder Gottes handelt.

Wie die meisten religiösen Sondergemeinschaften haben auch die Kinder Gottes nach dem Fall des Eisernen Vorhanges die ehemaligen Ostblockstaaten entdeckt. Da die Menschen in diesen Ländern wenig Erfahrung im Umgang mit solchen religiösen Organisationen haben, finden die Anhänger Mose Davids hier bei der Missionierung einen fruchtbaren Boden vor.

Ein Leben im Untergrund

Wie sich das Leben der Kinder Gottes abspielt, zeigt das Beispiel einer Kolonie im Zürcher Oberland Ende der achziger Jahre. Eine Baufirma vermietet zeitlich befristet ein zum Abbruch bestimmtes Einfamilienhaus für 2500 Franken im Monat an eine Familie. Nach kurzer Zeit bevölkern über 25 Kinder Gottes das Abbruchobjekt. Auf der Gemeinde sind nur die offiziellen Mieter gemeldet. Bei einer polizeilichen Kontrolle verstecken sich ausser der Zentrumsleiterin alle Koloniemitglieder im Haus. Es stellt sich heraus, dass keines der Kinder Gottes einer geregelten Arbeit nachgeht. Durch Betteln müssen sie das Geld für die hohe Hausmiete und den Lebensunterhalt für die grosse Gemeinschaft zusammenbringen.

Ein beliebter Bettelort der Kinder Gottes war von Anfang der achziger Jahre bis Ende 1990 die Engros-Markthalle in Zürich. Die Geschäftsleute hatten keine Ahnung, wen sie da unterstützten. Mehreren Gemüsehändlern fiel zwar das sektiererische Verhalten der Kinder Gottes auf, doch jahrelang kam den "Missionaren" niemand auf die Schliche.

Die Betteltour der Kinder Gottes beschränkte sich aber nicht nur auf die Engros-Halle. Oft hielten sie sich auch beim Schlachthof auf, wo verschiedene Grossmetzgereien vertreten sind; ebenso bettelten sie bei zahlreichen Grossverteilern und multinationalen Firmen.

Nach der Enttarnung durch die Medien Ende 1990 verliessen sie ihre Kolonie in Elgg fluchtartig und zeigten sich nicht mehr in der Engros-Halle. Nach Grüningen und Wetzikon war Elgg die dritte Kolonie, die die Kinder Gottes nach wenigen Monaten verliessen. In Elgg wohnten rund 25 Kinder und mehrere Erwachsene.

"Jesus ist unser grosser Bruder, der weiss, dass wir Unrecht getan haben und Strafe verdienen." (Mose David)

Werden die Kinder Gottes kontrolliert, bekommen Polizei und Gemeindebehörden jeweils eine Standardantwort: "Wir sind ein Ferienheim und beherbergen die Kinder unserer Missionen nur vorübergehend hier."

Die Liste der Namen, mit denen sich die Kinder Gottes je nach Bedarf schmücken, ist lang: Familie der Liebe, World Services, Gospel Service, World Missions Haeven's Magic. Da diese Namen selten in Verbindung mit der Bezeichnung Kinder Gottes gebraucht werden, kommt ihnen ein Tarncharakter zu.

Doch nicht nur in der Schweiz fielen die Kinder Gottes seit der Rückkehr aus Asien und Südamerika auf. In Spanien berichteten im Juli 1990 Zeitungen von der Verhaftung von zehn Personen in Katalonien, die den Kindern Gottes angehören sollen.

Bei den Kindern Gottes werden Familien häufig auseinandergerissen. Viele Ehepaare leben nicht zusammen, die Väter halten sich oft in einer Kolonie im Ausland auf. Es leben auch nicht alle Kinder bei ihren Müttern, sondern zum Teil in eigenen Kolonien, die wie Kinderlager wirken, weil sich die Erwachsenen verstecken müssen. Nicht selten kennen die Frauen den Vater ihrer Kinder nicht, da sie durch das Flirty Fishing und die häufigen Partnerwechsel innerhalb der Kolonie die Kontrolle über das Geschlechtsleben verloren haben. Um die Kinder nicht zu verwirren, griff Mose David zu einem einfachen Trick. Er ordnete an, dass die Kinder allen Männern der Kolonie Vater sagen sollen: "Gott ist auch der Gott der Ehe, und die Hauptsache ist, mit Ihm und Seiner Arbeit verheiratet zu sein, und wenn die Ehe nicht Seinem Willen entspricht, zögert Er nicht, sie zu zerbrechen und andere Einheiten zu bilden, um Seine Arbeit weiterzubringen!"

"Gott ist Spezialist im Zerbrechen vieler Familien, um sie alle zu einer Familie zu machen." (Zitiert nach Friedrich Haack).

Die Kinder Gottes leben oft wie Untergrundkämpfer. Ihre Koffer sind gepackt, damit sie sofort untertauchen können, wenn sie enttarnt oder von den Behörden vorgeladen werden. In jüngster Zeit versuchen sie, nach jahrelanger Isolation, langsam wieder den Kontakt zu jenen Angehörigen aufzunehmen, die sich nicht völlig von ihnen abgewendet haben.

Weiterführende Literatur

Arbeitskreis Sekten e.V. (Hg.): Kindsmissbrauch? In: Diakonisches Werk, Herford 1991.

David D.: Die ungeschminkte Wahrheit. Die Geschichte der "Kinder Gottes", erzählt von der Tochter des Sektengründers Moses David. Asslar 1985.

Hauth R.: Die Kinder Gottes. Weg und Irrweg einer Jugendsekte. München 5. Aufl. 1981.

McManus U. und Cooper J. C.: Ich war bei den Kindern Gottes. Wenn der Glaube entartet. Marburg 1981.

Rosina J.-J.: Faszination und Indoktrination. München 1989.

Den Sirenengesängen erliegen?

Ein zweites Gespräch

Suchende Menschen, die sich “auf den Weg machen”, begegnen unterwegs verschiedenartigsten Angeboten. Manche sind hilfreich, manche belanglos, manche gleichen geschickt getarnten Fallen. Gerade letztere erscheinen aber oft als besonders verlockend. Wie gross ist die Widerstandskraft, die Resistenz gegenüber diesen Verlockungen? Odysseus erkannte die Falle und segelte an der Insel der Sirenen vorbei...

Sich auf den Weg machen, aber den Fallen aus dem Weg gehen

“ ***Wie kann man in der Praxis solche Fallen erkennen?*** ”

Indem man die Botschaften trotz ihrer scheinbaren Überzeugungskraft kritisch überprüft und irreale oder unechte Versprechungen von realen und echten unterscheidet. Wenn also jemand mit einer Botschaft auf mich zukommt, dann mache ich mir zuerst meine Gedanken über das Ganze. Ich frage mich zum Beispiel: Wird da nicht zu dick aufgetragen?

Wo der Leu mit dem Lämmlein...

“ ***Aber es gibt doch zum Beispiel auch in der Bibel Bilder, wo der Leu mit dem Lämmlein spielt. Offenbar sehnen sich heute viele Menschen nach einem idealen Gegenbild zu unserer unheilen Welt.*** ”

Ja, die Sehnsucht ist sehr gross. Aber dieses Wunschbild stellt eben ein Fernziel dar. Ich muss auch meinen Beitrag dazu leisten und warten können. Ein “Instant-Paradies” entsteht nur kurzzeitig durch bewusstseinsverändernde Drogen. Es gaukelt mir Harmonie und Seligkeit vor; aber deswegen verändert sich mein Leben nicht. Ich baue mir einfach eine Illusion auf. – Was unter der Bezeich-

“Immerwährende Glückseligkeit im Kreis geretteter Auserwählter” inmitten einer zum Untergang verdammten Welt? Nektar und Ambrosia, wie im Paradies? Eine Welt, in der man sich geborgen fühlen kann wie ein Säugling auf Mutters Schoss? Das gibt’s nur in den Fernsehwerbespots.

Je manipulierter ein Mensch ist, desto eher fällt er auf leere Versprechungen herein.

nung "Heilslehre" verkauft wird, hat deshalb oft den Charakter einer Droge.

Missionieren...

Aber die Fallensteller scheinen doch immerhin überzeugt von der Wahrheit ihrer Botschaft. Es braucht schliesslich auch Überzeugung und Mut, um auf die Strasse zu gehen und zu missionieren!

Fundamentalisten sind Überzeugungstäter.

Mut schon, aber oft auch Frechheit. Missionieren heisst gesandt sein, einen Auftrag haben, bekehren. Wer wirklich von einer Wahrheit überzeugt ist, gibt seinem Gegenüber Zeit für eine überlegte Entscheidung, geht also nicht einfach auf Menschenfang. Wer nur schnelle Bekehrungen sucht, ist sich der eigenen Wahrheit im Innersten oft gar nicht so sicher. Er versucht sie sich durch Missionieren ständig neu zu bestätigen.

Viele missionieren übrigens gar nicht freiwillig. Oft werden sie als billige oder Gratis-Arbeitskräfte missbraucht und lassen sich nach Belieben ausbeuten. Menschen, die andern wirklich helfen können, schwatzen ihnen nichts auf.

... und Vorbild-Wirkung

Wie gehen sie denn vor?

Manche Menschen sind auch im Seelischen ganz aufs Konsumieren aus. Selber tätig zu werden, um das eigene Leben zu verändern, würde in ihren Augen zu wenig rasch wirken, wäre zu aufwendig. Da ist es für sie viel attraktiver, sich in ein fertig gemachtes Nest zu setzen.

Sie beeindrucken durch das, was sie sind, durch die Bewährung im Alltag. Sie gehen auf den einzelnen Menschen ein und fragen sich: Was bräuchte er eigentlich? Wie kann ich ihm helfen, damit er sich selber helfen kann? Sie bieten Hilfe zur Selbsthilfe an. Sie fühlen sich in andere Menschen ein. Viele, die "missionieren", verkaufen dagegen bloss ein fertiges Produkt. Aber wirkliches Glück fällt mir nicht in den Schoss. Ich muss auch selber etwas dafür tun.
Totalitäre Gruppierungen haben ein gutes Gespür dafür, wie sie Menschen bei ihren Schwächen und Bequemlichkeitsansprüchen packen können. Sie arbeiten deshalb oft mit ungeheuren Vereinfachungen – und sind damit meist erfolgreich.

Alles oder nichts!

Was für Vereinfachungen brauchen sie denn?

Eine gängigeVorstellung ist: Wir in unserer Gruppe sind gut, gerettet, auserwählt; alle andern sind schlecht, verloren oder verdammt!

Oder: Was unser Boss oder Guru sagt, ist die Wahrheit. Denn er ist erleuchtet. Alle andern verbreiten nur Verblendung, Unwissen und Lüge!

Oder: Kritik an unserer Lehre entspringt Einflüsterungen des Satans! Je mehr wir kritisiert werden, desto richtiger ist unsere Lehre. Wer gegen uns ist, ist mit dem Bösen im Bund![1]

Vereinfachungen kennen nur Schwarz und Weiss, aber keine Zwischentöne: Menschen oder Gruppen sind entweder gut oder schlecht. Das Gute ist nur in der eigenen Gruppe zu finden und das Schlechte nur in den andern Gruppen.

❝ ***Gehört es nicht auch zu dieser Schwarz-Weiss-Malerei, dass man in solchen Gruppen voll dazugehören muss, mit allen Konsequenzen?*** ❝

Ja. Man kann als Mitglied nicht sagen: An der Lehre dieser Gruppe ist viel Gutes und Richtiges, aber in einigen Punkten mache ich mir meine eigenen Gedanken. Nein, man gehört mit Haut und Haar dazu, denn die "absolute Wahrheit" ist nicht teilbar: Der Kontakt zu Eltern und Freunden muss abgebrochen werden; das frühere Leben war falsch und wertlos; das "richtige" Leben beginnt erst jetzt. Dazu kommt die andauernde Beschäftigung und die gegenseitige Kontrolle der Mitglieder.

Merkmale totalitärer Gruppierungen

❝ ***Wenn also eine Gruppe solche besprochenen Merkmale aufweist, dann kann man von einer "totalitären" Gruppe sprechen?*** ❝

Ja, aber es kommt darauf an, wie ausgeprägt diese Merkmale sind. Es gibt dabei alle möglichen Zwischen-, Übergangs- und Mischformen.

Gewisse totalitäre Bewegungen erlauben ihren Mitgliedern, die "andern" zu belügen und zu betrügen, "weil diese ja sowieso zum Untergang verdammt sind..."

Wichtige Erkennungsmerkmale sind:

- Die "Botschaft" der Gruppe ist dick aufgetragen und wirkt bei genauerem Betrachten unecht, massiv, eingleisig, unglaubwürdig. Durch den Beitritt wird "sofortiges Glück" garantiert.
- Der "Guru" (Meister, Prophet, Messias...) ist erleuchtet und im exklusiven Besitz des Erlösungsprinzips.
- Erlösung bzw. Erleuchtung ist nur über den Weg der Gruppierung möglich; es besteht ein massiver Gruppendruck.
- Die persönliche Entscheidungsfreiheit wird aufgegeben. Der Guru bzw. die Gruppierung bestimmen weitgehend den Lebensalltag der Mitglieder und kontrollieren dessen Einhaltung.
- Man muss sich dauernd für die Gruppe engagieren, z.B. durch "Missionieren".

- Der Eintritt in die Gruppierung setzt die Ablehnung und den Abbruch des früheren Lebens voraus.
- Nur das Ganze, das gemeinsame Ziel zählt. Die einzelnen Mitglieder werden geringgeschätzt und ausgebeutet.
- Lebens- und Weltprobleme werden in Schwarz-Weiss-Malerei unzulässig vereinfacht: gut = wir und schlecht = die andern. Dies mindert die intellektuellen Fähigkeiten der Mitglieder.
- Die "Lehre" der Gruppe enthält die Gewissheit, die absolute Wahrheit zu besitzen. Kritik wird als Bestätigung der eigenen Wahrheit umgedeutet.
- Die Mitglieder haben Angst vor einem möglichen Austritt, denn die Welt "draussen" wird permanent als bedrohlich und vernichtend dargestellt.
- Sämtliche finanziellen Ressourcen der Mitglieder fliessen in die Gruppe bzw. an den "Guru".
- Oft wird der eigentliche Zweck der Gruppierung getarnt, z.B. als "Lerngruppe" oder "Lebenshilfe".

Eine Anregung zur Bestimmung des "totalitären Trends" von Gruppierungen findet sich auf Seite 233.

Stärkung der Resistenz gegen totalitäre Gruppierungen

❝ ***Bevor Menschen zum Beispiel in einen Verein oder in eine Partei eintreten, überlegen sie sich meist genau, ob das für sie richtig ist. Warum denn nicht auch bei totalitären Gruppierungen?*** ❝

Hier wird ihnen eben etwas präsentiert, von dem sie schon lange geträumt haben – und plötzlich ist es da! Es passt für sie wie ein Schlüssel ins Schloss. – Was will da der kritische Verstand noch ausrichten, wenn sich tiefste Sehnsüchte plötzlich zu erfüllen scheinen und die Gefühle "überlaufen"?

❝ ***Aber ein solcher Entschluss kann das Leben doch völlig umstülpen...*** ❝

Ja. Es ist etwa so, wie wenn man sich verliebt und gleich heiratet. Auch da sagen viele, wie vom Blitz getroffen: Dieser Mensch oder keiner! Vor solchen "Blitz-Entscheidungen" schützt nur eines: Abwarten, bis die Vernunft wieder einsetzt. Mit einem vertrauten Menschen darüber sprechen und das Ganze zuerst überschlafen! Und: Die Verkäufertricks derer durchschauen, die mich für solche Gruppierungen anwerben wollen.

Die Verkäufertricks

❝ Wie werden denn die Leute in der Praxis angeworben? ❝

Im Prinzip gleich wie in jeder Produktewerbung. Also etwa im Stil: Nach einem anstrengenden Tag hast du wirklich etwas Besonderes verdient! Gönn' dir das und das, dann bist du ebenso happy und aufgestellt wie die Werbevorbilder. Wenn nicht, dann ist etwas mit dir nicht in Ordnung! Im Klartext: Man soll etwas konsumieren. Dann ist alles wieder in Ordnung.

Wohlbefinden und Unwohlsein sind zwei Pole; das eine bedingt das andere - und beides gehört zum Ganzen!

So wird uns eingetrichtert, wir müssten uns um jeden Preis wohlfühlen – oder dann etwas konsumieren, damit wir wieder "aufgestellt" sind. Das gehört zum heutigen Konsumterror.

Es wäre besser, wir würden die Störungen unseres Wohlbefindens nicht sofort abklemmen, sondern den Ursachen nachgehen: Wieso fühle ich mich lustlos, schlapp und griesgrämig? Und: Was kann ich selbst tun, damit sich mein Zustand bessert? Vielleicht muss ich meine Lebensweise, meinen Lebensstil ändern, damit ich aus dem Tief herauskomme...

Kein Oben ohne Unten

❝ Können denn manche Menschen einfach keine Unlust mehr aushalten? ❝

Unlust aushalten – das ist heute nicht "in". Aber: Immer nur aufgestellt, happy, lässig, "high" sein, das kann auf die Dauer recht langweilig werden. Was ständig vorhanden und verfügbar ist, wird zu etwas Alltäglichem, das man kaum mehr würdigt. Spannend wird das Leben erst durch den Wechsel.

Mit Unlust umgehen

❝ Aber irgend etwas muss man ja schliesslich unternehmen, wenn es einem mies geht. Alles einfach nur hinnehmen, hat ja auch keinen Sinn... ❝

Nicht nur hinnehmen und resignieren. Aber zunächst einmal Ja dazu sagen und sich mit dem schlechten Gefühl einlassen: Was ist denn das, dieser Verleider? Wann und warum entsteht er? Wie kann ich mit ihm umgehen? Vielleicht will er mir etwas mitteilen. Vielleicht macht er mich darauf aufmerksam, dass ich meine festen Gewohnheiten, meinen Lebensstil ändern sollte.

**Drum danke Gott,
wenn er dich presst,
und danke ihm,
wenn er dich
wieder entlässt! (Goethe)**

Manchmal braucht es allerdings Mut, solche schlechten Gefühle nicht einfach zu übertünchen, sondern sie zu akzeptieren.

Resistent sein erfordert auch, dass man auf einen sozialen "Fundus" zurückgreifen kann, auf ein soziales Netz, das Alternativen erleichtert und Leiden abfedert. Unterprivilegierte Menschen in unserer Gesellschaft haben hier nur einen beschränkten Handlungsspielraum.

Die Widerstandsfähigkeit stärken

❝ ***Was soll man denn tun, damit man gegen die Angebote totalitärer Gruppierungen widerstandsfähig wird?*** ❝

Wir haben ein bestimmtes Mass an Widerstandskraft von der Natur mitbekommen. Wir können diese Widerstandskraft üben und stärken oder aber vernachlässigen und schwächen. Wenn wir uns systematisch "abhärten", lernen wir, Unsicherheiten und Spannungen auszuhalten, statt davor zu flüchten, das eigene Urteilsvermögen einzusetzen und an Konflikten zu arbeiten, statt ihnen auszuweichen. Eine Ausweichmöglichkeit stellen auch totalitäre Gruppierungen dar. Denn dort gibt es – mindestens nach offizieller Lesart – keine Konflikte, Spannungen und Unsicherheiten.

Mit Konflikten umgehen

❝ ***Wie lernt man das: mit Konflikten umzugehen, Spannungen und Unsicherheiten auszuhalten?*** ❝

Totalitäre Gruppierungen haben Gemeinsames mit Erkältungs-Viren: Wer sich schwach fühlt, ist anfällig für sie; er muss den Krankheitserregern, die auf seine Kosten leben, seinen Tribut zollen, denn sie zehren von seiner Substanz. Für den Starken und Widerstandsfähigen bilden sie kaum eine Gefahr. Es kommt hier wie dort auf die persönliche Widerstandskraft an.

Unser Alltag ist ein riesiges Übungsfeld für den Umgang mit Spannungen, Unsicherheiten und Konflikten. Ständig haben wir uns zwischen verschiedenen Möglichkeiten des Verhaltens zu entscheiden. Unser Weg ist keineswegs so klar vorgezeichnet, wie wir uns das oft vorstellen.

Diese Übungen sollten so schwierig sein, dass sie aktivieren und herausfordern, aber doch nicht so schwierig, dass sie entmutigen und lähmen. Das schafft Erfolgserlebnisse, die den Mut geben, sich an neue, schwierigere Konflikte zu wagen. Es ist auch keine Schande, mit andern über die eigenen Konflikte zu reden und Hilfe in Anspruch zu nehmen.

Ich traue mich!

❝ ***Braucht es nicht auch ab und zu Misserfolge, um widerstandsfähig zu werden?*** ❝

Bedingt ja. Misserfolge dürfen mich aber nicht für dauernd entmutigen. Denn nur was mich ermutigt, stärkt meine Widerstandsfähigkeit. "Ermutigt" ist ein Mensch dann, wenn er den Mut hat, sich mit sich selbst und mit seiner Umwelt auseinanderzusetzen.

Gängeln und Konsumieren

❝ ***Aber heute werden doch den jungen Menschen oftmals in Schule und Familie Schwierigkeiten abgenommen, damit sie richtig*** *'spuren'. So werden sie nicht gezwungen, ihren eigenen Weg zu suchen.* ❝

Ja. Manche wachsen wie in einem Treibhaus auf. Wenn sie dann später plötzlich ein rauheres Klima erleben, sind sie zu wenig widerstandsfähig und schnell entmutigt.

Mut kann auch durch das Verarbeiten der eigenen Angst entstehen. Auch Angst hat ihren Sinn; nur das Steckenbleiben in der Angst ist schlimm.

Haben und Sein

❝ *Heute wird ja vielen Jungen in materieller Beziehung alles nachgeworfen. So müssen sie sich gar nicht mehr besonders anstrengen, denn sie bekommen sowieso alles.* ❝

Es kann für einen Menschen tatsächlich gefährlich werden, wenn er sich daran gewöhnt, dass er stets alles erhält und in Schwierigkeiten nicht selbst aktiv werden muss. Er entwickelt dann eine eigentliche "Konsum-Mentalität".

Die Grundstimmung "Ich traue mich!" hat weitreichende Konsequenzen: Sie erzeugt Erfolgserlebnisse, die diese Stimmung rückwirkend bestätigen, sie stärkt das Selbstvertrauen und bereichert das Leben.

Je mehr wir mit der Suche nach immer intensiveren äusseren Reizen beschäftigt sind, desto weniger sind wir fähig, mit uns selber etwas anzufangen und desto anfälliger werden wir für die verschiedensten Ablenkungs- und "Ausflipp"-Möglichkeiten. Denn ohne Selbstgestaltungsimpulse erscheint das eigene Leben flach, schal, langweilig, sinnleer und damit ziemlich unerträglich. Wer hingegen lernt, sich aktiv mit seinem Leben auseinanderzusetzen und daraus persönliche Interessen, Hobbies und andere Selbstgestaltungsimpulse entwickelt, die ihm Spannung, Bereicherung und Sinn geben, ist widerstandsfähiger gegen die Heimatversprechungen von totalitären Gruppierungen oder gegen die Betäubungsversuchungen durch Drogen.

Ware Glück – das wahre Glück?

❝ *Oft hat man den Eindruck, dass viele Mitglieder totalitärer Gruppierungen vorher kein glückliches Leben hatten. Da ist es doch begreiflich, dass sie sich von ihrer Gruppe nun ein besseres Leben erhoffen.* ❝

Dass Menschen sich in ihrem Leben nicht glücklich fühlen, ist alltäglich. Aber es gibt auch Menschen, die Lebensfreude und "Daseinslust" ausstrahlen, obwohl sie von aussen gesehen wenig Anlass dazu hätten. Wer nur konsumiert, merkt nicht, dass die "Süsse des Lebens" und "das Glück, am Leben zu sein" nicht von aussen bezogen werden können. Es wächst erst aus dem intensiven Gefühl heraus, sich selber zu sein. Wer dieses Glück empfindet, wird auch Belastungen aushalten, die andere aus der Bahn werfen und in die Fänge einer totalitären Gruppierung treiben.

Verwöhnung kann ab einem gewissen Grad auch soziale Vernachlässigung sein. Durch Verwöhnung halten sich Eltern zum Teil ihre Kinder vom Leib.

Das Leben aushalten – eine Sinn-Frage!

" Aber wir kennen doch alle das Gefühl, es gehe nicht mehr weiter. Wie geht man eigentlich mit diesem Gefühl um? "

Entscheidend ist, was ich in einer solchen Situation tue, die so voller Konflikte, Spannungen und Sinnlosigkeit zu sein scheint. Ich kann zum Beispiel einfach abwarten, bis es mir wieder besser geht. Ich kann bewusst durchhalten, weil ich auf ein "Ende des Tunnels" hoffe. Ich kann Hilfe suchen oder kritisch mit mir selbst ins Gericht gehen. Ich kann den Ursachen dieser belastenden Situation nachgehen und mich mit meiner Umwelt neu arrangieren. Ich kann meine Unlustgefühle aber auch im Alkohol abtöten oder auf eine andere Art "aussteigen". Wie ich reagiere, hängt letztlich davon ab, was ich in meinem Leben als wichtig betrachte und was für Lösungsstrategien ich anzuwenden gelernt habe.

Sich um jeden Preis wohlfühlen müssen, ist ein weit verbreitetes Ideal unserer Zeit. Was steckt dahinter? Ein Mangel an Leitlinien und Perspektiven im Leben. Man fühlt sich "heimatlos", hat Angst vor der Zukunft und will deshalb wenigstens die Gegenwart geniessen!

Wenn ich den Sinn meines Lebens darin sehe, hier und jetzt möglichst "happy" zu sein, mich möglichst "super" zu fühlen, "de Plausch" zu haben, dann fällt es mir schwer, einfach ja dazu zu sagen, wenn es mir einmal nicht gut geht. Im Leiden, im Ertragen, im Aushalten von Spannungen und Konflikten und im Hineinhören in meine Unlust und in das, was sie mir sagen will, sehe ich dann keinen Sinn, sondern nur noch eine unnütze Belastung.

" Das würde also heissen: Wer sich nicht mit seinem Leben auseinandersetzt, der läuft Gefahr, in irgend einer Weise auszuflippen, wenn's einmal nicht mehr rund läuft? "

Ja. Aus dem Blatt auf Seite 234 kann man konkret ersehen, wie widerstandsfähig man gegenüber schwierigen Situationen – und damit gegenüber den Verlockungen totalitärer Gruppierungen ist.

Anmerkung:
[1] Vgl. dazu Jacques Vontobel: Nestbeschmutzer!? Wir und die andern – eine "Schmutzanalyse in 5 Akten". Verlag Pestalozzianum Zürich 1991.

Jugendliche auf der Suche nach dem Okkulten

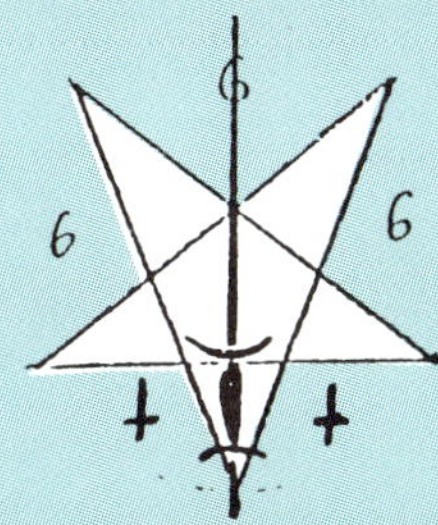

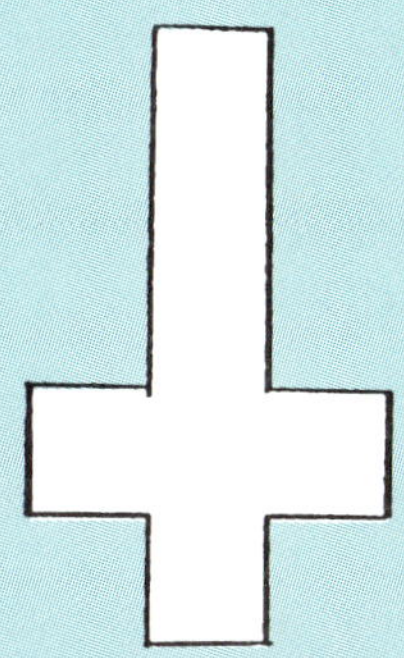

Viele Jugendliche haben eine Vorliebe für selbstzweckhafte Action und neigen zu auffälligem Benehmen. Ihr Verhalten soll den Erwachsenen und Autoritätspersonen ihrer Umgebung demonstrieren: Seht nur, wir sind nicht so wie ihr; wir pfeifen auf eure Regeln; wir pflegen unseren eigenen Stil, und wenn ihr euch nicht damit abfindet, bekommt ihr's zu spüren!

Was sich so selbstherrlich und unreflektiert nach aussen kehrt, ist nicht selten Ausdruck von innerer Unsicherheit, Einsamkeit oder gar Hilflosigkeit. Im Bestreben, sich von der Umgebung abzuheben, wird alles benützt, was sich als irgendwie abseitig und aufrührerisch anbietet, um sich möglichst sichtbar zu profilieren. Auf der diffusen Suche nach der eigenen Identität in der Umbruchsituation vom Kind zum Erwachsenen ist der junge Mensch ebenso verletzlich wie offen für alles, was starke Sensationen und ausserordentliche Erfahrungen verspricht. Dieser Hang zum Ungewöhnlichen oder Geheimnisvollen, mit dem die eigene Leere aufgefüllt und zugleich abgeschirmt werden kann, erleichtert den Zugang zu manchen Lehren und Praktiken, die sich im Umfeld des 'New Age'-Zeitalters einer zunehmenden Popularität erfreuen.

Offenbar entsprechen die unter dem Sammelbegriff Esoterik laufenden Angebote nicht nur einem weitverbreiteten Bedürfnis vieler Erwachsener, als "Eingeweihte" um den Sinn des Lebens und Sterbens Bescheid zu wissen, sondern sprechen auch die Phantasien und Erwartungen vieler Jugendlicher an. Verschiedenste esoterische Strömungen bilden heute ein Sammelbecken für neue Lebensentwürfe und -stile, welche über die oft als banal oder bedrückend empfundene Realität des Lebens hinausweisen. Neben Ernsthaftem und Ernstgemeintem findet sich darin vieles, was fragwürdig und zweifelhaft erscheint, ja gefährlich sein kann, wenn es auf eine labile seelische Verfassung trifft. Gerade dies ist aber bei vielen Jugendlichen mit ihrem mangelnden Selbstwertgefühl, ihrer oft verzweifelten Suche nach dem Sinn des Lebens häufig der Fall. Der Kontakt mit übersinnlichen Kräften und die Teilnahme an okkulten Riten lassen Macht- und Potenzgefühl erleben, können aber auch leicht in Angst umschlagen und zerstören.

Es wäre aber falsch, nur die Gefahren zu sehen, die sich aus der missverständlichen oder falschen Anwendung esoterischer Praktiken ergeben. Die Beschäftigung mit den verschiedensten Angeboten der 'New Age'-Bewegung kann durchaus auch positive Auswirkungen haben. Der Kontakt mit all den faszinierenden Inhalten und Versprechungen esoterischer Lehren kann auch Erfahrungen und Einsichten vermitteln, welche die Basis zur differenzierten Betrachtung dessen bilden, was die meisten Menschen ein Leben lang als (religiöse) Sinnsuche beschäftigt.

Mit Verboten und Verteufelung ist in diesem Bereich nichts zu erreichen. Unerklärliche Phänomene sind nicht zwingend Schund oder Teufelswerk, sondern Anlass zum Nachdenken und zur Auseinandersetzung. Sie tragen den Bedürfnissen Jugendlicher nach Spannung Rechnung, und können so zum fruchtbaren Auslöser in der Personwerdung werden.

Im Banne des "Kreises"

Seit dem Frühjahr besucht Sandra K. die dritte Klasse der Sekundarschule in S. In der Schule wie zu Hause, wo sie die älteste von drei Schwestern ist, gilt sie seit ihrer Kinderzeit wegen ihrer offenen, lebhaften Art und wegen ihres Ideenreichtums als "Sonnenschein" und als "Zugrösslein". Umso mehr fällt jetzt ihre plötzliche Verschlossenheit und Unaufmerksamkeit auf. Zerstreut sitzt sie in der Schulbank und folgt dem Unterricht kaum, in Gedanken scheint sie weit weg zu sein. Während der freien Nachmittage verschwindet sie und kehrt jeweils erst kurz vor dem Abendessen zurück, ohne den Eltern oder den Schwestern zu erklären, wo sie sich aufgehalten hat.

Was sie in all diesen Wochen und Monaten zunehmend absorbierte, wird erst im Spätherbst deutlich, als sie wegen einer Grippe mit Fieber das Bett hüten muss. Ihrer Mutter gegenüber behauptet sie, seit langem gewusst zu haben, dass sie im Winter sterben werde. "Unsinn", antwortet diese zuerst unwillig, spürt aber plötzlich, dass es ihrer Tochter ernst ist, und setzt sich zu ihr hin. Nach und nach erfährt sie die Hintergründe von Sandras Veränderung.

Während der Frühlingsferien hatte Sandra in einem von Jugendlichen frequentierten Café zwei ältere Schülerinnen kennengelernt, die merkwürdige Karten, Tarot-Karten, vor sich hatten und über die verschlüsselten Bilder sprachen. Als Sandra mehr darüber

wissen wollte, luden die Kolleginnen sie in ihren "Kreis" ein. Dort wurden nicht nur Karten gelegt und mit Hilfe der Karten die Zukunft vorhergesagt; man hörte auch gemeinsam Musik, wobei alle Mitglieder des "Kreises", am Boden sitzend, sich an den Händen hielten und sich in die monotonen Klänge und Rhythmen so sehr vertieften, bis sie untereinander und, wie Sandra der Mutter sagt, "zu den Geistern" eine starke Verbindung spürten. Während einer solchen Sitzung habe sie erfahren, dass sie nicht mehr lange leben werde. Nach einigen Tagen hat sich Sandra von ihrer Grippe wieder erholt. Es genügte, dass sie sich ihrer Mutter anvertraute, um den Bann des "Kreises" zu brechen. An den freien Nachmittagen geht sie nicht mehr zu den Versammlungen, und allmählich verschwinden auch die Todesängste.

Viele Jugendliche "schnuppern" an spiritistischen Angeboten, ohne dass diese eine Gefahr für sie darstellen. Doch immer wieder kommt es zu ausweglosen Verstrickungen.

Aus ungestilltem Wissenshunger und Wunderglauben wird mit Spiritismus Profit geschlagen

Gruppierungen, Bewegungen und Zirkel, wie Sandra K. einen kennenlernte, die ihren Mitgliedern übersinnliche Erfahrungen und Erkenntnisse versprechen, gab es zu allen Zeiten. Sie tauchen allerdings in den letzten zwei Jahrzehnten häufiger auf.

Viele dieser Angebote nutzen die Neugier, den Wissenshunger und das Orientierungsbedürfnis junger Menschen aus, ohne ihnen wirkliches Wissen zu bieten, ohne weiterführendes Fragen und selbständiges Entscheiden zu fördern. Sie bieten Rezepte an, wie mit übersinnlichen Methoden eine schnelle Aufschlüsselung der grossen Lebensgeheimnisse möglich werde. Tatsächlich aber sind alle schnellen Aufschlüsselungen Täuschungen; wirkliches Wissen kann nur auf dem Weg lebenslangen Suchens erreicht werden.

Beim Spiritismus geht es um den Glauben an das Wirken übersinnlicher Kräfte in einzelnen Menschen. Diese Menschen, die "Medien" genannt werden, sollen in der Lage sein, den Kontakt zu den Geistern verstorbener Menschen herzustellen. Mit Totenbefragungen, Geisterzitierungen, Gläser- und Tischrücken werden scheinbar bei – mehr oder weniger geheimen – Treffen ("Séancen") aus dem Jenseits Antworten auf dringende Lebensfragen erteilt. Doch Medien, die sich als Mittler zwischen dieser und der "anderen" Welt verstehen, bieten häufig eher eine Show, als dass sie echte Erkenntnisse und Einblicke vermittelten. In jüngster Zeit wurden verschiedene dieser Betrugspraktiken aufgedeckt.

Alle Kennerinnen und Kenner des Jugendspiritismus sind sich darin einig, dass nur wenige Jugendliche den spiritistischen Praktiken wirklich verfallen. Die meisten gehen einige Male zu Séancen, dann haben sie genug.

Mitteilungen "aus dem Jenseits" können fatale Folgen haben

Es kommt allerdings vor, dass schwere Depressionen und Verzweiflungstaten – Selbstmordversuche und Selbstmorde – auf Mitteilungen "aus dem Jenseits" folgen. Im Gegensatz zur wirklichen Begleitung und Beratung in der schwierigen Zeit des Erwachsenwerdens, die zum Beispiel christliche Jugendgruppen bieten, bleiben in spiritistischen Zirkeln die Jugendlichen mit ihren Problemen sich selbst überlassen. Das Bedürfnis nach Gruppenzugehörigkeit und der Wunsch, etwas über die eigene Zukunft zu wissen, bleiben letztlich ungestillt, und an Stelle grösserer Sicherheit nehmen Ängste und Gefühle der Ausweglosigkeit zu.

Wie verhängnisvoll sich das scheinbar harmlose "Geisterlen" auswirken kann, beweisen tragische Selbstmorde junger Menschen, auch hier bei uns in der Schweiz:

Spiritistische Antworten sind Scheinantworten und tragen nichts zur grösseren Sicherheit der Jugendlichen in der schwierigen Zeit des Erwachsenwerdens bei.

In der letzten Oktoberwoche des Jahres 1990 erschütterte der gemeinsame Todessturz eines 13- und eines 14jährigen Mädchens aus dem 14. Stockwerk eines Hochhauses in Dietikon die Oeffentlichkeit. Nach Aussagen von Mitschülerinnen und Mitschülern sowie nach Bestätigung durch den Schulpräsidenten hatten sich die beiden mit spiritistischen Praktiken beschäftigt, und zwar gemäss Anleitungen, die im deutschen Jugendmagazin "Bravo" standen. Beim Gläserrücken sei ihnen der Tod innert Jahresfrist vorausgesagt worden. Vermutlich hatten verzweifelte Angst vor dem angekündigten Termin und das Gefühl totaler Sinnlosigkeit sie zu ihrem letzten Schritt getrieben.

Ein Jahr zuvor nahmen sich im Tessin, in der Gegend von Biasca, am 14. April, 14. August und 14. Oktober drei junge Männer unter zwanzig das Leben. Der erste erschoss sich, die beiden anderen warfen sich unter einen Zug. Kurz nachher meldete sich beim Tessiner Radio über Telephon die Stimme einer Unbekannten und bestätigte die Selbsttötungen. Sie gab an, die jungen Männer gut gekannt zu haben, und nannte den Namen eines weiteren Opfers, das sich am 14. Dezember töten werde. Die Tessiner Polizei befasste sich nun mit den Zusammenhängen. Der Verdacht erhärtete sich, dass die Selbstmorde unter dem Druck satanistischer Gruppierungen erfolgt waren.

Parapsychologie – Wissenschaft im Grenzgebiet der naturwissenschaftlich nicht erklärbaren Erscheinungen

Bevor jedoch vom Okkultismus und seiner – besonders "dunklen" – Zuspitzung, dem Satanismus, die Rede ist, soll kurz die Parapsychologie vorgestellt werden. Die Parapsychologie ist eine noch junge und erst an wenigen Universitäten zugelassene Wissenschaft, die sich mit der kritischen Untersuchung übersinnlicher, vorläufig – mit naturwissenschaftlichen Methoden – nicht erklärbarer Erscheinungen befasst, die auch in den diffusen spiritistischen und okkulten Strömungen und "Glaubensinhalten" unserer Zeit zum Ausdruck kommen. Schon in den frühen dreissiger Jahren hatte der Biologe und Philosoph Hans Driesch davor gewarnt, die Parapsychologie in einen Topf mit den "irrationalen Neigungen der Gegenwart" zu werfen; sie leiste echte Aufklärungsarbeit, nicht anders als zum Beispiel die Chemie. Allerdings sei sie auch, wie jede andere Wissenschaft, trotz aller wissenschaftlichen Sorgfalt und Skepsis, vor irrtümlichen Schlussfolgerungen oder Täuschungen nicht gefeit.

Mit wissenschaftlichen Methoden versucht die Parapsychologie festzustellen, ob bestimmte para- oder abnormale psychische Erscheinungen (zum Beispiel Hellsehen oder Gedankenübertragung) ebenso wie vorerst unerklärliche materielle Erscheinungen (zum Beispiel die plötzliche, scheinbar selbsttätige Fortbewegung von Gegenständen) Täuschungen sind oder als Erscheinungen zumindest nicht bestritten werden können.

Indem die Parapsychologie nicht nur mit Beobachtungen, sondern auch mit Experimenten arbeitet, die nur dann von wissenschaftlicher Bedeutung sind, wenn sie sich durch Wiederholung und Kontrolle bestätigen lassen, versucht sie, bisher verborgenen psychischen oder naturwissenschaftlichen Gesetzmässigkeiten auf die Spur zu kommen. Denn nicht um die Feststellung von "Wundern" geht es dabei, die – wenn man Wunder zulässt – einmalige Durchbrechungen der Naturgesetze sind, sondern um die Erforschung von – bisher vielleicht unbekannten – "natürlichen" Gesetzmässigkeiten. Diese ernsthaften Bemühungen haben mit Okkultismus ebenso wenig zu tun wie Astronomie mit Horoskopstellung.

Okkultismus: Die verborgenen und dunklen Seiten des Lebens ziehen an

Seit altersher gilt das Okkulte (nach der lateinischen Wortbedeutung: das Verborgene) als Gegenwelt zur geregelten, vernünftigen, in ihren Abläufen mehr oder weniger durchschaubaren Alltagswelt und übt eine starke Anziehungskraft auf suchende Menschen aus, insbesondere auf Jugendliche.

Jeder Mensch spürt oder ahnt, dass in ihm neben Vernunft und Verstand auch chaotische Kräfte wirken, dass sich hinter den anerzogenen und angewöhnten "braven" Verhaltensweisen auch wilde und ungezügelte Bedürfnisse melden, dass manchmal selbst Verbotenes und Böses anziehend sein kann. Nicht die Verdrängung oder Leugnung der eigenen verborgenen ("okkulten") "Nachtseiten" hilft jedoch, diese den Regeln der Vernunft und Moral unterzuordnen, sondern die Einsicht, dass sie als "Gegenmacht" zum Willen nach dem Guten auch da sind und als solche akzeptiert werden müssen. Nur diese Einsicht kann verhindern, dass sie plötzlich überhandnehmen.

Der Okkultismus jedoch anerkennt das Verborgene, Verbotene und Böse oft als die eigentliche Hauptmacht menschlichen Lebens und gibt vor, diese mit den Mitteln der Beschwörung und Magie entschlüsseln und dienstbar machen zu können. Werden zu diesem Zweck mit entsprechenden Ritualen "gute" Geister angerufen, sogenannte Lichtgeister, Engel oder alleswissende Verstorbene, wird von "weisser" Magie gesprochen; werden aber "böse" Geister, Dämonen oder gar der Teufel, die Verkörperung des Bösen, zu Hilfe geholt, ist die Rede von "schwarzer" Magie.

"Der Okkultismus", sagt der Religionswissenschafter Georg Schmid, "pflegt nicht nur die Liebe zum Geheimnis, das die Vernunft nicht wahrhaben will. Er protestiert – insbesondere in Form der 'schwarzen' Magie – auch gegen Anstand und Moral, die zu einem bestimmenden Teil unseres Wesens wurden. Wer zum

Beispiel auf Friedhöfen die dunkle Macht schlechthin anruft, ahnt oder weiss, dass er Ungehöriges betreibt. Er verstösst nicht nur gegen die Vernunft, die ihm sagt, dass Geister, Dämonen und Satan auch Produkte seiner eigenen Vorstellungskraft sein können. Er rebelliert auch gegen alle Regeln des Anstandes und damit mit der ganzen Leidenschaft seiner unterdrückten dunklen Natur gegen die langweilig brave und verlogen ordentliche Welt seines Alltags. Das Bedürfnis, das überhand nimmt, ist das Chaos in ihm selbst." An einer Okkultismus-Tagung Ende September 1991 in Zürich hielt Georg Schmid fest, der Okkultismus treibe seine buntesten Blüten in Zeiten "flacher Christlichkeit und naiver Aufklärung" wie den heutigen und sei, mit anderen Worten, eine Reaktion auf die Scheinheiligkeit der Kirchen, auf das von ihnen verwaltete Gottesbild und auf die Verdrängung des paradoxen Menschenbildes der Bibel durch die von der christlichen Doktrin geschaffene lineare Eindeutigkeit.

Das Okkulte ist die hinter der vernünftigen, durch Gesetze, Moral und Religion geregelten Alltagswelt verborgene Gegenwelt.

Mit den Ritualen der "weissen" oder "schwarzen" Magie sollen "alleswissende" oder "allmächtige" Geister beschworen werden.

Auch andere Forscher analysierten an dieser Tagung mögliche Gründe und Ursachen für die heute wuchernden okkulten Strömungen und Praktiken. Eberhard Bauer vom Institut für Grenzgebiete und Psychologie in Freiburg im Breisgau hielt fest, Okkultismus trete stets in Krisenzeiten vermehrt auf und sei als ein kollektives Krisensymptom zu betrachten. Diejenigen, die sich okkulten Praktiken wirklich zuwenden, seien von Ängsten beherrscht, und die "ausserirdischen Geister", die sich in Séancen und bei magischen Ritualen "meldeten", seien die verdrängten oder unbewussten psychischen Inhalte der Anwesenden selbst. Bauer schloss seine Ausführungen mit der Feststellung, der eigentliche "Okkultismus", das heisst die Herrschaft des dunkel Bedrängenden, seien die ökologischen Katastrophen..., mithin das von Menschen selbst geschaffene und selbst zu verantwortende Böse und Zerstörerische.

Sind okkulte Riten eine Gefahr für unsere Jugend?

Die meisten Beteiligten an okkulten Ritualen sprechen von einem blossen Spiel. Der "schwarze" Okkultismus (oder Satanismus) kann allerdings zerstörerische Folgen haben.

Kirchliche und staatliche Jugendberatungsstellen in verschiedenen Schweizer Städten beurteilen zwar die Gefahr okkulter Bewegungen in der deutschen Schweiz als eher gering. Kaplan Joachim Müller, Sektenbeauftragter der Schweiz. Bischofskonferenz, schätzt, dass etwa zwanzig Prozent der Jugendlichen in der Schweiz schon mit Angeboten der Okkult-Szene in Kontakt kamen, dass aber nur ein geringer Teil darin aktiv ist. Auch Georg Schmid nimmt an, dass "die Zahl engagierter Okkultisten" unter Jugendlichen sich in engen Grenzen halte. Zur Rede gestellt, sprächen fast alle Beteiligten von einem blossen Spiel. Bedeutung fürs eigene Leben wolle kaum jemand dem Spiel mit Geistern zugestehen.

Georg Schmid räumt allerdings ein, dass der "schwarze" Okkultismus oder Satanismus, der vor allem verzweifelte Minderheiten anziehe, in aussichtslose Engpässe führen könne. Das Suchen nach den tiefsten Quellen unseres Menschseins, das in der alltäglichen Lebenswelt nicht auf verstehende Hilfe und auf Erfahrungen der Geborgenheit stosse, wandle sich in Hass gegen alles. "Tiere werden bei lebendigem Leib zerrissen. Sexualität wird mit sadistischen Spielen verbunden. Nichts Gutes kann mehr gelten. Die ganze Wirklichkeit wird Satan unterstellt." Schmid ergänzt, dass die Teilnehmer/innen an schwarz-okkulten Ritualen Verletzungen erlebt haben müssen, die den Ritualen lange vorangingen. In den Satanismuszirkel führe in der Regel ein Lebensweg, der den Hass stärker habe aufkommen lassen als die Liebe.

Satanismus in der Rock-Szene

Schon um 1970 eroberten Hardrockgruppen – zum Beispiel "Deep Purple", "Led Zeppelin" oder "Black Sabbath" – mit ihrer überdimensionierten Lautstärke und ihrem harten 4/4-Rhythmus den Markt. Damals schon fiel auf, dass in den Texten und Shows Elemente aus Satanskulten vorkamen. Zehn Jahre später begann die Erfolgswelle des "Heavy Metal"-Rock. Etwa ein Viertel der neuen Gruppen spezialisierte sich auf "Okkult-Rock" oder "Black Metal" und bekannte sich dabei offen zum Satanismus, so etwa die Gruppe "Venom" oder "Black Sabbath".

Unter Hard Rock- und Heavy Metal-Gruppen ist Satanismus in Songtexten und Shows verbreitet. Oft gehen diese mit Darstellungen von Horror-Szenen einher. In Konzerten kann es zu gewalttätigen Ausschreitungen kommen.

Die Pfarrerin Regine Lüscher-Gerber, die sich eingehend mit den Einflüssen von Rockmusik auf Jugendliche befasst hat, stellt fest, dass die unablässigen, harten Rhythmen des Hard Rock und Metal Rock sowie die bei Konzerten häufig erreichten Düsenjägerlautstärken Schwingungen auszulösen vermögen, die Körper und

Zu den bekanntesten Gruppen, die zum Satanismus stehen und dies zum Teil auf ihren Plattencovers auch kundtun, gehören etwa "AC/DC", "Death Angel", "Slayer", "Iron Maiden", "Kiss", "Pink Floyd", "Nazareth" oder "Black Oak Arkansas".

Psyche in einen Rauschzustand versetzen. In dieser Stimmung brauche es wenig, wie Ausschreitungen bei Konzerten zeigten, um gewalttätige Exzesse zu provozieren.

Eine der ersten Gruppen, die mit ihren Songs den Satanismus verherrlichte, waren die "Rolling Stones". 1967 stellten sie ihr Album "Their Satanic Majesties Request" vor. Doch als während der Amerikatournee beim Lied "Sympathy For The Devil" unter dem zusätzlichen Einfluss von Alkohol und Drogen die Ekstase der Zuhörer sich dermassen steigerte, dass es zum Mord an einem schwarzen Jugendlichen, an Meredeth Hunter, kam, sahen die "Rolling Stones" fortan von satanistischen Texten ab. Andere Gruppen allerdings verwenden weiter satanistische Texte in ihren Liedern oder in sogenannten "Rückwärtsbotschaften" ("backward masking"), das heisst in verschlüsselten, kurzen Sätzen, die, während den Aufnahmen rückwärts abgespielt und in die Musiktitel eingefügt, zwar nicht bewusst gehört, aber unbewusst aufgenommen werden.

Regine Lüscher-Gerber, die 1991 während mehreren Wochen Schulklassen in Stadt- und Landgemeinden befragt hat, kommt zum Schluss, dass, anders als in Amerika oder in Deutschland, die meisten Jugendlichen bei uns zwar ab und zu Heavy Metal von Platten hören, jedoch selten oder kaum in Konzerte gehen. Die meisten seien sich der satanistischen Elemente in den Liedern nicht bewusst, hält sie fest; einige wenige geben jedoch an, dass sie bei Heavy Metal wütend werden oder Aggressionen abreagieren können. Regine Lüscher-Gerber ist der Meinung, dass es bei Heavy Metal eine grosse Bandbreite von Deutungsmöglichkeiten gebe, von der arglosen Spielerei mit satanistischen Symbolen bis zu den tiefen Abgründen seelischer, geistiger und körperlicher Zerstörung.

Der Satanismus steht in der Tradition der Gewalt

Noch bevor in unserem Jahrhundert der Satanismus einen eigentlichen Aufschwung erfuhr, finden sich Spuren davon schon im 17. und 19. Jahrhundert. 1679 soll in Paris ein okkulter Zirkel gesprengt worden sein, der sogenannte "schwarze Messen" gefeiert und Menschenopfer dargebracht habe.

"Schwarze Messen" sind Verunglimpfungen und Verhöhnungen der katholischen Messe, bei denen statt Jesus Christus der Satan angerufen wird. Blutvergiessen, Tiertötungen und sadistisch-sexuelle Handlungen gehören meistens dazu, ebenso der Genuss enthemmender Drogen. Als satanistische Rituale werden "schwarze Messen" unter anderem in der 1966 in San Francisco vom Engländer Aleister Crowley gegründeten "Church of Satan" gefeiert, die heute in verschiedenen Ländern über 10'000 Mitglieder zählt.

Satanistische Kreise üben auf ihre Mitglieder eine totalitäre Kontrolle aus.

Regine Lüscher-Gerber weist darauf hin, dass satanistische Kreise eine verhängnisvolle Kontrolle über ihre Mitglieder ausüben. Wer sich nicht an die "Gesetze" halte oder Informationen weitergebe, müsse mit Verfolgung, mit Strafen oder gar mit dem Tod rechnen.

Der Beweis der Unrichtigkeit okkulter Lehren kann Anhängerschaft nicht verhindern; es bedarf der konkreten Hilfe in schwierigen Lebenssituationen.

Viele okkulte Zirkel umgeben sich mit Verschwiegenheit

Nicht nur über satanistische Zirkel, auch über andere okkulte Gruppierungen ist zumeist wenig bekannt. Nach dem Doppelselbstmord der beiden Schülerinnen in Dietikon erklärte der Dietiker Schulpsychologe Matthias Federer diese Tatsache mit der Verschwiegenheit, die bei okkulten Praktiken meist verlangt wird. Die jungen Menschen würden sich gerade damit vor der Erwachsenenwelt gänzlich abkapseln.

Dass der Mangel an Information die Ängste betroffener Eltern, Lehrer und Lehrerinnen zusätzlich steigern kann, bestätigt auch die Oekumenische Beratungsstelle für neureligiöse Bewegungen, die täglich etwa zwanzig Anfragen und Hilfegesuche, u.a. auch zum Thema Okkultismus, zu beantworten hat.

Im Gegensatz zur Schweiz, wo okkulte Praktiken sich vor allem auf Séancen konzentrieren, wo Gläserrücken, Pendeln, Tarot-Kartenlesen, Klopfzeichendeuten und ähnliches gepflegt werden, scheint in Deutschland die Okkult-Welle beängstigendere Ausmasse angenommen zu haben. Presse und elektronische Medien brachten zu Beginn der neunziger Jahre immer wieder Berichte von Satanskulten, Friedhofschändungen, Tieropferungen, gewalttätigen sexuellen Ausschreitungen und mehr. Zu "schwarzen Messen" – zum Teil auf Gräbern gefeiert – würden insbesondere Horror-Videos und Black Metal-Musik vorbereiten und aufreizen.

Okkulte Bewegungen ziehen vor allem Jugendliche mit Lebensproblemen an

Im Mai 1990 fand in Bonn die zweite Jahrestagung der "Gesellschaft zur wissenschaftlichen Untersuchung der Parawissenschaften" (GWUP) statt. Sie nahm sich vor, mit dem ganzen Jugend-Okkultismus aufzuräumen und "wissenschaftlich" zu beweisen, dass es mit schwarzer Magie und mit anderen okkulten Praktiken nicht weit her sei. Der Vorsatz mutet allerdings merkwürdig an, sind doch eher Untersuchungen über die Gründe der vermehrten Anziehungskraft dieser Praktiken sowie über die Gründe des zwischenmenschlichen Vakuums in unserer Gesellschaft nötig als Beweise für die wissenschaftliche Unhaltbarkeit dieser Bewegungen. (Der Okkultismus-Kongress in Zürich im Herbst 1991 ging dann, wie wir schon erwähnten, solchen Gründen nach.) In Deutschland sind vierzig Prozent der Jugendlichen, die wegen "psychosozialer Auffälligkeit" in Behandlung stehen, nach eigenen Angaben Mitglied eines oder mehrerer okkulter Zirkel. Ihr gestörtes Sozialverhalten steht vor allem in Zusammenhang mit Jugendarbeitslosigkeit, mit prekären Lern-, Studien- und Wohnverhältnissen sowie zerrütteten Beziehungen. Margit und Rüdiger Dahlke, die in ihrem Buch "Okkultismus" diese Zusammenhänge und Zahlen festhalten, vermuten, dass viele Jugendliche gerade auf Grund der gehäuften Lebensschwierigkeiten zu okkulten Zirkeln stossen. Sie vermissen in ihrem Umfeld echten Rat und wirksame Hilfe, um aus ihren Problemen einen Ausweg zu finden.

Schwerwiegender Verzicht auf Eigenverantwortlichkeit

Technologien und Wissenschaften werden immer undurchschaubarer; viele herkömmliche Religionen und religiöse Gemeinschaften haben für Jugendliche ihre Glaubwürdigkeit verloren.

Beunruhigend ist vor allem die Tatsache, dass die Teilnahme an okkulten Gruppen oft mit einem allmählichen Verzicht auf Eigenverantwortlichkeit einhergeht. Bei Jugendlichen kann der Einfluss dieser Geheimzirkel und -praktiken so weit gehen, dass sie ausschliesslich auf deren "Rezepte" hören. Es bedurfte nicht des Doppelselbstmords von Dietikon, um dies deutlich zu machen.

Dieser Verzicht auf Eigenverantwortlichkeit hat Gründe, die auf spezifische Weise mit unserer Zeit verknüpft sind, Gründe, die sich seit Beginn der New Age-Welle in den sechziger Jahren noch verfestigt haben. Wissenschaften und neue Technologien haben einen Grad von Komplexität erreicht, der nur noch für einen kleinen Kreis von Fachleuten überblickbar ist. Angesichts einer Vielzahl möglicher ökologischer und technologischer Katastrophen, gegen die niemand sich wappnen kann, scheint sich die Zukunft aktiver Gestaltung zu entziehen.

Die herkömmlichen Religionen, die sich auf traditionell strukturierte Gemeinden abstützten und den Gemeindemitgliedern religiösen Halt und Begleitung in wichtigen Lebensphasen anboten, zerfallen und verlieren ihre Glaubwürdigkeit aus vielerlei anderen Gründen. Ob ihre Vertreter als religiöse Repräsentanten oder als glaubwürdige Persönlichkeiten an Autorität verloren haben, ob ihre Lehren nicht mehr überzeugen oder ob ihre Rituale zu dürftig und zu nüchtern geworden sind, bleibe dahingestellt. Tatsache ist, dass sie das religiöse Bedürfnis vieler Menschen nicht mehr zu erfüllen vermögen und dass diese in der Folge zu okkulten oder andern alternativen Gruppierungen abwandern.

Unsere Zeit krankt an emotionalen Defiziten

Den Erfolg okkulter Bewegungen einfach nur als Gegengewicht zur überhandnehmenden Rationalität zu erklären, wäre zu einfach. Als sich mit der Aufklärung das Prinzip der Vernunft in Wissenschaft und Gesellschaft durchsetzte, wurde damit eine Jahrhunderte dauernde Zeit der Ängste und des Aberglaubens überwunden. Die heute feststellbaren emotionalen Defizite sind nicht einfach die Kehrseite einer vor allem im Wissenschaftsbereich hochentwickelten Rationalität; sie sind vielmehr Folgen unseres materiellen Hungers, des Zeitmangels, der Zerstreuungssucht und der persönlichen Haltlosigkeit eines erheblichen Teils der heutigen Erwachsenenwelt. Kinder erleben oft zu wenig einfühlende Zuwendung. Ihre emotionalen Bedürfnisse kommen zu kurz. Dies behindert die Entwicklung ihrer Gefühle und schwächt ihre nach Bestätigung suchende Identität.

Kritisches Denken und Urteilen fördern

Ebenso verhängnisvoll wirkt es sich aus, dass diese emotionalen Defizite einhergehen mit einer ungenügenden Förderung des kritischen Denkens und des selbständigen Urteilens. Das ist ein Problem herkömmlicher Erziehungsauffassung, nicht nur im Elternhaus, sondern in unserem ganzen Schulsystem. Nach wie vor scheint die Vermittlung von Wissensstoff wichtiger zu sein als die Schulung kritischen Fragens.

Allzu häufig werden Unterordnung, Anpassung und Gehorsam noch als höchste Erziehungsideale verstanden und vermittelt. Auf diese Weise können aber selbständiges Denken und eigenverantwortliches Urteilen in schwierigen Lebenssituationen nicht eingeübt werden, und Jugendliche werden so auch ausserhalb der Schule anfällig für Selbstunterwerfung unter autoritäre Fremdentscheide, seien dies nun politische Parolen und Handlungsanweisungen oder rezeptartige "Lebenshilfen" in Form von Astrologie, Tarotkarten, Pendeln, Gläserrücken oder andere "geheime" Praktiken.

Diese Praktiken, die im Schlepptau der "grossen" New Age-Bewegung sich zu legitimieren suchen, haben mit dieser gemein, dass sie mit "fertigen", von Autoritäten verkündeten und daher "nichtanzweifelbaren" Antworten den Zugang zu ganzheitlichen Weisheitslehren und Welterklärungen anbieten. Noch messen ihnen die kirchlichen Beratungsstellen eher geringe Gefährlichkeit bei. Trotzdem ist die Aufmerksamkeit der Eltern, Lehrerinnen und Lehrer für die Bedürfnisse der Jugendlichen sowie für die Angebote okkulter "Lebenshilfe" dringend gefordert.

Statt "Stoff" eintrichtern: das Fragen zulassen und fördern.

Die Menschheit soll im neuen Zeitalter eine noch nie gekannte Harmonie erleben.

Anhang: Okkultismus im Schlepp von "New Age" und Esoterik

Das Wassermann-Zeitalter

Nach Berechnungen des Astrologen Arnold Graf Keyserling brach 1962 das Zeitalter des Wassermanns (Aquarius) an, das 2140 Jahre andauern soll. Es löst das Zeitalter der Fische ab, das mit dem Jahr 1 unserer Zeitrechnung, also mit Jesu Geburt, einsetzte und das durch grosse wissenschaftliche Theorien, durch organisierte Religionen, Parteien und Staaten, kurz durch Rationalität und Machtkämpfe gekennzeichnet war. Das "neue Zeitalter" dagegen wird, gemäss den Vorhersagen Keyserlings, weder Machtkampf noch Parteienstreit kennen, die Wissenschaften werden sich durch vernetztes, nicht-kausales Denken auszeichnen, und die Menschheit wird dank einem befriedeten, kosmischen Bewusstsein eine noch nie gekannte Harmonie erleben.

Den Anfang der New Age-Bewegung markieren wegweisende Theorien und Weltdeutungen.

Blumenkinder, Physik und neue Mystik

In Amerika wurde das 1968 in New York aufgeführte Musical "Hair" zum Fanal des "New Age", das die "Blumenkinder" zuerst in Kalifornien, dann überall in der Welt im Sinn jener "sanften Verschwörung" zu realisieren suchten, wie sie im Buch von Marilyn Ferguson "Die sanfte Verschwörung. Persönliche und gesellschaftliche Transformation im Zeitalter des Wassermanns" entworfen worden war. "Die sanfte Verschwörung" wurde eine der Bibeln des New Age, neben dem etwa gleichzeitig publizierten Buch des Physikers Fritjof Capra "Das Tao der Physik. Die Konvergenz von westlicher Wissenschaft und östlicher Philosophie". Während Capra in diesem Werk mythische Bilder, Weltanschauungen und naturwissenschaftliche Erkenntnisse zu einer einheitlichen Weltauffassung zu verbinden sucht, kritisiert er in seinem späteren Buch "Wendezeit. Bausteine für ein neues Weltbild" die darwinistische Entwicklungstheorie und stellt ihr eine eigene entgegen, in der die Evolutionsdynamik nicht auf Veränderung des Erbgutes, Selektion und Anpassung beruht, sondern aus der "schöpferischen Potenz" der Natur, aus deren "Fähigkeit zur Selbsttranszendenz" hervorgeht.

Dieser neue Entwurf strebt eine ganzheitliche, ökologische und feministische Naturwissenschaft an und schliesst auch Antworten auf ethische Fragen ein. Vor allem die politisch aktiv werdenden Grünen benutzen Capras Werk als theoretische Basis.

Ein anderer Physiker, David Bohm, trug mit seinen Arbeiten ebenfalls zum Bewusstseinwandel bei. Er stellte fest, dass Elementarteilchen, die im gleichen Augenblick aus der gleichen Quelle hervorgegangen sind, für immer zusammenhängen. Damit sollte mit der mechanistischen, kausalen Naturerklärung endgültig aufgeräumt werden. Nimmt man an, dass unser Universum aus einem Urknall hervorgegangen ist, so erklärt Bohms Theorie die unlösbare Verbundenheit aller Materie und alles Seienden in der Welt. An die Stelle des Prinzips der Kausalität tritt nun das Prinzip der Synchronizität, das heisst der in sich vernetzten Gleichzeitigkeit aller Erscheinungen.

Die neuen Prinzipien der Natur- und Welterklärung entsprechen zum Teil alten Weisheitslehren.

Alles Geschaffene hängt zusammen

Die New Age-Theoretiker legten dar, dass dieses "neue" wissenschaftliche Prinzip uralt ist. Es entspricht der buddhistischen und hinduistischen Lehre, dass alles Geschaffene zusammenhänget. Nicht zuletzt beriefen sie sich dabei auch auf C.G.Jung, der ebenfalls die Synchronizität psychischer Phänomene festgestellt und zum – allerdings nicht weiter erklärbaren –

Gesetz erklärt hatte. Eine weitere Bestätigung ihrer Ganzheitstheorien fanden New Age-Anhängerinnen und -Anhänger im Werk des Biologen Rupert Sheldrake "Das schöpferische Universum". Sheldrake nimmt an, dass geordnete Strukturen im Kosmos – zum Beispiel komplizierte Moleküle – in räumlich unbegrenzter Weise einen formbildenden, "morphogenetischen" Einfluss haben, so dass aus ihnen erneut gleiche Strukturen entstehen können.
Sheldrake weiss, dass diese Theorie, die auch für Lernprozesse gelten soll, wissenschaftlicher Ueberprüfung bedarf. Doch was für die Biologen und Biologinnen ein Thema wissenschaftlicher Skepsis ist, deuten New Age-Jünger und -Jüngerinnen oft vorschnell als Entwurf einer neuen, zukunftsfähigen Welt- und Lebensdeutung. Darin enthalten ist für sie die Heilsbotschaft bevorstehender kosmischer Wandlungen und die Vorhersage eines Zeitalters, das mit der technologischen Rationalität, die zu lauter Unheil geführt habe, aufräumt.

Was in der Wissenschaft einer genauen Überprüfung bedarf, genügt vielen New Age-Anhängerinnen und -Anhängern schon als Entwurf einer zukunftsfähigen Welt- und Lebensdeutung.

Esoterik heisst "Richtung nach innen"

"New Age" wurde so zum Nährboden für verschiedenste esoterische Strömungen und Bewegungen.
Was heisst Esoterik? Esoterik bedeutet, wörtlich übersetzt: "Richtung nach innen". Drunter wurde seit ältester Zeit die Methode der Unterweisung in geheimen Lehren, Kulten und Weihen verstanden, die von Meistern (oder Meisterinnen) einem kleinen Kreis von Eingeweihten vermittelt wurde.
Auf diesem Weg sollten aussergewöhnliche religiöse Einsichten und Erfahrungen des Uebernatürlichen ermöglicht werden. Die Esoterik schuf so eine Art geistiger Elite, deren Mitglieder sich durch ihr "Heilswissen" selbst als "Erwählte", als "Auserkorene", "Vollkommene" oder eben als "Eingeweihte" verstanden und bezeichneten. (N.B. Der Ursprung westlicher Esoterik-Tradition findet sich in Aegypten, in der Lehre des Hermes Trismegistos, weswegen häufig statt von "Esoterik" auch von "Hermetik" gesprochen wird.)

Im Kreis von Eingeweihten fühlen sich die Mitglieder esoterischer Gruppen als Auserwählte.

Esoterische Kernsätze

Das sogenannte "Corpus Hermeticum", eine Anzahl Schriften, die alle in den ersten Jahrhunderten n. Chr. entstanden sind, enthält die meisten der bis heute wiederholten Kernsätze aus den alten Geheimlehren.
Einige Beispiele:
- "Wie oben, so unten", d.h. für alles Geschaffene gelten die gleichen Gesetzmässigkeiten; Mikro- und Makrokosmos entsprechen einander. (Auf diesen Satz beruft sich unter anderem die Astrologie).
- Durch Initiation in eine Geheimlehre verändern sich Bewusstsein und Leben der Eingeweihten.
- Jenseits der sichtbaren Welt existiert eine – gemeinhin – unsichtbare, feinstoffliche Geisteswelt. Auch der geistige Ich-Kern des Menschen, seine Seele, ist zusätzlich zum materiellen Körper von einem feinstofflichen Körper umgeben.
- Befreiung des Geistes aus dem Dunkel der Materie zum Licht der Erkenntnis.

Esoterik im Christentum

In der christlichen Frühzeit bis spät ins Mittelalter prägte die Esoterik zahlreiche religiöse und philosophische Strömungen, zum Beispiel die Gnosis (eine mystische Erkenntnislehre, die im 2. Jahrhundert n.Chr. von Kleinasien her sich in der katholischen Kirche ausbreitete), den Manichäismus (eine nach dem Religionsgründer Mani benannnte gnostische

Lehre, deren Kern die Erlösung des Menschen aus der Finsternis zum Licht beinhaltet), die Katharer (manichäistische Bewegung in Südfrankreich und Oberitalien zu Beginn des 12.Jahrhunderts), aber auch Leben und Lehre der ersten Franziskanermönche.

Später jedoch wurden esoterische Lehren von der offiziellen Kirche meist als Irrlehren bezeichnet und verboten. Uebrigens baut auch die Anthroposophie Rudolf Steiners zum Teil auf dem Gedankengut alter esoterischer Weisheitslehren auf.

Neben ernsthaften Angeboten heute viel Hokuspokus

Die neuen esoterischen Strömungen, die sich im Rahmen des New Age entwickeln, orientieren sich weniger an christlichen als an östlichen, afrikanischen und indianischen Geheimlehren, an Meditations- und Trancetechniken, an verschlüsselten Erklärungen des Welt- und Seinszusammenhangs, an magischen Ritualen und an spiritistischen Praktiken. Sie schlagen sich in einer wachsenden Flut von Kultbüchern nieder, die den Markt überschwemmen; in Deutschland beträgt ihr Anteil am Buchmarkt bis zu acht Prozent. Dazu kommt ein noch breiteres Angebot an Magazinen, Zeitschriften und Propagandaheftchen, an "Esoterikzentren" und Spritismuskongressen, an Selbstentfaltungskursen und Geistheilungsdemonstrationen, an astrologischen Beratungen und Psycho-Wochenendworkshops, kurz, neben ernsthaften Angeboten gibt es auch zweifelhafte, die heute Jugendlichen, aber nicht nur ihnen, Antworten auf Lebensfragen anbieten.

Literatur

Baer H.: Ist die Stunde der Geister gekommen? Zur Hochkonjunktur des Okkultisumus. Hamm 1987.

Bender H.: Umgang mit dem Okkulten. Freiburg 1984.

Bohm D. und Peat F.D.: Das neue Weltbild. Naturwissenschaft, Ordnung und Kreativität. München 1990.

Bürkle H. (Hg.): New Age – Kritische Anfragen an eine verlockende Bewegung. Düsseldorf 1988.

Capra F.: Das Tao der Physik. Die Konvergenz von westlicher Wissenschaft und östlicher Philosophie. Bern 1984.

Capra F.: Wendezeit. Bausteine für ein neues Weltbild. Bern 1983.

Dahlke M. und R.: Okkultismus. Der Esoterik-Boom: Ursachen, Gefahren, Chancen. München 1990. Erläuternder Überblick über die Zusammenhänge des Okkultismus in Deutschland.

Dethlefsen T:. Schicksal als Chance. Esoterische Psychologie – das Urwissen zur Vollkommenheit des Menschen. München 1979.

Driesch H.: Parapsychologie. Mit einem Nachwort von Hans Bender. Reihe Geist und Psyche. Frankfurt a.M. 1984.

Eggenberger, O. (Hg.): New Age – aus christlicher Sicht. Freiburg/Zürich 3. Aufl. 1990.

Erikson E. H.: Identität und Lebenszyklus. Frankfurt a.Main 1966. Wichtige wissenschaftliche Untersuchung über Identitätsbildung.

Ferguson M.: Die sanfte Verschwörung. Persönliche und gesellschaftliche Transformation im Zeitalter des Wassermanns. München 1984.

Fromm E.: Die Furcht vor der Freiheit. Stuttgart 1983. Gut verständliches wissenschaftliches Werk aus dem Grenzgebiet von Philosophie und Psychologie.

Haack A. und F.W.: Jugendspiritismus und -satanismus. München 1990. Kurze, auf Stichworten aufgebaute Informationsschrift.

Haberer E.: Herausforderung New Age. Hilfen zum Verstehen und zur Auseinandersetzung. München 1989.

Hemminger H. (Hrg.): Die Rückkehr der Zauberer. New Age – Eine Kritik. Hamburg 1987. Ein auf christlicher Basis vorgenommene New Age-Kritik.

Höhn M. und M.: Kontakte ins Jenseits? Köln 1989.

Janzen W.: Okkultismus. Reihe: Unterscheidung. Mainz/Stuttgart 1988.

Lexikon der Religionen. Stuttgart 1976. Nachschlagewerk

Lüscher-Gerber R.: Zum Teufel mit der Rockmusik? In: Zeitschrift für Religionsunterricht und Lebenskunde. Zürich. Heft 3, 1991. Ausführlicher Artikel über die satanistischen Elemente in der Rockmusik, mit Vorschlägen für die Behandlung im Unterricht.

Meyer T. (Hrg.): Fundamentalismus in der modernen Welt. Frankfurt a.Main 1989. Beiträge christlicher, islamischer und jüdischer Autoren über die Entstehung und Zusammenhänge von religiösem und parareligiösem Fundamentalismus.

Mischo J.: Okkultismus bei Jugendlichen. Main 1991.

Müller J. (Hg.): Kontakte mit dem Jenseits? Spiritismus aus christlicher Sicht. Freibourg/Zürich 1989.

Müller J. (Hg.): New Age – aus christlicher Sicht. Fribourg/Zürich 1987.

Müller R.: Die Neuerschaffung der Welt. München 1985.

Pestalozzi H.A: Die sanfte Verblödung. Gegen falsche New Age-Heilslehren und ihre Überbringer. Ein Pamphlet. Frankfurt a.M. 1988. Eine angriffige Auseinandersetzung mit New Age-Theorien.

Rinne O. (Hrg.): Die Bilder im Wasser. Lesebuch der Wahrsagekünste in Europa. Darmstadt und Neuwied 1983. Ein historischer Überblick.

Ruppert H.-J.: Okkultismus. Geisterwelt oder neuer Weltgeist? Wiesbaden 1990.

Ruppert H.-J.: Durchbruch zur Innenwelt. Suttgart 1988.

Ruppert H.-J.: New Age – Endzeit oder Wendezeit? Wiesbaden 1985.

Russell P.: Die erwachende Erde. München 1984.

Schiwy G.: Der Geist des Neuen Zeitalters. München 1987.

Schmid G.: Okkultismus und Jugendokkultismus. In: Zeitschrift für Religionsunterricht und Lebenskunde. Zürich Heft 3 1991. Informativer, praxisnaher Aufsatz.

Schorsch C.: Die New Age-Bewegung. Utopie und Mythos der Neuen Zeit – Eine kritische Auseinandersetzung. Gütersloh 1988.

Sheldrake R.: Das schöpferische Universum. München 1990.

Spanger D.: New Age – Die Geburt eines Neuen Zeitalters. Kimratshofen 1982.

Sudbrack J.: Die vergessene Mystik und die Herausforderung des Christenstums durch New Age. Würzburg 1988.

Trevelyan G.: Eine Vision des Wassermann-Zeitalters. München 1984.

Weis Ch.: Begnadet, besessen oder was sonst? Okkultismus und christlicher Glaube. Salzburg 1986.

Wenisch B.: Satanismus. Reihe: Unterscheidung. Mainz/Stuttgart 1988.

Wichmann J.: Die Renaissance der Esoterik. Stuttgart 2. Aufl. 1991.

Opus Dei – Heroische Unterwerfung für Gottes Stosstrupp

Für eine Elite Besitzlosigkeit und Keuschheit, für alle Mitglieder absoluten Gehorsam, das propagierte der Gründer des Laienordens Opus Dei, Josémaria Escrivá de Balaguer. Aus kirchlichen, gesellschaftlichen und wirtschaftlichen Machtpositionen heraus versuchen die Opus-Mitglieder der übrigen Welt ihr restauratives Gedankengut zu verordnen. Sie glauben an die Macht und die unbeschränkte Handlungsvollmacht einiger Auserwählter und erwarten vom Fussvolk psychische und physische Selbstenteignung für das göttliche Ziel.

06.00 morgens: Im Dachzimmer eines mittelständischen Einfamilienhauses in einem Zürcher Vorort schrillt der Wecker. André, ein 18jähriger Gymnasiast, küsst den Boden. Er "opfert" so "sein Tagwerk", das heisst, er unterwirft sich symbolisch für die folgenden 24 Stunden dem "Willen Gottes". André duscht hastig, fährt in die Kleider und verrichtet dann gewissenhaft seine Morgengebete. Statt am Frühstück seiner Familie nimmt André an der Frühmesse teil. Mit knapper Not kommt er pünktlich zur ersten Schulstunde ins Klassenzimmer. Der Unterricht ist flau, die Schüler dösen vor sich hin. André, hungrig und erschöpft, hält sich trotzdem kerzengerade auf dem Stuhl und beteiligt sich aktiv am Unterricht. Für seine Kollegen ist André der ungeliebte Musterschüler vom Dienst.

Die Pausendiskussionen über eine neue Diskothek finden ohne den "Streber" und Aussenseiter statt. Oft verbringt André diese Zeit allein. Heute allerdings geht er auf Mark zu, der sich schwer mit Mathematik tut, und bietet ihm Nachhilfestunden in "seinem" Jugendclub an. Beim Mittagessen zu Hause verzichtet André auf seinen Lieblingsdessert ("kleine Kasteiung"); die Aufgaben erledigt er nachher im Club. Während André Vokabeln büffelt, trägt er den Bussgürtel. Anschliessend gibt er jüngeren Clubmitgliedern kostenlos Nachhilfestunden, springt für den Pförtner ein und begibt sich nach der Vesper auf einen Sprung zum Nachtessen

Wer sich der Arbeit für Christus verschrieben hat, darf keinen freien Augenblick haben. (Der Weg, 357)

nach Hause. Am Abend leitet er eine Sitzung jüngerer Clubmitglieder. Erst gegen Mitternacht wieder zu Hause, erledigt er im Schnellverfahren die Hausaufgaben, die am Nachmittag liegen geblieben sind. Nach den letzten Gebeten und einer kurzen "Gewissenserforschung" geht sein Tag in den frühen Morgenstunden zu Ende.

André ist Mitglied des katholischen Laienordens Opus Dei. Wenn er im Unterricht gegen Erschöpfung und Schläfrigkeit ankämpft, die durchschnittliche Bequemlichkeit eines Stuhles verschmäht oder auf seine Nachspeise verzichtet, praktiziert er die "kleine Abtötung". Das heisst, er bekämpft nach den Regeln des Werkes seine innern Unzulänglichkeiten. Wenn er Mark zu Nachhilfestunden verhilft, bahnt er keine neue Freundschaft an, sondern übt sich im "Apostolat", das heisst er rekrutiert potentielle Neumitglieder. Wenn er sich bei einem miesen Lehrer kooperativ zeigt, statt aufzumucken, praktiziert André "Aufopferung der Arbeit", genau wie bei seinen Freizeitjobs im Club. Er hat seine Berufung erkannt und bei seiner Aufnahme ins Opus Dei Keuschheit gelobt. Er würde deshalb während den Schulstunden nicht neben einer Kollegin sitzen oder sie gar während der Pausen ansprechen. André hat sich seinen früheren Freunden entfremdet. Während der jugendliche Auserwählte seine Isolation im Stress der gottesfürchtig verplanten Tage kaum bemerkt, machen sich seine Eltern zunehmend Sorgen. Weder André noch die Leiter des Opus Dei haben der Familie klargemacht, auf welche Ideologie sich der Schüler eingelassen hat und welche Regeln fortan seinen Alltag dominieren werden.

Gottes unsterbliche Speerspitze

Die Organisation, die André seiner Familie entrückt und seiner Umgebung entfremdet hat, wurde 1928 vom spanischen Priester Josémaria Escrivá de Balaguer gegründet. Der Orden Opus Dei sollte christliche Normen und den Alltag katholischer Laien auf einen Nenner bringen. Escrivá selbst stammte aus dem unteren Mittelstand, was im klassenbewussten Spanien nicht unwesentlich gewesen sein dürfte. Die sozialen Umwälzungen und Wirren des spanischen Bürgerkrieges schufen ein Klima, in dem sich sein streng-antikommunistischer, straff organisierter katholisch-fundamentalistischer Stosstrupp Gottes entwickeln konnte. In den 999 Sentenzen, die Escrivá im Leitbuch "Der Weg" zusammengefasst hat, ist die militärische Terminologie nicht zu überlesen. Der Schweizer Theologe Hans Urs von Balthasar schreibt 1963, "der Weg" sei "erschreckend", aber ansonsten "ein Handbuch für höhere Pfadfinder". Die Pfadfinder des Opus Dei allerdings wurden unter der faschistischen Diktatur Francos zu einer Art katholischer Prätorianer-Garde Spaniens. Verdeckt und trickreich, mit eiserner Disziplin und elitärem Gedankengut besetzten Ordensmitglieder des Opus Schlüsselpositionen in Wirtschaft, Kirche und Politik.

Den Anlass zur Ordensgründung liess Escrivá immer im dunkeln. Für die Opus-Dei Mitglieder war er gleichsam von einem Mysterium eingehüllt und verfügte über so etwas wie eine Direktleitung zu Gott. Escrivá selbst liess keinen Zweifel an der Unfehlbarkeit seines Tuns. Der Geist seines Werkes, machte er seiner Gefolgschaft klar, sei "vollständig, kompakt und sicher". Damit war der fundamentalistische Gleichschritt nach seinem Ableben festgeschrieben und eine Neu-Interpretation seiner Dogmen blockiert.

Escrivá hatte niemals die Absicht, eine volkstümliche Massenbewegung aufzubauen. Seine Ziele und die seiner Nachfolger sind elitär. Mitglieder aus der katholischen Oberschicht, wenn immer möglich gar aus der ausgedünnten europäischen Aristokratie, sind besonders beliebt. Wer darüber hinaus für ein Apostolat in Frage kommt, sollte fromm und bildungsfähig sein, zumindest aber Hoffnungen auf eine weltliche oder kirchliche Karriere wecken.

Schmal, aber machtgierig, gewann das Opus Dei im Spanien Francos rasch beträchtlichen Einfluss, etablierte sich aber auch im katholischen Europa wo immer möglich, wirtschaftlich und religiös. Der Kleinbürger Escrivá scheint sich ein Vorbild am Organisationstalent des Aristokraten Loyola genommen zu haben, der es im 16. Jahrhundert verstand, die Jesuiten zu einem weltlichen und kirchlichen Machtfaktor zu machen. Allerdings haben sich die Jesuiten stets mit den aktuellen Zeitströmungen auseinandergesetzt, sie manchmal sogar befördert. Im innerkirchlichen Gefüge gehören ihre Anhänger heute jedenfalls mit Sicherheit nicht zum Freundeskreis des Opus Dei.

In 87 Ländern zählt das Werk Gottes gegenwärtig rund 75'000 Mitglieder, die Sympathisanten nicht eingerechnet. 694 Presseorgane, 52 Radio- und TV-Stationen und verschiedene Nachrichtenagenturen werden vom Opus Dei kontrolliert.

"Gehorsam heisst nicht Hörigkeit."
(Franziskaner-Orden)

Freier Mensch, unterwirf dich zu freiwilligem Dienst .
(Der Weg, 76)

Die spanische Pyramide: Organisationsstrukturen

Während heute fortschrittliche Spitzenmanager die Organisationsstrukturen ihrer Konzerne verflachen, schwören Militärs aller Länder und das Opus Dei auf eine Beibehaltung der Hierarchien.

Die Angehörigen der Führungsgremien des Ordens werden Numerarier genannt. Sie können nach dem 16. Geburtstag ihr Aufnahmegesuch stellen, werden aber schon vorher über die Jugendclubs des Opus verdeckt angepeilt. Numerarier sind fast ausnahmslos Akademiker und stehen dem Werk gänzlich zur Verfügung. Sie verpflichten sich (mit 16 Jahren) zu Besitzlosigkeit, Keuschheit und absolutem Gehorsam. Viele von ihnen leben in Zentren des Werkes, die selbstredend nach Geschlechtern getrennt geführt werden.

Im weiteren Kreis agieren die Supernumerarier. Sie üben einen beliebigen Beruf aus und sorgen durch eheliche Verbindungen für katholischen Nachwuchs. In verschiedensten Vereinigungen entfalten sie ihre Aktivitäten für das Opus Dei, dessen geistliche Leitung ihre Schritte lenkt und kontrolliert.

Für Infiltration und Initiativen im Bereich des Gesundheits- und Bildungswesens oder sozialer Institutionen pflegt das Opus-Kader sorgfältig Verbindungen zu assoziierten Nichtmitgliedern, den sogenannten Cooperatores. Sie werden in Bewegung gesetzt, wenn es gilt, wirklich diskret vorzugehen. Neugründungen dieser Art werden dann mit Opus Dei-Mitgliedern in den Führungsgremien bestückt, oder eine Aussenstation des Opus übernimmt die geistliche Leitung solcher Projekte.

Ein Staat im Staat

"Es lässt sich kein Christentum mehr verkünden, durch die feige Feierlichkeit der Keuschheit..."
(Eugen Drewermann)

Während bei der allmählichen Demokratisierung Spaniens das weltliche Machtzentrum des Ordens durch das Auffliegen einiger skandalöser Machenschaften erschüttert wurde, ist der kirchliche Einfluss des Opus Dei derzeit so gross wie nie zuvor. Papst Johannes Paul II, dessen ethische Vorstellungen die zaghaften Reformbemühungen der katholischen Kirche bremsen, hat beträchtliche Sympathien für das Opus Dei. Als fundamentalistischer Marienverehrer glaubt er an die Offenbarung der Jungfrau von Fatima, die das Ende des Kommunismus und die Wiedererrichtung der katholischen Kirche im alten Ostblock prophezeit hat. Viele Marienwallfahrtsorte pflegen nicht nur den Mythos der reinen Mutter Christi, sie sind auch die Zentren einer konservativen Weltanschauung. Die Mutter Gottes wird zur Propagandistin weltlicher Hierarchien, votiert stellvertretend wider jede "künstliche" Familienplanung und für eine klare, geradezu alttestamentliche

Definition der Geschlechterrollen. In diesen Punkten stimmen Opus Dei und der jetzige Papst überein.

1982 wurde das Opus Dei zur Personalprälatur erhoben. Ein Jahr zuvor leitete Papst Johannes Paul das Verfahren für die Seligsprechung des 1975 verstorbenen Escrivás ein, die 1992 mit grossem Pomp gefeiert wurde. Der Status der Personalprälatur gewährt dem Opus Dei eine beträchtliche Bewegungsfreiheit. Seine Priester, die normale kirchliche Posten innehaben, unterstehen ihrem Orden, sind also von der örtlichen Hierarchie unabhängig. Der Orden seinerseits untersteht direkt der Bischofskonferenz, entzieht sich somit der lokalen Kontrolle des kirchlichen Machtapparates. Ein Stück weit hat es das Opus Dei dadurch geschafft, zum Staat im Staat zu werden.

"Das Opus will die Welt im Namen Gottes retten, zu Bedingungen allerdings, die das Opus stellt."
(Michael Walsh: The secret world of Opus Dei, 1989)

Ein Boss, eine Schlacht, ein Himmel – für wenige

Escrivá de Balaguers Leitsätze und sein kirchlicher Kasernenjargon werden in die Tat umgesetzt. Zwar hat das Opus Dei in Spanien einige Schlachten verloren, im Krieg um Rom scheinen die Truppen des Werkes aber Erfolge zu erzielen. Im Hausblatt "Cronica" wird Escrivá folgendermassen zitiert:

"Kämpft, meine Kinder, kämpft. Handelt nicht wie diejenigen, die sagen, dass die Firmung sie nicht zu Soldaten Christi macht. Vielleicht sagen sie es, weil sie nicht kämpfen wollen. Und so sind sie, was sie sind, unterworfene Menschen, besiegte Menschen, gefallene Seelen wie der Satan."
(Chronica 1972, Heft 2)

Der Leitsatz 394 in seinem Kodex "Camino" (= der Weg) unterstreicht nochmals:

"Nachgiebigkeit ist ein sicheres Zeichen, dass jemand die Wahrheit nicht hat."

Die 999 Sentenzen des Weges plädieren nicht in erster Linie für christliche Barmherzigkeit und Brüderlichkeit. Fünf Grundaussagen sind in ihnen enthalten:

- Die absolute Wahrheit kann nur der Führer vertreten.
- Ihm sind die Auserwählten absoluten Gehorsam schuldig.
- Um den Ansprüchen des Führers gerecht zu werden, heiligt der Zweck die Mittel.
- Fleischliche Gelüste sind des Teufels; der – natürlich eheliche – Beischlaf dient ausschliesslich der Zeugung.
- Wer nicht dem Werk angehört oder sich gegen dessen Ideologie wendet, fällt zwar später so oder so dem Teufel anheim, muss aber schon im irdischen Leben entsprechend gezüchtigt werden.

Operationsbasis Schweiz

Das Opus Dei gründete 1956 seinen ersten Sitz in Zürich. Heute ist der Orden über Jugendclubs und Studentenheime in Genf, Freiburg und Zürich an der Basis aktiv. Verschiedene Stiftungen, vom Werk dominiert oder direkt ans Opus angebunden, treten im Zusammenhang mit politischen und moralischen Fragen an die Öffentlichkeit.

Nach eigenen Angaben zählt das Werk in der Schweiz lediglich 300 Mitglieder. Die Mehrheit davon sind Numerarier, also dem regionalen Generalstab zugehörig.

Die Opus Dei-Studentenheime und -Jugendclubs betreiben kaum Propaganda für ihre Angebote; selektiv werden junge Katholiken, oft sensible oder vereinzelte Sucher oder Sucherinnen, angesprochen. Neben dem Studentenheim Fluntern führt der Orden heute in Zürich weitere Heime für Studentinnen samt Lehrbetrieb für Hotelberufe. Im Bildungszentrum Goldbrunnen werden Nachhilfestunden erteilt und Kurse für Erziehung und Hauswirtschaft durchgeführt. In Oerlikon entsteht gegenwärtig ein neues Studentenheim.

Die Zürcher Liegenschaften, die solide Werte darstellen, gehören nicht dem Opus Dei, sondern der Kulturgemeinschaft Arbor. Die Limmatstiftung ist Eigentümerin des Jugendheimes Tschudiwiese in den Flumserbergen, das der Kulturgemeinschaft Arbor vermietet ist. Diese Konstrukte bringen nicht nur steuertechnische Vorteile, sie belegen auch die "Besitzlosigkeit" des Opus Dei. In Genf und

Freiburg stehen fünf weitere Heime Studenten offen; die Besitzverhältnisse sind ähnlich geregelt.

Verschiedene Körperschaften und Vereine stellen letztlich Ableger des Opus Dei dar, machen bei ihren Tätigkeiten die bestehenden verwandtschaftlichen Bindungen aber nicht unbedingt publik. Neben der international tätigen Limmatstiftung und dem Kulturverein Arbor agieren des weiteren folgende Körperschaften: der Verein für die Förderung der technischen und humanistischen Bildung, die Stiftung Antonio Zweifel, der Verein für Jugendbildung, die Fundation General Latinoamericana (FGM), die Stiftung für internationale Zusammenarbeit und der Verein Internationales Tagungszentrum (VIT).

"Gibt es etwas, wozu wir Christen nicht bereit wären, um unserm Gott zu dienen...?" (Escrivá, Aphorismus 466)

"Die Kirche ist keine Armee und hat nicht die Aufgabe, zu trainieren, wie man in Angriff und Verteidigung den Gegner tötet." (Leonardo Boff, Kirche und Charisma)

Typisch für die Taktik des Opus Dei sind die (knapp gescheiterten) Projekte für die Ausbildungszentren im luzernischen Schongau und im freiburgischen Paquier. In beiden Fällen führte das VIT die Verhandlungen. In Schongau war, durch kantonale Instanzen gefördert, bereits eine Umzonung des vom Opus anvisierten Terrains im Gange, als die Dorfbewohner erfuhren, wer hinter dem geplanten katholischen Zentrum steckte. Die Tarnorganisation des Opus Dei, salviert von lokalen Geistlichen und unterstützt vom damaligen Erziehungsdirektor, spielte nicht mit offenen Karten. Als die lokale Presse und ein Teil der Bevölkerung, aufgerüttelt durch eine Fernsehsendung über die Praktiken des Opus Dei, opponierte, brach ein eigentlicher Dorfkrieg aus. Mit allen Mitteln und auf allen Ebenen wurde Stimmung gemacht: Beide Parteien lobbyierten nach Kräften und nicht immer gediegen. Die Zentrumsbefürworter, vom lokalen Klerus gestützt, reklamierten den Vatikan und damit Gott für ihr Vorhaben und gingen durchaus so weit, Kindern von Projektgegnern die Kommunion zu verweigern. Die Stimmbürger lehnten trotzdem die Umzonung schliesslich ab, und das VIT zog sich zurück.

Aufwind durch Trendwende im Vatikan

Gelegentlich scheitern die Strategien des Opus Dei oder fliegen auf, wie bei den Projekten in Paquier oder Schongau. In den siebziger Jahren rekrutierten Opus-Dei Religionslehrer über längere Zeit ungestört Nachwuchs unter den Schülern der Zürcher Diaspora. Es brauchte eine Kampagne der Neuen Zürcher Zeitung, bis sich das Generalvikariat dazu durchringen konnte, die Werber ihres Postens zu entheben.

Aber durch kleine Schlappen lassen sich die "Auserwählten" des Opus Dei nicht entmutigen. Die starke Position des Werkes unter Papst Johannes Paul stärkt sein Wirken auf helvetischem Boden.

Sei unnachgiebig in der Lehre und in deiner Lebensführung... Eine mächtige stählerne Keule in einem gepolsterten Futteral. (Der Weg, 397)

Während die katholische Kirche in den sechziger Jahren einen gewissen Aufbruch signalisierte, fand in den siebziger Jahren in der Kirchenführung eine Trendwende statt. Das Opus Dei, das immer klar gemacht hatte, dass man sich wider den Zeitgeist zu stemmen habe, fand zunehmend Anerkennung bei den Würdenträgern des Kirchenstaates. Und vor allem war man schon einige Zeit dem damaligen Kardinal von Krakau, Karol Wojitila, freundschaftlich verbunden. (Der Opus-nahe Verlag Ares hatte einige seiner Schriften publiziert.)

Im päpstlichen Familieninstitut in Rom arbeiten Opus Dei-Mitglieder. Neben der polnischen Mannschaft, die Papst Johannes Paul um sich scharte, finden sich Mitglieder des Werkes sowohl auf der mittleren Verwaltungsebene wie auch im engeren Kreis. Der Pressesprecher Joaquin Navarro Valls, ein Numerarier, gehört zu den wenigen Personen, die direkten Zugang zum Heiligen Vater haben.

Seit der dem Opus nahestehende rechtskonservative Wolfgang Haas Oberhirte des Bistums Chur ist, haben die Opus-Anhänger Hochkonjunktur. Protest und Unmut seiner Herde scheinen Bischof Haas wenig zu kümmern. Im Sommer 1991 erkor er den Opus-Priester Peter Rutz zum Leiter des Churer Priesterseminars und wird ab 1993/94 keine Laientheologen und -theologinnen mehr im Seminar dulden.

Bischof Haas hat mit seinem eisernen Besen aber nicht nur das Churer Priesterseminar ausgefegt. Wo immer eine Spur von Liberalität ruchbar wird, greift er ein. Gleich zu Beginn seiner bischöflichen Wirkungszeit tauschte er die Leitung des Zürcher Generalvikariats aus und nominierte Christoph Casetti, einen erklärten Freund des Opus Dei. Die Proteste der betroffenen Katholiken, ja selbst die Blockierung kirchlicher Gelder haben den Kirchenmann bis anhin kaum gebremst; im Gegenteil: Wer unter seinem geweihten Personal aufmuckt, muss sich in die innere oder äussere Emigration flüchten.

Trotz gelegentlicher Querelen von unten scheint das Wirken von Bischof Haas in Rom eher salviert zu werden. Seine Kirche hat autokratische Züge und weist wichtige Entwicklungstendenzen des zwanzigsten Jahrhunderts zurück. Besonders klar wird diese Haltung, wenn es um die Rolle katholischer Frauen geht. Während Theologinnen über feministisches Christentum sinnieren, fördert die neue bischöfliche Mannschaft die "Marianische Frauen- und Müttergemeinschaft". Im Vorstand dieses Vereins sitzt die Gattin des Arztes Nikolaus Zwicky, der zusammen mit dem Opus Mitglied Giovannini die Geschicke der "Gesellschaft für Bioethik" lenkt. Dieser Verein wiederum macht sich seit einigen Jahren an der ETH Zürich und an den Universitäten Basel und Bern vermehrt gegen "künstliche" Empfängnisverhütung stark.

Geheiligtes Kapital – verschobene Gelder

Der unermüdliche Kampf des Opus Dei für christliche Ordnung und Moral kostet Geld. Kapital scheint dem Werk fast unbeschränkt zur Verfügung zu stehen. Obwohl offiziell spendefreudige Christen die vielfältigen Aktivitäten finanzieren, scheinen die geschäftlichen Interessen des Ordens komplex und nicht immer über alle Zweifel erhaben.

Ich kann dir die Bedeutung der Diskretion nicht genug ans Herz legen. Vielleicht ist sie nicht die Spitze deiner Waffe, aber zumindest der Griff.
(Der Weg, 655)

1983 geriet das Opus Dei im Zusammenhang mit der Verstaatlichung der spanischen Rumasa-Holding in die Schlagzeilen der internationalen Presse. Die Rumasa-Holding, bestehend aus 18 Banken, 1200 Filialen samt 600 weitern Unternehmungen mit gesamthaft 60'000 Beschäftigten, war massiv unterkapitalisiert. Der Mehrheitsaktionär Ruiz-Mateos hatte seinen Konzern mit mehreren Milliarden überschuldet und Dollarmillionen an fiktive Tochtergesellschaften in England und der Schweiz überwiesen. Ruiz-Mateos, Opus-Dei Mitglied und Wirtschaftsmagnat, galt als inoffizieller Berater und Intimus von General Franco.

Die ausgeklügelten Unternehmungen der Opus-Hochfinanz dürften zwar das Begriffsvermögen eines intelligenten Normalbürgers übersteigen, sie können jedoch nicht zum Anlass genommen werden, das Opus Dei unter die radikalen Kulte einzuordnen. Religiöser und sozialer Konservativismus allein genügen nicht dazu. Im Verein mit der psychischen Enteignung der Mitglieder des Werkes stellen sie allerdings ein Gefahrenpotential dar, das nicht zu unterschätzen ist.

Deine Zeit und deine Kraft gehören Gott. Vergeude sie nicht damit, die Hunde, die dich auf dem Weg anbellen, mit Steinen zu bewerfen. Beachte sie nicht.
(Der Weg, 14)

Zu Gott – in Angst und Schrecken

Im Gegensatz zu den Scientologen oder den Moonies holt das Opus Dei seine Mitglieder nicht mit Streuwerbung von der Strasse, sondern wählt sie aus. Mittelschülerinnen und vor allem Mittelschüler aus katholischem Elternhaus, Einzelgänger ohne jugendliche Forschheit und Aufbruchstimmung, Studenten aus dem katholischen Hinterland, die sich in den Schutz der Opus-Heime flüchten, sind das Rekrutierungspotential.

Klaus Steigleder, katholischer Theologe und während fünf Jahren Opus-Mitglied, hat in seinem Buch über das Werk umfassend beschrieben, wie sehr die zeitliche Beanspruchung und die dauernde Ideologisierung vernetztes Denken verunmöglichte und soziale Kontakte ausdünnte.

Aber nicht nur überrissene Arbeitspensen halten die Mitglieder unter ständigem Druck. Wer mit dabei ist, wird angehalten, sich auszusprechen und regelmässig bei Opus-Priestern die Beichte abzulegen. Auf diese Weise werden individuelle Schwächen offengelegt und von den Verantwortlichen des Werkes aufgebläht, was massive Schuldgefühle erzeugen kann.

Aber auch der äussere Rahmen der Bewegungsfreiheit, zum Beispiel von Bewohnern eines Opus-Heimes, ist eingeschränkt. Wer nach dem Nachtessen das Haus verlässt, hat dies zu melden und zu begründen. Welche Fernsehsendungen angeschaut werden dürfen, entscheidet die Leitung. Für Belletristik, ja selbst für Fachliteratur muss vor dem Lesen eine Genehmigung eingeholt werden. Der Index des Opus Dei soll mehrere tausend Titel umfassen. Unumgängliche Druckerzeugnisse, etwa ein Lehrbuch für Gynäkologie, werden an "jugendliche" Opus-Mitglieder nur zensuriert ausgeteilt. Selbst in den Tageszeitungen wird von befugten Personen ausgestrichen, was schädlich sein könnte.

Obwohl das Opus Dei das Prinzip der christlichen Familie hochhält, muss seinen Mitgliedern die "Familie" des Ordens weitgehend ausreichen. Genauso wie Kontakte zu andersdenkenen Freunden unterbunden werden, sind Treffen mit der "natürlichen" Familie bewilligungspflichtig. Heiratet beispielsweise ein Bruder oder eine Schwester eines Opus-Mitgliedes, wird die Teilnahme an der kirchlichen Trauung unter Umständen erlaubt, die anschliessende Feier jedoch nicht.

Die Ehe ist für den Grossteil des Heeres Christi, nicht aber für seinen Führungsstab. (Der Weg, 28)

Nicht zur Diskussion stehen Erotik und Sexualität. Die sexuelle Enthaltsamkeit wird mit totaler Hingabe ans Werk kompensiert und belohnt mit dem Bewusstsein, auserwählt zu sein. Klaus Steigleder dazu: "Rigoros gilt es auch, gegen jegliche sexuelle Wünsche und Phantasien vorzugehen, sie zu verdrängen und gegen sie anzukämpfen, keinesfalls darf ihnen nachgegangen werden. Unterwegs und auf der Strasse gilt es, 'die Blicke zu bewahren'."

Steigleder beschreibt im weitern auch die gegenseitige Bespitzelung innerhalb der Opus-Familie: "Jedes Mitglied ist zur 'brüderlichen Zurechtweisung' verpflichtet." Kleine Patzer, Fehlleistungen oder "Sünden" werden gegenseitig registriert.

Bevor allerdings der "brüderliche" Tadel angebracht wird, müssen die Mitglieder des Werkes den Zentrumsleiter um Erlaubnis fragen. Damit dürfte, in Kombination mit Beichten und freiwilligen Aussprachen, der Informationsstand des Kaders umfassend sein.

Neben psychischem Druck sind es aber auch Bussgürtel und Geissel, die für Selbstdisziplinierung sorgen.

Will sich ein Mitglied aus der Gemeinschaft entfernen, wird es zwar nicht mit Brachialgewalt daran gehindert. Aber die Jahre in der "Klausur" des Opus haben eine Realität geschaffen, die mit dem Alltag unserer Gesellschaft nicht mehr viel gemeinsam hat. Scheitert dann ein Ex-Mitglied, so wird diese Bauchlandung vom Opus gern zum Modellfall für zweifelnde Mitglieder innerhalb der Gruppe gemacht, gerade so, als würde die rächende Hand Gottes diejenigen zermalmen, die das Opus Dei verraten.

Respektabel-konservativ – gesellschaftlich akzeptiert

Die Mitglieder des Opus Dei akzeptieren also eine Beengung ihrer geistigen und sozialen Bewegungsfreiheit. Als Folge dieser Einschränkung wird das Individuum in einem hohen Masse manipulierbar.

Aber wer für das Werk Gottes agiert, lässt sich nicht bremsen durch den Abschreckungseffekt, der die Ausbreitung radikaler Kulte alternativer Prägung behindert. Im Gegenteil: In einer pluralistischen Gesellschaft haben auch konservative Katholiken ihren Platz, vor allem wenn sie mit den Insignien höherer Bildung und gesellschaftlichem Rang ausgezeichnet sind.

Das Opus Dei, derzeit durch katholische Instanzen gefördert, bezieht in der Schweiz Position. Die offizielle Anerkennung macht es Behörden, Lehrern und Eltern schwer, gegen den Orden anzugehen. Es ist gefährlich, die Glaubens- und Gewissensfreiheit des einzelnen in unserer Verfassung anzutasten. Wenn eine religiöse Organisation aber Individuen ihrer Selbstbestimmung beraubt und durch unbotmässigen psychischen Druck zum Werkzeug einer Sache macht, dürfte das kaum noch mit konservativen Inhalten und praktiziertem Katholizismus zu tun haben.

Quellen

Aufbruch. Forum für eine offene Kirche. Freiburg, Nr. 14, 1990.
Josémaria Escrivá de Balaguer: Der Weg. Köln 1977.

Weiterführende Literatur

Balthasar, H.U von: Integralismus 1, Grundsätzliches, in: Wort und Wahrheit 18 (1963) 737-740; Integralismus 2, Beispiele, in: Wort und Wahrheit 18 (1963) 740 - 744, Integralismus heute, in: Diakonia 19 (1988) 121 - 129.
Beinert W. (Hg.): "Katholischer" Fundamentalismus. Häretische Gruppen in der Kirche? Regensburg 1991.
Gerber R., Vogel A.: Du musst nur deinen Kopf abgeben. Zürich 1984.
Hertel P.: Ich verspreche euch den Himmel. Geistlicher Anspruch, gesellschaftliche Ziele und kirchliche Bedeutung des Opus Dei. Düsseldorf 1991.
Paulus Akademie (Hg.): Das Opus Dei – Stosstrupp Gottes oder heilige Mafia. Zürich 1992.
Steigleder K.: Das Opus Dei – eine Innenansicht. Zürich 1991.

Eine Welt, aus der man nicht auszubrechen braucht

Ein drittes Gespräch

Totalitäre Gruppierungen sprechen wichtige Lebensbedürfnisse an, die viele Menschen – vermeintlich oder tatsächlich – in ihrer alltäglichen Lebenswelt nicht befriedigen können. Was totalitäre Gruppierungen als Lockmittel für den Beitritt verwenden, ist also gleichzeitig auch ein Hinweis auf entsprechende Defizite im Alltag. Wer solche Bedürfnisse echt leben kann, ist weniger anfällig für die Verlockungen und Versprechungen totalitärer Gruppierungen.

Totalitäre Gruppen weisen auf Mangelerscheinungen in unserer Gesellschaft und Kultur hin.

Irgendwie muss man junge Menschen verstehen, die von totalitären Gruppen angezogen werden. Offenbar fehlt ihnen in ihrem alltäglichen Leben etwas.

Ja. Totalitäre Gruppierungen haben hier echte Marktlücken entdeckt. Man sollte solche Bedürfnisse aber auch im Alltag befriedigen können.

Ein Fragebogen "Lebe ich in einer Umwelt, aus der ich nicht auszubrechen brauche?" findet sich auf Seite 235.

Wider die emotionale Eiszeit!

Was müsste man denn in unserem Alltag verändern?

Wir können zum Beispiel versuchen, mehr mitmenschliche Gefühle im Alltag zuzulassen. Wir brauchen echte Formen von tragfähiger und unterstützender Emotionalität in unserem Leben. Es geht darum, den Gefühlsbereich bewusst zu pflegen, statt ihn nur als eine Störungsquelle zu empfinden.

Totalitäre Gruppierungen bieten Ersatz für Lebenselemente, die unsere Zeit – im Gegensatz zu andern Zeiten und Kulturen – vernachlässigt: gefühlsmässiges Dasein und Sich-Selbst-Sein, das die Alltags-Grenzen des Individuums öffnet, ekstatisches Durchbrechen beengender Lebensformen in einer festen Gemeinschaft.

Warum die emotionalen Lebensbereiche so stark vom übrigen Leben abtrennen? Warum nicht das, was wir in unserem Leben vermissen, in unsere Alltagswelt einbauen? Es gäbe viele Möglichkeiten, spontaner, gefühlsmässiger und echter zu leben.

❝ ***Deshalb auch das grosse Bedürfnis nach Rauschmitteln und "Action"?*** ❝

Ja. Diese "Rauschmittel" stellen allerdings meist nur schlechte Gefühle ab und führen nicht zu einem echten Hochgefühl, zu "Ferien vom Ich". Dafür bräuchte es "be-rauschende" Musik, Tänze, Gemeinschafts- und Grenzerfahrungen, starke Sinnesempfindungen und aufwühlende Erlebnisse.

Beheimatet sein

❝ ***Ist für viele nicht auch das intensive Gruppenleben verlockend? In einer totalitären Gruppe fühlen sich doch gerade schlecht integrierte Menschen aufgehoben, anerkannt und beheimatet!*** ❝

Zu einer festen Gemeinschaft zu gehören, seinen eigenen Platz darin zu kennen und sich geborgen zu fühlen – mit diesem menschlichen Grundbedürfnis fangen totalitäre Gruppierungen viele selbstunsichere und ungeborgene Menschen. Hier können sie Wurzeln schlagen und werden scheinbar ohne Wenn und Aber akzeptiert. Aus dieser gefühlsmässigen Geborgenheit schöpfen sie Ermutigung und Selbstvertrauen, was sie zu ungeahnten Taten beflügelt. Das sollte eigentlich nicht nur in einer solchen Gruppierung, sondern auch im Alltag möglich sein.

❝ ***Es gibt aber auch viele nicht-totalitäre Gruppen, in denen man sich ebenso geborgen fühlen kann: Jugendgruppen, Freundeskreise, Vereine und so weiter.*** ❝

Sicher. Aber diese Gruppierungen bilden meist nicht eine geschlossene Lebenswelt wie eine totalitär strukturierte Gruppe, die einem Menschen die ganze Welt ersetzt. Nicht nur die private, sondern auch die "offizielle" Welt, die wir ja häufig als kalt, hart und nüchtern empfinden: die Arbeitswelt, die Schule, die Politik.

"Wie schön, dass es dich gibt!"

❝ ***Aber kann man so etwas einfach verordnen? Kann der Chef im Betrieb zum Beispiel einfach verkünden: Ab heute gilt positive Zuwendung und ein herzlicher, ermutigender Umgangston?*** ❝

Warum eigentlich nicht? Die Wirtschaft, die Ämter, die Behörden, die Schule und die Politik sind ja schliesslich für den Menschen da, und nicht umgekehrt! Das Problem ist dabei weniger, ob man so etwas lernen und einüben kann, auch wenn es etwas ungewohnt ist, sondern ob man dabei echt und glaubwürdig ist und es wirklich so meint, oder ob es sich nur um eine "Masche" zur Leistungssteigerung handelt.

"Ich habe etwas zu sagen!"

Wer intensiv und als ganze Person in ein soziales Netz eingebunden ist, fühlt sich nicht länger mehr als bedeutungsloses Rädchen in einer anonymen Riesenmaschine, die genau so gut auch ohne ihn laufen würde. Er wird gebraucht. Er hat etwas zu sagen. Er hinterlässt Spuren. Das ist eine wichtige Sinn-Komponente in seinem Leben.

Was bestimmt letztlich unser Leben?

❝ ***Entschuldigung, das erinnert mich jetzt fast ein bisschen an Jungbürgerfeiern und 1. August-Ansprachen. In Wirklichkeit dominieren doch oft andere Kräfte: "internationale Wettbewerbsfähigkeit" oder "staatspolitische Überlegungen" oder "verfassungsrechtliche Schwierigkeiten". Ist es nicht Augenwischerei, dem einzelnen die Illusion zu geben, es käme nur auf ihn an? Unser Leben wird doch immer mehr von verdeckten "Sachzwängen" bestimmt.*** ❝

Sicher; wir dürfen uns da nichts vormachen. Aber wir könnten den individuellen Freiheitsspielraum, den wir in unserem Gesellschafts- und Wirtschaftssystem errungen haben, noch mehr ausschöpfen. Da gibt es etwa neue Formen des Wohnens, des Arbeitens und des Zusammenlebens, des Umgangs mit der Umwelt, der internationalen Solidarität und der Güterverteilung, die man in konkrete Taten umsetzen kann,.

Gesucht: eine neue Einstellung zur Jugend

Gerade junge Menschen müssen in unserer Welt Aktions- und Lernfelder vorfinden, die ihren Entwicklungs- und Handlungsbedürfnissen gerecht werden und die ihnen Chancen bieten, sich für eine lebenswerte Welt einzusetzen. Hier liegen wichtige Ansatzpunkte für eine neue Einstellung zur Jugend.

❝ ***Was muss man sich da konkret darunter vorstellen?*** ❝

Erwachsene müssen mit den Jugendlichen gemeinsame Erfahrungen machen.

Jungen Menschen zu helfen, sich inmitten all ihrer Probleme zurechtzufinden, ist nur die eine Hälfte der Aufgabe. Sie möchten sich ja auch für etwas einsetzen können, was ihnen wichtig ist. Dabei dürfen wir ihre Aktivitäten nicht vorschnell durch sogenannte "Sachzwänge" oder andere Einschränkungen einengen. Wir müssen ihnen Erfahrungs- und Freiräume zugestehen, die auf sie zugeschnitten sind und die neue Problemlösungen ermöglichen. Viele Erwachsene sind für die Jungen zu wenig glaubwürdig.

" ***Was wäre denn eine glaubwürdigere Haltung gegenüber den Jungen?*** "

Zur eigenen Haltung stehen, kein Theater spielen, aber offen sein für Andersartiges. Sich dem Gespräch mit den Jungen stellen, ohne ängstliches Anbiedern oder Ausweichen, aber auch ohne stures Ausgrenzen und Abblocken. Den Jungen ein wirkliches Gegenüber sein, mit dem sie sich auseinandersetzen und an dem sie wachsen können.

Die Jungen aktivieren ist das eine, die Konsequenzen dieser Aktivierung akzeptieren und ernstnehmen, ist das andere. Wer mit Alibi-Aktionen nach aussen Verständnis für die Anliegen der Jungen demonstriert, aber ängstlich zurückschreckt, sobald sich aus diesen Anliegen konkrete Konsequenzen ergeben, ist – zumindest in den Augen der Jungen – unglaubwürdig. – Eine solche Einstellung setzt voraus, dass wir neuen Entwicklungen und veränderten Bedürfnissen nicht mit Angst, sondern mit Neugier, Anteilnahme und Unterstützung begegnen. Das wäre vielleicht auch eine Entwicklungschance für die Erwachsenen!

Die Frage nach dem Sinn

" ***Manches empfinden die Jungen aber doch nur deshalb als sinnlos, weil sie sich von der Erwachsenenwelt abheben wollen. Soll man denn alles gleich in Frage stellen, nur weil die Jungen darin keinen Sinn mehr sehen wollen oder können?*** "

Warum sämtliche Probleme der Jungen zu seinen eigenen machen? Es ist unehrlich und unglaubwürdig, seine eigene Haltung in Frage zu stellen, einfach weil es gerade Mode ist! Aber die Jungen stellen auch noch andere Fragen, und zwar solche, die auch uns angehen. Sie haben oft eine besonders feine Antenne für das, was "in der Luft liegt". Sie reagieren sensibel und hellhörig auf manches, was uns alle angeht. Denn sie betrachten unsere Welt noch nicht mit den Scheuklappen der Erwachsenen. Es ist darum für uns wichtig zu wissen, inwiefern die Jungen in unserer Welt keinen Sinn sehen – auch wenn das für uns zunächst unbequem und unangenehm ist. Vielleicht weisen sie auf etwas hin, was wir schon längst verdrängt haben, wofür wir blind geworden sind.

Leben ist mehr...

❝ *Wofür sind wir denn zum Beispiel blind?* ❝

Da glaubte etwa unsere Generation, sie sei "rational" und "aufgeklärt" und habe sich von "überholtem religiösem Ballast" befreit, und nun wimmelt es plötzlich in der jungen Generation nur so von Irrationalem, Esoterischem, Magischem, Okkultem und Religiösem...! Das heisst doch nichts anderes, als dass unsere Generation eine wichtige Lebensdimension verdrängt hat. Aber erst das kontrastierende Verhalten der Jungen macht uns diese Einseitigkeit bewusst. Das Religiöse, das heisst das Verhältnis des Menschen zu den Bereichen, die hinter der Alltagswirklichkeit liegen, kann man nicht einfach "überwinden".

Vieles, was eine Generation vermeintlich "bewältigt" hat, wird von der nachfolgenden Generation kritisch wieder in Frage gestellt und in Schwingung gebracht.

Wenn ich mich nicht mit dem auseinandersetze, was mein Leben letztlich trägt, fehlt meinem Dasein eine wesentliche Dimension. Das Leben ist letztlich sinnlos, wenn es ohne Bezug zu einem transzendenten Bereich auszukommen versucht - was immer man sich darunter vorstellen mag!

Das Bedürfnis, sich zu transzendieren, lässt sich nicht vom Menschen trennen, und seine Verdrängung kann uns in grosse Schwierigkeiten bringen.

❝ *Heisst das, wir sollten uns wieder mehr an der Kirche orientieren?* ❝

Ich würde eher sagen: an unseren religiösen Grundbedürfnissen. Das Bedürfnis, sich "einem Höheren hinzugeben", ist intensiv, auch wenn sich dieses "Höhere" nicht in der Form äussert, welche die Kirche dafür vorgesehen hat. Die Suche nach Erlebnissen von Ekstase, Rausch, Verzückung und "High-Sein" - durch psychedelische Musik, Tanz oder was auch immer - zeugt von einem "Bedürfnis nach religiösen Grunderfahrungen", nach Zugehörigkeit zu einer Welt, die nicht auf das Erklär- und Errechenbare zurückführbar ist, sondern uns ihren geheimnisvollen Hintergrund durch Spüren, Ergriffensein, In-sich-hinein-Hören und "An-dacht" erahnen lässt.

In unserer Gesellschaft ist auch am Ende des 20. Jahrhunderts noch manches vom Fortschrittsoptimismus des 19. Jahrhunderts auszumachen. Eine solche einseitig rationale Haltung führt zu einem unvollständigen Welt- und Menschenbild. Irrationale Erlebnisweisen verkümmern, und unser Leben erscheint uns klinisch-steril und ohne Geheimnis. Eine solche Welt bietet keinen Raum mehr für eine Beziehung zu unserem sinn-spendenden Lebens-Hintergrund. So treten an die Stelle wirklicher Transzendenz-Erfahrung "Götter" in vielerlei Gestalt, und an die Stelle des Absoluten tritt das Totalitäre.

"Der Mensch ist unheilbar religiös." (Nikolai A. Berdjajew)

Atemnot im biblischen Korsett?

Evangelikale mit fundamentalistischer Tendenz

Erste "evangelikale" Gruppierungen entstanden im Umkreis der Reformation. Heute zählen sie weltweit mehr als 150 Millionen Mitglieder in unterschiedlichen Gruppierungen, Gemeinschaften und Freikirchen (in der Schweiz schätzungsweise 75'000). Viele unterscheiden sich – ausser im Zusammenhalt und breiten Engagement – kaum von den traditionellen christlichen Kirchen. Andere dagegen haben – oft durch amerikanische Einflüsse – radikale Ansichten und Verhaltensweisen entwickelt. Für sie sind Welt und Menschheit schlecht und verloren. Nur sofortige persönliche Bereitschaft zur absoluten Bekehrung zu "ihrem" Jesus Christus kann vor der ewigen Verdammnis retten.

Die buchstabengetreu verwendete Bibel zeigt den Weg zur Erlösung und zum wahren Leben. Dieses Leben entscheidet sich zwischen den Polen "sündig" und "gottgefällig". Zweifeln bedeutet Abfall. Andersdenkende müssen durch Missionieren gerettet werden – notfalls auch gegen ihren Willen. Nur so können sie "wiedergeboren" werden.

Was häufig als durchaus stützendes Korsett zu dienen vermag, kann aber auch einschnüren und Atemnot bewirken. Gottes drohender Finger, spürbar durch den Druck der Gemeinschaft, und das ständige Gefühl zu versagen und dadurch das ewige Leben zu "riskieren", können bei einzelnen Mitgliedern sogar zu psychischen und gesundheitlichen Beeinträchtigungen und Schäden führen.

Lukas

Lukas ist erregt, lehnt sich immer wieder fassungslos zurück und fährt mit den Händen durch die Luft, als er von seiner Kindheit und Jugend im Brüderverein erzählt. Vieles, was ihn heute noch bedrückt, führt er darauf zurück. Er erlebt noch einmal die geistige Enge und die ständige Frage: "Bist du ein Gotteskind?" Erst seit seinem Austritt hat er das Gefühl, wieder frei atmen zu können.

Sein Vater hatte sich bekehren lassen, um eine Frau aus der Gemeinschaft heiraten zu können. Lukas erinnert sich an die sonntagnachmittäglichen Versammlungen der Gemeinde, an die Sonntagsschule, die Chorproben, die Bibel- und Gebetsstunden. Hier fühlten sich alle erlöst und geborgen und sprachen sich mit Bruder und Schwester an.

Die Evangelisationswochen waren besondere Anlässe, weil die Gemeinschaft den "Sündern" zeigen konnte, wie schön es bei ihnen sei. Für die Sache Jesu war Lukas' Familie viel unterwegs. Während andere Jugendliche zum Fussball oder ins Kino gingen, zog Lukas mit seiner Familie auf die Strasse, um von Jesus zu singen und Traktate zu verteilen. Wenn möglich stellte er sich in die hinterste Reihe und hoffte, es möge ihn niemand erkennen.

Als Lukas' Mutter schwer krank wurde, sagten die Mitglieder des Brüdervereins immer wieder, dies sei eine Prüfung Gottes, und wenn sie nur fest glaube, würde alles wieder gut. Als die Mutter in die Nervenheilanstalt eingewiesen wurde, tuschelte man von "verborgenen Sünden, die jetzt bestraft würden".

In der Gemeinde ging es streng zu. Die Ältesten und Brüder der Gemeinschaft wussten immer rechtzeitig auf Gottes drohenden Finger hinzuweisen. Frauen und Mädchen trugen knöchellange Röcke und sassen beim Gottesdienst auf ihrer Seite des Saales mit einem Schleier auf dem Kopf, Buben und Männer auf der anderen Seite mit den Hüten und Mützen auf den Knien.

Mit fünfzehn besuchte Lukas die nach Geschlechtern getrennte, dreiwöchige Unterweisung. Hier erhielt er seinen biblischen "Schliff". Für Zweifel blieb kein Raum. Jeden Abend wurden die begangenen Sünden vor Gott und den Brüdern bekannt. Und immer wieder wurde er gefragt, in welchem Bibelvers er das Heil erlebt und sich bekehrt hätte. Da er sich weder besonders sündig noch bekehrt fühlte, half schliesslich nur noch die Phantasie. Das schlechte Gewissen und die Angst vor Gott blieben und ätzten ihre Spuren in Lukas' Seele. "Bist du ein Gotteskind?" fragten die Brüder und Schwestern, und Lukas schmückte seine Bekehrung zu wiederholten Malen aus.

Mit zwanzig lernte Lukas in den Ferien eine Frau ausserhalb der Brüdergemeinde kennen und verliebte sich in sie. Als sie schwanger wurde, heiratete Lukas sie, weil er in der Ehe den einzigen Ausweg sah. Als seine Frau sich trotz mehrerer Gespräche mit den Gemeindeältesten nicht bekehren wollte und Lukas seine Frau verteidigte, wurde er wegen sündigem Lebenswandel aus dem Brüderverein ausgeschlossen, damit "ein krankes Schaf nicht die ganze Herde anstecke".

Der Drang zum offenen Bekenntnis

Bekenntnisdrang ist wieder auf dem Vormarsch. Auf Schülermappen und Motorrädern gab es zwar schon seit Jahren Aufkleber wie “Jesus liebt dich”, “Jesus schenkt Freude” oder “Entscheide dich heute für Jesus”. Neu hingegen sind überdimensionale Plakate mit dem Credo “Ich glaube, dass Jesus Christus der Sohn Gottes ist”, mit dem die in Glaubensfragen eher zurückhaltenden Zeitgenossen aufgefordert werden, Bekenntnis abzulegen. Und neu sind die stilisierten Fische am Autoheck, die darauf hinweisen sollen, dass am Steuer ein bekennender Christ sitzt.

Neu sind auch Formen öffentlicher Lobpreisungen mit und durch Jugendliche. Waren die Themen “Gott und Jesus” für Jugendliche noch vor kurzem Anlass genug, dem Religionsunterricht fernzubleiben oder wenigstens die Nase zu rümpfen, so strömen heute Hunderte in Lobgottesdienste, um miteinander zu singen, zu tanzen und zu beten. Miteinander, füreinander und so laut, dass es jeder hören kann: Bekenntnis ablegen für die Sache Christi macht Spass. Auf dem Weg zur Glückseligkeit scheint es auch nicht mehr peinlich, über seine Beziehung zu Gott zu reden.

Andere Christen treffen sich in abendlichen Hauskreisen zu gemeinsamem Gebet und Bibellektüre. Im Vordergrund stehen positive persönliche Erlebnisse mit Gott seit dem letzten Treffen. Es geht harmonisch zu. Einwände gibt es fast keine. Die Bibel beantwortet alles. Für jede Frage findet sich eine passende Stelle und ein richtiger Vers. Eigentlich möchte man jetzt hinaus auf die Strasse, um die Botschaft weiterzugeben und andere zu ihrem Glück einzuladen; im Fachjargon: um zu missionieren.

Was steckt dahinter?

Vielerorts verbreiten “evangelikale” Aktionen Misstrauen und Angst. Handelt es sich um Sekten? Sind sie gefährlich? Was bewegt Jugendliche und Erwachsene zu solchen Bekenntnissen und Aktionen? Was steckt hinter diesem plötzlichen Aufbruch zu Gott?

Aus Beobachtungen und Gesprächen wird schnell klar, dass es *die* “Evangelikalen” nicht gibt. Zu unterschiedlich sind Auftreten, Glaubensvorstellungen und Frömmigkeitsformen der verschiedenen Gruppierungen, Freikirchen und Gemeinschaften. Allen gemeinsam ist die Bibel als alleinige Lebensgrundlage. Sie gilt als vom Heiligen Geist inspiriert und besitzt Satz für Satz letzte Autorität. In der Frage nach dem “Wie” dieser Inspiration gehen die Auffassungen allerdings stark auseinander.

“Lies in den Evangelien! Das Verachten dieser Botschaft bedeutet ewiges Verlorensein.” Traktat des Deutschen Christlichen Techniker-Bundes e. V.

Aus dem Anliegen der "evangelikalen" Gruppierungen, Glaubensinhalte für jedermann leicht verständlich darzustellen, entstanden oft einfache Bilder, die sich an gängige Zusammenhänge anlehnen. Sie erschweren vertiefte Auseinandersetzungen mit Erfahrungen und Interpretationen, die oft gar nicht erwünscht sind. In dieselbe Richtung zielt die Devise "weniger Kopf, mehr Gefühl". Viele dieser Gemeinschaften leisteten und leisten aber neben ihrer missionarischen Tätigkeit auch Pionierarbeit im schweizerischen Sozialwesen.

Heute radikalisieren vielerorts "evangelikale" Gruppierungen ihr Verhalten mit der Parole: "Vorwärts für Christus in den letzten Kampf". Nach dem Grundsatz, dass die Welt schlecht und verloren sei, fühlen sie sich bereits in dem in der Offenbarung geweissagten Reich der Apokalypse, der Endzeit, und suchen nach Indizien für den baldigen Weltuntergang. Denn nach ihrer Auffassung leben wir in den letzten Tagen der Menschheit, in denen sich die Mächte des Bösen um den Antichrist scharen und das Gute niederringen.

Die Wurzeln

Zu den "evangelikalen" Gemeinschaften zählen religiöse Bewegungen innerhalb und ausserhalb des Protestantismus. Im angelsächsischen Raum hat der Begriff "evangelical" eine lange Geschichte und lässt sich bis zum Reformator John Wycliff (1320-1384) zurück nachweisen. Er bringt zum Ausdruck, dass "evangelicals" gemäss dem Evangelium leben und glauben.

In der Schweiz entstanden die ersten Gruppierungen mit Beginn der Reformation. In Zollikon, vor den Stadtmauern Zürichs, siedelten sich 1525 die ersten "Täufer" und "Schwärmer" an. Sie warfen dem Reformator Zwingli vor, dem reformatorischen Prinzip "sola scriptura" (d.h. nur die Bibel hat für die Frage der Lebensgestaltung Autorität) zu wenig nachzuleben, und wurden daraufhin verfolgt. Aus dieser täuferischen Bewegung entstanden später Gruppierungen wie Baptisten, Mennoniten und Neutäufer, die alle die Kindertaufe ablehnen.

Im 17. und 18. Jahrhundert breitete sich der Pietismus und ein Jahrhundert später die Erweckungsbewegung über Mitteleuropa aus. Vielen Christen waren die grossen Kirchen zu wenig verbindlich und standen der persönlichen Entscheidung für Christus und dem wahren Leben im Wege. So entstand 1856 die erste Methodistengemeinde der Schweiz. Auch die Heilsarmee fasste Fuss, nachdem 1882 die erste Generalin "La Maréchalle" Catherine Booth in Genf die Bürger zur Umkehr zu Gott aufrief und anschliessend wegen "Erregung öffentlichen Ärgernisses" aus der Stadt ausgewiesen wurde.

Im 19. Jahrhundert entstanden weitere Gemeinden zur "religiösen Erbauung". Zu ihnen zählen die ersten Freien Evangelischen Gemeinden, die Evangelische Gesellschaft des Kantons Bern und die Chrischona-Gemeinden, die von Ch. F. Spitteler zur Mission in Handwerker- und Arbeiterkreisen gegründet wurden. Heute studieren in ihrem Predigerseminar bei Basel etwa hundert junge Männer und Frauen.

Fundamente und Fundamentalismus

Fundamentalistische Züge verdankt die evangelikale Bewegung vor allem den Vereinigten Staaten zu Beginn dieses Jahrhunderts. In dem zwölfbändigen Werk "The Fundamentals: A Testimony of Truth" (Die Fundamente: Ein Zeugnis der Wahrheit) hielten streng biblizistische und puritanische Christen ihre Glaubensgrundlagen fest und sagten damit der Moderne den Kampf an, sofern sie die Irrtumslosigkeit der Bibel in Frage stelle. Für solche Gemeinden sind beispielsweise biblische Geschichten wie Sintflut und Arche Noah historische Ereignisse. Sie berechnen mit grossem Aufwand, wieviel Tiere Noah wirklich an Bord nahm, oder unterstützen Forschungen nach den Resten der Arche.

"Die Verkündigung trug mich derart stark, dass ich nicht länger auf meinem Stuhl sitzen bleiben konnte. Ich stand auf, ging – wie viele andere – nach vorne und übergab mein Leben Jesus Christus."
Ein Pfarrer über seine Bekehrung.

Ein früher Höhepunkt solch wörtlichen Festhaltens an biblischen Berichten war der sogenannte Affenprozess von Dayton (Tennessee, USA), in dem 1925 gegen den Volksschullehrer John Scopes vor Gericht verhandelt wurde. Dieser hatte seinen Schülern von der Darwinschen Evolutionstheorie erzählt. Nach zehntägiger Verhandlung befand ihn das Gericht für schuldig und verurteilte ihn zu einer Geldstrafe und Berufsverbot. Es wird berichtet, dass nach dem Urteilsspruch Tausende von Männern und Frauen auf die Knie fielen und Psalmen sangen.

Auch heute gibt es noch "evangelikale" Gruppierungen, die sich aus dogmatischen Gründen den Erkenntnissen der Naturwissenschaften verschliessen.

Kampagnen gegen die sittenverderbende Wirkung von Radio, Film und Fernsehen in den fünfziger und sechziger Jahren und gegen bestimmte psychologische Ansätze (z.B. Psychotherapie und Gruppendynamik) in den siebziger Jahren, die als dämonisch inspiriert galten, bildeten weiterere Meilensteine im Kampf um "saubere" Fundamente. Sie endeten in den USA zu dem Zeitpunkt, als man in

"Dass Du diesen Rettungsring Gottes ergreifst, das will Satan um jeden Preis verhindern. Abscheulich, oder?"
Traktat von Pro Veritate

ihnen ein nützliches Medium zur Verbreitung der eigenen Botschaft erkannte und eigene Rundfunk- und Fernsehanstalten einrichtete. Unter dem Dach von "Genesis-Projects" wurden ausserdem zahlreiche biblische Geschichten detailgetreu verfilmt und angeboten. Gegenwärtig wendet man sich vor allem gegen "dämonische" Rock- und Heavy-Metal-Musik.

Raum schaffen für den Heiligen Geist

Zu Beginn des zwanzigsten Jahrhunderts kam es unter dem Einfluss der sogenannten Heiligungsbewegung zu einem neuen Aufbruch und zur Entstehung neuer "evangelikaler" Gruppierungen und Freikirchen. So entstanden z.B. die Pfingstmission, die Gemeinde für Urchristentum oder die Freie Christengemeinde. (Heilige) Geist-Taufe und der ausdrückliche Gebrauch der Gnadengaben, wie Zungenreden, Heilen und Weissagen, stehen für sie im Zentrum des praktizierten Glaubens. Im Gebet und im Gottesdienst wird der Heilige Geist so unmittelbar wirksam.

In der BRD betrug im Jahr 1978 der Anteil evangelikaler Bücher am gesamten "evangelischen Schrifttum" – ohne Traktate – bereits 60 Prozent.

Während sich die Elterngeneration der heutigen "Evangelikalen" weitgehend unter sich traf (sogenannte "Stündeler") und nur vereinzelt durch Strassen- oder Zeltmissionen in Erscheinung trat, hat heute auch das moderne Management und Marketing Einzug in die Missionsaktivitäten gehalten. "Auftritte" von Evangelisten und Fernsehpredigern werden konsequent mit Mitteln modernster Werbung und Technik gestaltet. Professionelle Einrichtungen wie etwa das Zürcher Institut Koinonia ("Gemeinchaft") versuchen, aktive Christen in Zellen zu sammeln, die neues Leben in die Volkskirchen bringen sollen. Grossveranstaltungen und Missionsprojekte werden mit modernen Marketingmethoden und enormem finanziellem Aufwand lanciert. In Grossveranstaltungen legen Bekehrte Zeugnis ab und werden Suchende für den "Glauben" gewonnen.

Wer bisher glaubte, solches und ähnliches sei nur im Land der Fernsehprediger möglich, irrt. Finanziert werden die Aufwendungen durch Gruppenbeiträge, Sponsoring und – teilweise recht hohe – Einzelspenden. Finanzverantwortliche solcher Aktionen erkennen darin Beweise Gottes, "dass er in der Lage ist, weiteren Menschen zu zeigen, dass sie dieses (...) Projekt durch Gebet und durch freudiges Geben mittragen dürfen"[1].

Aber nicht nur über die Finanzen wird Buch geführt, sondern auch über die Anzahl der Neubekehrten. Vor allem in den USA wird so aus der Bekehrungsstatistik die Gnade Gottes für eine Gruppierung zahlenmässig ablesbar. Mitunter entsteht sogar der Eindruck, dass die Gnade Gottes machbar ist, etwa wenn in TV-Sendungen ein Kurs "Wie werde ich mit Hilfe der Bibel ein erfolgreicher Geschäftsmann" angeboten wird oder wenn Gottes Liebe (verstanden als "den Menschen von Jesus erzählen") in Agape-Kursen vermittelt wird.

Landeskirche oder "ur"christliche Gemeinde?

Viele Angehörige von Freikirchen und "evangelikalen" Gruppierungen bleiben weiterhin und trotz der finanziellen Doppelbelastung Mitglieder der Landeskirchen. Obwohl sie sich im kleineren Rahmen und unter Gleichgesinnten wohler fühlen, betonen sie damit ihre protestantischen Wurzeln. Oft träumen sie von der Organisation aller Gläubigen in Hauskreisen, die sich sonntags zum gemeinsamen Gottesdienst treffen. Dahinter steckt die Sehnsucht nach der Wärme und Geborgenheit, die sie in den ersten frühchristlichen Gemeinden vermuten – im Gegensatz zur Amtskirche als einem kalten Gebäude, in dem viel geredet, aber wenig gefühlt wird und in dem die Körperschaft öffentlichen Rechts an die Stelle des Leibes Christi getreten ist.

Neu aber ist, dass bestimmte "evangelikale" Kreise nicht mehr nur ihre eigenen Lebens- und Frömmigkeitsformen im weiten landeskirchlichen Rahmen zu gestalten versuchen, sondern sich innerhalb der Kirchgemeinden und der Landeskirche für Veränderungen nach ihren Vorstellungen einsetzen. Mehr und mehr stellen sie sich für Pfarrwahlkommissionen und Kirchenpflegen zur Verfügung und "reorganisieren" das Gemeindeleben ohne Blick auf die Gesamtgemeinde. Nicht selten wird dabei kirchlichen Mitarbeitern und Pfarrern "der rechte Glaube" abgesprochen.

"Denn wir entdecken die Aktivität des Feindes nicht allein in falschen Ideologien ausserhalb der Gemeinde, sondern gleichermassen in den Gemeinden durch die Verkündigung eines anderen Evangeliums." Lausanner Erklärung 1974.

Zur Zerreissprobe kommt es, wenn das Gespräch zwischen den verschiedenen Glaubensstandpunkten nicht mehr möglich ist. Aus Protest gegen den "wortgläubigen" Pfarrer war ein Teil einer zürcherischen Kirchenpflege zurückgetreten und durch "evangelikale" Mitglieder ersetzt worden. Die unerquicklichen Auseinandersetzungen um die Benützung der Kirche und des Kirchgemeindehauses durch die Minorität der landeskirchlich orientierten Kirchenmitglieder führten zur Gründung eines Vereins "Pro Landeskirche", der sein Recht nur durch das Eingreifen des Kirchenrates und der Bezirkskirchenpflege durchsetzen konnte. Seitdem werden in dieser Kirchgemeinde Sonntagsschule und Konfirmandenunterricht doppelt geführt

Der Schatz im Acker

"Das Reich der Himmel ist gleich einem im Acker verborgenen Schatz, den ein Mensch fand, und (wieder) verbarg. Und in seiner Freude geht er hin und verkauft alles, was er hat, und kauft jenen Acker" (Matt 13,44), sagt Jesus.

Über den Zeitraum und den Ablauf der Suche berichtet dieses Gleichnis nichts. Aber genau an diesem Punkt liegt der Unterschied zwischen einer Hilfe bei der Suche in eigener Verantwortung und dem von mehr oder minder verschleierten Drohungen begleiteten "Verkauf" eigener Vorstellungen.

Nicht-fundamentalistische Christen sind Menschen, die – oft lange und mit grosser Mühe – den Schatz ihres Lebens im Evangelium gesucht und gefunden und sich für ihren Acker entschieden haben. Um im Bild zu bleiben: sie bearbeiten ihren Acker mit Liebe und teilen mit anderen die Früchte des Ackers und den Ertrag des Schatzes. Sie freuen sich mit anderen an dem Schatz und ermutigen sie, ihren eigenen Schatz zu suchen.

Fundamentalisten dagegen sind aufgrund ihrer Lebensauffassung davon überzeugt, dass in ihrem Acker die einzig existierende Schatzform verborgen sei. Sie gründen ein "Immobilienbüro" und verkünden, dass der von allen gesuchte Schatz nur auf ihrem Acker zu finden sei. Um auch hier das Bild fortzuführen: Sie parzellieren den Acker und versuchen mit oft aggressiven Marketingmethoden unter Hinweis auf drohende schwerwiegende Verluste andere zu bewegen, ein Stück dieses Ackers in Erbpacht zu kaufen und unter ihrer Anleitung zu bebauen, weil sie nur so in den Besitz ihres Schatz-Anteils gelangen könnten.

Um allzu massiv geschürter Angst vor dem Verlieren und allzu massiv entfaltetem Zeitdruck beim Finden entgegenzutreten: Der verlorene Sohn (Luk 15,11-27) wurde nicht von anderen zurückgeschickt, sondern kehrte aufgrund eigener Erkenntnis nach Hause zurück – und wurde aufgenommen! Seine irrtumsreiche Suche nach dem wahren Leben war ein wesentlicher Teil seines Lebenswegs. Wer sich am Evangelium orientiert, sollte daran denken, dass dort nicht nur von "zu spät" und von "Verdammnis", sondern in weit grösserem Masse von Zuwendung, Gnade, Rettung und Befreiung die Rede ist.

Zwischen Himmel und Hölle oder Die Versuchung lauert überall

"Fundamentalismus protestantischer Prägung", schreibt der Zürcher Theologe Georg Schmid, "zwingt den Menschen zur konstanten Auseinandersetzung zwischen Himmel und Hölle". Das Leben wird zur Gratwanderung auf dem schmalen Weg zur Seligkeit, während links und rechts der Absturz in die Hölle droht. Genauso schmal ist oft der Weg zwischen "evangelikal" und "fundamentalistisch".

Billy Graham: "Der Teufel, Ihr Feind und auch der Feind Gottes, will Sie verwirren. Er versucht es, indem er Zweifel an ihrer Erlösung aufkommen lässt."

Die Gefahr, aus der Überzeugung, auf dem "rechten Weg" zu sein,

Ausschnitt aus dem Bild "Der rechte und der falsche Weg"(Matth. 7, 13.14)

anderen diesen Weg mit den besten Absichten aufzuzwingen und sie dadurch zu Schaden zu bringen, darf nicht unterschätzt werden. Kinder und Jugendliche erleben fundamentalistische Bedrohungssituationen besonders intensiv.

"Wir glauben, dass wir uns in einem ständigen geistlichen Kampf mit den Fürsten und Gewaltigen des Bösen befinden, die versuchen, die Gemeinde zu überwältigen und sie an ihrer Aufgabe der Evangelisation der Welt zu hindern." Lausanner Verpflichtungen 1974.

"Hallo Junge, hallo Mädchen! Sicher hast du manchmal schmutzige Hände, wenn du draussen gespielt hast. Dann nimmst du ein Stück Seife und wäschst den Schmutz unter dem Wasserhahn wieder ab. Schliesslich kann es deine Mutter ja nicht gutheissen, wenn du mit ungewaschenen Händen zum Essen erscheinen würdest.

Wenn du nun einmal bei dem Herrn Jesus im Himmel sein möchtest, so musst du dir zuerst von ihm dein sündiges Herz reinwaschen lassen. Er möchte aus dir so gerne ein fröhliches Gotteskind machen. Deshalb sage doch dem Herrn Jesus im Gebet: 'Herr Jesus, bitte reinige mein Herz und wasche doch alles ab, was ich an Bösem getan habe!' Dann wird dir der Herr Jesus deine Schuld vergeben, dein Herz wird neu und rein, so rein und weiss wie Schnee." (Aus einem Traktat der "Stelle zur Verbreitung der Heiligen Schrift in Zürich")

"Du wirst befreit aus der Sklaverei Satans und darfst dem gehören und dienen, der Deinen Kopf aus der Schlinge gezogen hat."
Traktat von Pro Veritate

Im folgenden "pädagogischen" Teil des Traktates für die Eltern wird das Ganze auf den Punkt gebracht: "Jedes neugeborene Kind hat ein sündiges Herz."

Die Schlechtigkeit des Menschen wird auf verschiedene Art beschworen. Zum Beispiel sind der eigene Körper ("das Fleisch") und die Gesellschaft Anlässe ständiger Versuchungen. Geschlechtlichkeit ist nur in der Ehe erlaubt: "Wo Geschlechtlichkeit im vermeintlich unverbindlichen Rahmen stattfindet, wird aus dem segensreichen Heilmittel bitteres Gift, das zum Seelenmörder (...) wird."[2] Um der Sünde der "Unkeuschheit" zu entgehen, flüchten junge "Fundamentalisten" oft überstürzt in Ehen mit Mitgliedern der eigenen Gruppierung.

Die Familie ist von Gott gestiftet. Für sie gilt: "Wie nun aber die Kirche Christus untertan ist, so sollen es auch die Frauen ihren Männern in allem sein." (Eph 5,24). Abtreibung und Homosexualität sind Verstösse gegen die göttliche Schöpfungsordnung und damit sündhaft. Persönliche Selbstverwirklichung wird als Auflehnung gegen die Einheit der Familie und gegen Gott verstanden, der alle Sünden registriert für den Tag der Abrechnung. Viele berichten, sich ständig von Gott beobachtet zu fühlen.

Mitunter werden – vor allem in charismatischen Gruppierungen – psychische Krankheiten (z.B. Schizophrenie) als Auswirkungen des Dämonischen und Schicksalsschläge als Strafe Gottes für sündhaftes Verhalten interpretiert. "Säkulare Ideologien" wie Psychologie oder Psychotherapie können danach bei psychischen Problemen nicht helfen, da sie die Einheit von Gott und Mensch stören. Gefährlich wird es für Betroffene besonders dann, wenn Prediger oder "Heiler" Kranke auffordern, nicht mehr zum Arzt zu gehen oder die Medikamente abzusetzen und nur auf die Kraft des Gebetes zu vertrauen. Bleibt die Heilung aus, war der Glaube des Kranken eben einfach zu schwach.

Rettung im Untergang

Weder Taufschein noch Zugehörigkeit zu einer christlichen Kirche können helfen. Nur die sofortige Bekehrung zu Jesus Christus und die persönliche Gottesbeziehung können den Menschen vor der ewigen Verdammnis retten. Doch: Was als Bekehrung gilt und wie die Gottesbeziehung zu gestalten ist, wird durch die Verkündigung bestimmt. "Zwar wissen wir, dass alle Menschen aus der allgemeinen Offenbarung in der Natur Gott erkennen können, aber wir bestreiten, dass sie dies erretten kann, denn sie unterdrücken die Wahrheit durch Ungerechtigkeit"[3], hielten die 2700 Teilnehmer aus mehr als 150 Ländern auf dem Internationalen Kongress für Weltevangelisation 1974 in Lausanne fest und erteilten damit der ökumenischen Bewegung eine Abfuhr.

Manche fundamentalistische Gruppen stellen auch die Vorstellung des nahen Weltuntergangs und der Wiederkehr des Herrn in den Mittelpunkt ihrer missionarischen Bemühungen. Die Wiederentstehung des Staates Israel nach dem zweiten Weltkrieg, das "Reich des Bösen" in der ehemaligen Sowjetunion, der unübersehbare Wertezerfall in den westlichen Gesellschaften oder die Bemühungen um eine gerechte Lösung des Palästinenserproblems sind für sie biblisch belegte Indizien für die Nähe des Jüngsten Gerichts[4].

"Wir erkennen die Notwendigkeit, uns mit der Waffenrüstung Gottes zu versehen und diesen Kampf mit den geistlichen Waffen der Wahrheit und des Gebetes zu führen."
Lausanner Erklärung 1974.

Korsett oder Zwangsjacke?

In der Gemeinschaft Gleichgesinnter eine Heimat zu finden, spielt nicht nur für bekennende Christen eine Rolle. Viele berichten von der Wärme, mit der sie, ohne viel gefragt zu werden, in "evangelikalen" Gruppen aufgenommen wurden. In aller Offenheit werden tiefgehende Gespräche geführt und mit Entschiedenheit diskutiert. Auch die Bemühungen im sozialen Bereich, oft für Angehörige von gesellschaftlichen Randgruppen, beeindrucken. Vielerorts fliesst ein Teil des Verdienstes und des Gruppenengagements in diese Arbeit.

Was also ist gegen diese Gemeinschaften Gleichgesinnter einzuwenden, wenn das wahre Leben so einfach und die Begeisterung so ansteckend ist?

Wie in jeder Gruppierung von Gleichgesinnten besteht die Gefahr, dass durch das umfängliche zeitliche Engagement, die gruppenspezifische Sprache und den von der Gruppe geprägten Lebensstil nach und nach die Kontakte mit der Aussenwelt verlorengehen. Dies bedeutet nicht bloss eine Verarmung für die Mitglieder. Unmerklich für den einzelnen wird dadurch nicht nur die Bindung an die Gruppe verstärkt. Es werden dadurch auch mehr und mehr persönliche Entscheidungsprozesse an die Gruppe delegiert; auch wenn diese grundsätzlich die Freiheit des einzelnen wünscht, kann sie als Folge allzuleicht vereinnahmend sein. Ihre Mitglieder können so die Fähigkeit verlieren, ihre eigenen Alltagsbelange zu regeln und die Belastung durch die erlebten Widersprüche zur Realität kann sie sogar krank machen.

Als Verstärker wirkt hierbei der sogenannte Minoritäteneffekt: Kleinere Gruppierungen tendieren dazu, die sie umgebende Aussenwelt als bedrohlich oder feindlich zu erleben und sich gegen sie abzuschliessen. Kommt dazu noch der gruppenintern formulierte "Auftrag", den eigenen Glauben und den damit verbundenen Lebensstil weiterzuverbreiten, so ist grundsätzlich die Gefahr der Radikalisierung und der Entwicklung von militanten Verhaltensweisen gegeben. Es kommt zu Fundamentalimus, zur Verfolgung anderer oder gar zu "Kreuzzügen" mit "Feuer und Schwert". Dass

"Fühlst du Hass gegen Jesus Christus? Willst du in deiner Halsstarrigkeit zur Hölle fahren?"
Herold-Schriftenmission.

einzelne Gruppierungen diese Grenze überschritten haben, zeigt sich an der Sprache der Personen an ihrer Spitze und der ihrer Mitglieder.

Ein fundierter und kommunizierbarer Glaube ist eine wichtige persönliche Stütze, und Engagement für andere ist eine unverzichtbare Grundlage unserer Gesellschaft. Problematisch wird es aber, wenn durch Buchstabenglauben und durch religiösen oder moralischen Radikalismus die biblische Botschaft zum engen Korsett wird, das einschnürt, statt zu stützen, und den Atem nimmt.

"Der Herr aber ist der Geist; wo aber der Geist des Herrn ist, da ist Freiheit" (2. Kor 3,17), schreibt der Apostel Paulus. Diese Freiheit sollte man spüren. Sonst kommt es allzuleicht immer wieder zu einem neuen "Fall Lukas".

(nach Gesprächen mit T. Zuber und anderen Fachleuten)

Quellenangaben

[1] Jesus für Züri Zytig, Nr. 4, Dezember 1992

[2] Kurt Blatter (evangelikal anerkannter Ehetherapeut): Sexualität in der Ehe, (k)ein Problem? Eigenverlag für ganzheitliche Medizin, Langental, o. J.

[3] Lausanner Erklärung, 1975

[4] vgl. R. Währer: Unsere Haltung zum Jüdischen Volk, Best Hope 1990 oder diverse Verteilschriften der Mitternachtsmission.

Weiterführende Literatur

Barr J.: Fundamentalismus. München 1981

Eggenberger O.: Die Kirchen, Sondergruppen und religiösen Vereinigungen. Zürich 1990

Hemminger H.: Fundamentalismus in der verweltlichten Kultur. Stuttgart 1991

Hengartner T.: Gott und die Welt im Emmental, Bern 1990

Moser T.: Die Gottesvergiftung. Frankfurt 1976

Nelson G.K.: Der Drang zum Spirituellen, Olten 1991

Oser F. und Gmünder P.: Der Mensch – Stufen seiner religiösen Entwicklung. Gütersloh 1988, 2. Aufl.

Pfürtner S.H.: Fundamentalismus – Die Flucht ins Radikale. Freiburg 1991

Rüegger H.: Evangelische Freikirchen. In: Evangelischer Theologiekurs für Erwachsene, Zürich 1992

Stolz F.: Fundamentalisten, Evangelikale, Enthusiasten – Formen kommender Religiosität? In: Reformiertes Forum 13, 1987

VPM – Entschieden für den rechten Weg

Der Verein zur Förderung der psychologischen Menschenkenntnis gerät immer wieder in die Schlagzeilen, weil seine Mitglieder in den verschiedensten pädagogischen, psychologischen und medizinischen Institutionen seit Jahren hartnäckig nach vermeintlichen Schwachstellen Ausschau halten, um sie in der ihnen richtig erscheinenden Weise zu "reformieren". Dennoch herrscht weitherum Unklarkeit, was diese Organisation, die aus der umstrittenen "Zürcher Schule" des Psychologen Friedrich Liebling herausgewachsen ist, eigentlich will und wie sie dabei konkret vorgeht.

Erich Lammerts ist Chemiker, Mitte 40. Bis vor zehn Jahren gehörte er zu den wichtigen Figuren einer linkssozialistischen Organisation, die revolutionär gesinnte Studenten nach 1968 gegründet hatten.

Im Laufe der Jahre verlor die Gruppierung ihren anfänglichen Schneid. Die Parteiprogramme wurden immer moderater, die einst strammen marxistischen Töne immer leiser. Das Vokabular glich sich allmählich jenem der traditionellen Sozialdemokratie an. So war es nur folgerichtig, dass sich die Organisation zu Beginn der neunziger Jahre auflöste und ihre Exponenten in die sozialdemokratische oder Grüne Partei eintraten.

Diese Entwicklung, diese Entradikalisierung und "Sozialdemokratisierung" hatte Erich Lammerts vorausgeahnt. Er mochte sie nicht mitmachen. Bereits anfangs der achziger Jahre gab er als Gründungsmitglied den Austritt aus der seiner Ansicht nach lendenlahm gewordenen Organisation. Er begründete ihn am 4. September 1981 in einem achtseitigen, fulminanten "offenen Brief". Darin geisselte er die Verantwortlichen der Organisation als "Opportu-

nisten", schimpfte sie "Verräter" und warf ihnen vor, die Gruppierung "in den übelriechenden Sumpf des Verbalradikalismus und Sozialreformismus", in die "tiefste ideologische Kloake" hinabgeführt zu haben.

Seiner politischen Heimat entfremdet, schlidderte Lammerts in eine persönliche Krise. Er überwarf sich mit seinen Vorgesetzten und Arbeitskollegen und verliess seine Familie. Des Alleinseins bald einmal überdrüssig, suchte er per Inserat eine neue Lebenspartnerin. Auf seine originell abgefasste Annonce meldete sich eine junge Akademikerin, die Lammerts auf Anhieb sympathisch war. Die junge Frau, eine Erwachsenenbildnerin, schien nicht abgeneigt, mit Lammerts eine Beziehung einzugehen. Da sie beim Chemiker aber "ein paar Defizite" registriert habe, "vor allem im psychologischen Bereich", wollte sie mit einem ernsthaften Verhältnis vorerst zuwarten. "Ich muss erst mit mir ins Reine kommen", liess sie Lammerts wissen. Auch halte sie den Entscheid, ob sie mit ihm eine Partnerschaft aufbauen möchte, für derart zentral, dass sie zuerst den Ratschlag ihrer Therapeutin einholen wolle. Nach mehreren Wochen lud die junge Frau den Chemiker zu einem gemeinsamen Treffen mit der Therapeutin ein. So kam Erich Lammerts in Kontakt mit dem Verein zur Förderung der psychologischen Menschenkenntnis (VPM). Er fühlte sich unter seinesgleichen. Die Menschen, die er nach der ersten Begegnung mit der Therapeutin seiner neuen Freundin traf, kamen zum Teil aus der 68er-Bewegung – wie er. Enttäuscht von der Wirkungslosigkeit "revolutionärer Politik", setzten sie nun ihre ganze Hoffnung in die Psychologie des VPM.

Lammerts entwickelte sich bald einmal zu einem treuen VPM-Kursbesucher, so dass die Therapeutin seiner Freundin grünes Licht zur Eheschliessung geben konnte. Umsomehr, als der Chemiker eingesehen hatte, dass er tatsächlich "ein paar Defizite" aufwies, "vor allem im psychologischen Bereich". Er begann mit einer Psychotherapie bei einer Psychologin, die beim VPM hoch im Kurs stand. Zu Recht, wie er fand: Die Frau hatte Lebenserfahrung, und sie war kompetent. Jedenfalls hatte Lammerts nichts gegen ihren Vorschlag einzuwenden, an der Universität ein zusätzliches geisteswissenschaftliches Studium zu absolvieren. Lammerts war innert kürzester Zeit lic.phil. I. Seine Freizeit schenkte er dem VPM, dem er nicht nur die harmonische Beziehung zur Erwachsenenbildnerin verdankte, sondern auch die Einsicht, als Mensch und Berufsmann zwar begabt, gleichzeitig aber auch unendlich hilfsbedürftig zu sein. Permanente und beglückende Hilfe erfuhr er vom VPM. Die Kontakte zu seinen ehemaligen Freunden und Kollegen stellte Lammerts ein. Er hatte keine Zeit mehr für sie. Und er brauchte sie auch nicht mehr.
(Das Portrait von Erich Lammerts wurde zur Wahrung der Persönlichkeitssphäre verfremdet.)

Eine Frage und zwei Antworten

Seit der Gründung des VPM 1986 wird eine Frage immer wieder gestellt: Was will diese Organisation, die sich einen ebenso wohlklingenden wie nichtssagenden Namen zugelegt hat?

"Psychologische Hilfestellung bei der Entwicklung von Mitmenschlichkeit"

Auf diese Frage gibt es zwei Antworten; eine einfache und eine komplizierte. Die einfache ist den Drucksachen zu entnehmen, mit denen sich der VPM insbesondere an Regierungs- und Gemeinderäte, an Schul- und Kirchenpräsidenten wendet. In einer solchen Schrift heisst es beispielsweise: "Zentrales Anliegen des VPM sind die psychologische Hilfestellung bei der Entwicklung von Mitmenschlichkeit und sozialer Kompetenz sowie die Förderung einer umfassenden Bildung."[1]

In einer andern Broschüre deklariert sich der Verein simpel als "ein Zusammenschluss von Ärzten, Psychologen, Pädagogen und psychologisch Interessierten anderer Berufe", der allen Menschen offenstehe, "die sich ernsthaft für psychologische Fragen interessieren". Wer sich an den VPM wende, erhalte "konkrete Hilfe in seinen Lebensfragen, seien es Fragen der Erziehung, der Ehe, des Berufs, der Studien- oder Berufswahl".[2] Das klingt gut, tönt aber auch nach Selbstbedienungsladen mit populär-psychologischem Angebot. Indes: Wäre der VPM tatsächlich ein gewöhnlicher "Zusammenschluss" von Leuten, die sich in ihrer Freizeit mit Psychologie beschäftigen, so wäre die Organisation seit 1989 kaum so häufig und so hartnäckig in die Schlagzeilen der Zürcher Presse geraten.

Eine "Psychologie", die Schlagzeilen macht

Womit wir bei der komplizierteren Antwort auf die Frage wären: Was bezweckt der VPM? Um diese Antwort zu geben, ist ein Blick zurück notwendig. Es ist unumgänglich, sich mit den Organisationen zu beschäftigen, in deren Nachfolge der VPM gesehen werden muss. Werfen wir deshalb einen Blick auf die Figur, die am Anfang dieser schlagzeilenliefernden Bewegung stand.

Friedrich Liebling: Figur im dunkeln

Beinahe 89 Jahre alt ist Friedrich Liebling geworden, über ein Vierteljahrhundert hat er in Zürich gewirkt. Seine Schüler und Schülerinnen, seine Anhängerinnen und Anhänger gingen in die Tausende. Und dennoch lagen Friedrich Lieblings erste 60 Lebensjahre lange Zeit weitgehend im dunkeln, hatte er doch über sein Herkommen einen Mantel des Schweigens gelegt, der erst im Dezember 1990 gelüftet wurde. [3]

Der Sohn einer jüdischen Familie aus Ostgalizien liess sich um 1913 in Wien nieder, änderte – nachdem er aus dem Ersten Weltkrieg zurückgekehrt war – seinen Vornamen von Salomon auf

Friedrich, bezeichnete sich als "konfessionslos" und betätigte sich in der Hauptstadt vorerst als Agent, Inkassant und Vertreter. Später stieg Liebling zusammen mit einem Bruder in den Gemischtwarengrosshandel ein. Nach diversen beruflichen Wechseln verliessen Friedrich Liebling und seine Frau Maria zusammen mit den Töchtern Erna und Lilly Österreich. 1938 erreichten sie als Flüchtlinge Schaffhausen, genossen dort die Protektion des Lokalpolitikers Walter Bringolf, der ihnen 1950 zur definitiven Aufenthaltsbewilligung verhalf. Im gleichen Jahr zog die Familie nach Zürich um.

Von anarchistischen Autoren beeinflusst

Über Lieblings Werdegang als Psychologe liegt wenig Verbrieftes vor. Er selber gab an, von 1919 bis 1926 ein Schüler des Individualpsychologen Alfred Adler gewesen zu sein. Das Gerücht, Liebling habe in Wien ein Medizinstudium begonnen, wurde bisher nicht durch Fakten erhärtet. Glaubhaft scheint indes, dass er von (anarchistischen) Autoren wie Proudhon, Stirner, Bakunin, Kropotkin, Mühsam und vor allem Ramus nachhaltig beeinflusst worden ist.

Die PLBS entsteht

Um 1955 begann er zusammen mit seinem Pflegesohn Josef Rattner die Psychologische Lehr- und Beratungsstelle Zürich (PLBS) aufzubauen, die nach und nach – so Rattner in seiner Autobiographie – "zu einem Therapie- und Schulungszentrum für sehr viele Menschen wurde". [4]

In den späten 60er Jahren zog Rattner nach Berlin; er folgte einem Lehrauftrag der Freien Universität. Gleichzeitig baute er in Berlin einen eigenen Arbeitskreis auf. Zu den anfänglich eher unerheblichen fachlichen Meinungsverschiedenheiten gesellte sich im Laufe der Jahre das Bedürfnis, aus dem Schatten des "Meisters" herauszutreten.

"Wir sollten uns die 'Zürcher Schule' nennen"

In diese Jahre fällt Lieblings Vorschlag, seine psychologische Bewegung "Zürcher Schule" zu nennen. So harmlos die Begründung tönt ("... damit wir nicht verwechselt werden"), so bedeutsam war sie. Denn in dieser anmassenden Bezeichnung kommt bereits eine Tendenz zum Ausdruck, die später im VPM voll durchschlagen sollte: Der absolute Anspruch, allein die Lösung für sämtliche Fragen des menschlichen Zusammenlebens zu besitzen.

Aus dieser Zeit stammen die ersten Erinnerungen, die Peter Ott (Name geändert) an Friedrich Liebling bewahrt hat. Ott, Zürcher Weggefährte Lieblings von 1966 bis 1982 (und nach dessen Tod einer der Kronprinzen der "Zürcher Schule"), denkt voller Hochachtung an den Liebling der sechziger und siebziger Jahre zurück: Er habe die Ideale Gerechtigkeit und Gleichheit gelebt und sei so zu einer "grossen, charismatischen, beinahe mystischen Figur" geworden.

Zu einem eigentlichen Höhenflug setzte die Liebling-Bewegung nach 1974 an. Der grosse Zulauf aus der ganzen Schweiz und aus der Bundesrepublik liess das Vermögen der "Zürcher Schule", die sich zu einem "heimlichen Imperium" [5] gemausert hatte, sprunghaft ansteigen: Ende der siebziger Jahre gehörten der "Schule" mehrere noble Zürichberg-Häuser. Weil diese Häuser dem Massenandrang nicht genügten oder weil sie aus baupolizeilichen Gründen nicht als Schulungszentren genutzt werden durften, mussten weitere Lokalitäten hinzugemietet werden. Die Mietkosten waren für die "Zürcher Schule" kein Problem: Die damals rund 2000 regelmässigen Gruppenteilnehmer sorgten im Verlaufe der Jahre für ein Millionenvermögen, das auf Bank- und Postckeckkonten lagerte und so jederzeit griffbereit war. Kassenwart war indes nicht Friedrich Liebling, sondern die im Jahre 1974 von ihm gegründete "Stiftung Psychologische Lehr- und Beratungsstelle".

"Die 'Zürcher Schule' tritt mit dem Anspruch auf, d i e Psychologie zu vertreten. Da kaum Querverbindungen zu anderen psychologischen Richtungen bestehen, kann sie wohl nach innen diesen Anspruch erheben, nach aussen aber stellt er eine Irreführung der Öffentlichkeit dar." (Dieter Hanhart, Bulletin der Schweizer Psychologen, November 1981)

Der quantitative Erfolg der Bewegung rückte eine Therapieform ins Rampenlicht, die Liebling schon seit den 60er Jahren praktizierte und die von der Fachwelt mit Kopfschütteln beobachtet wurde: Rat- und Hilfesuchende wurden in Grossgruppen eingegliedert, wo sie am Mikrophon vor 50 und mehr Menschen über persönlichste Probleme reden mussten. Nicht selten übertrug man diese Beichten direkt in weitere Räume mit Hunderten von weiteren Zuhörern. Die Tonbandaufzeichnungen solcher Selbstdarstellungen wurden jahrelang aufbewahrt.

Selbstentblössung vor Massenpublikum

Auffangbecken für heimatlose Linke?

Das Phänomen "Zürcher Schule", das in den siebziger Jahren eine eher linke Klientel anzog, erklärt Peter Ott unter anderem mit dem Niedergang der Studentenbewegung von 1968. Die Anhänger dieser Bewegung seien sowohl in der Bundesrepublik als auch in der Schweiz vor der Alternative gestanden, entweder in eine dogmatische K-Gruppe einzutreten, in den Untergrund zu gehen oder aber sich auf sich selbst zurückzuziehen. "Für jene, die mit diesem Angebot nichts anfangen konnten, war die 'Zürcher Schule' eine Art Auffangbecken."

Heute übt Ott harsche Kritik an Liebling: "Er hat sehr gezielt mit den Emotionen seiner Anhänger gespielt." Liebling habe sehr genau gewusst, dass seine Schüler ein enormes Bedürfnis nach seiner Zuwendung hatten, und er wusste um ihre Angst, diese Zuwendung zu verlieren. Er verstand es offenbar meisterhaft, mit Zuckerbrot und Peitsche Menschen an sich zu binden. Ott jeden-

"Liebling hat mit Emotionen gespielt"

falls sagt rückblickend: "Liebling war kein überragender Mensch, weder geistig, noch körperlich, noch emotional." Um zu dieser Einsicht zu kommen, brauchte Ott viele Jahre – und eine Psychoanalyse. Für ihn war Liebling eine eigentliche Vaterfigur gewesen. Der Bruch mit der von Liebling gegründeten Institution wurde ihm erst nach dem Tode des "Vaters" möglich. Unterschwellig, sagt Ott, habe er zwar schon längere Zeit Zweifel sowohl an der Person Lieblings als auch an dessen Lebenswerk gehabt. Aber: "Ich war nicht fähig, diese Zweifel zu äussern und den Konflikt auszutragen."

Die grosse Spaltung

Nach Lieblings Tod (28.2.1982) setzten seine Erbinnen, die in den USA lebenden Töchter Erna Grob und Lilian Rattner, ein Dreiergremium ein, bestehend aus Ernst Frei, Antonio Cho und Annemarie Buchholz-Kaiser, das die Führung der im Jahre 1983 neu gegründeten Psychologischen Lehr- und Beratungsstelle Friedrich Liebling AG (PLB AG) übernahm. Das Gremium zerstritt sich indessen bald. Denn ein Kreis um Cho hatte noch zu Lieblings Lebzeiten damit begonnen, über den engen Zaun hinauszuschauen, der die "Zürcher Schule" umspannte. Dieser Cho-Kreis nahm vorübergehend das Alfred Adler-Institut (AAI) in Zürich in Beschlag und gründete 1984 das Ausbildungszentrum für Individualpsychologische Psychotherapie und -analyse (AZIP).

Auf die zahlenmässig weit gewichtigere Gruppe um Annemarie Buchholz-Kaiser war wahrscheinlich gemünzt, was Josef Rattner in seiner Autobiographie über die Schüler Friedrich Lieblings schrieb: Sie "waren (...) geneigt, Fanatismus und geistige Engstirnigkeit an den Tag zu legen. Mit der Mediokrität kleiner Gefolgsleute vertraten sie gelegentlich den Standpunkt, der 'besseren Schule' anzugehören und die 'wahrere Wahrheit' zu besitzen."

"Geneigt, Fanatismus und geistige Engstirnigkeit an den Tag zu legen"

Wie auch immer: Verschiedene Gruppierungen begannen, innerhalb der PLB AG um die Liebling-Nachfolge zu kämpfen. Es kam zu einer ganzen Reihe von Ausschlüssen und Abspaltungen. Mit den meisten dieser Aktionen mussten sich auch die Gerichte – nicht selten bis zur letzten Instanz – beschäftigen. Die Ausschlüsse und auch die zunehmenden freiwilligen Austritte betrafen sowohl hierarchisch unbedeutende Mitglieder als auch sogenannte Kronprinzen, die nach Lieblings Tod überzeugt gewesen waren, seine Bewegung authentisch weiterführen zu können. Sicher ist, dass Liebling es unterlassen hatte, einen Nachfolger oder eine Nachfolgerin zu bestimmen. Dennoch erlebte Ott in den ersten Monaten nach Lieblings Tod innerhalb der "Zürcher Schule" "erstaunlich wenig Lähmung". Das führt er darauf zurück, "dass wir eine Diktatur gewohnt waren". Das Dreiergremium habe sehr schnell die Macht übernommen, was vorerst von niemandem in Frage gestellt worden sei. Mit einigen Monaten Verzögerung brach der Machtkampf dann aber offen aus.

"Wir waren eine Diktatur gewohnt"

Antonio Chos Konzept sah eine gewisse Öffnung vor. Da so nach Ansicht des Zirkels um Annemarie Buchholz-Kaiser "die Garantie für eine Weiterführung der Arbeit im Sinne Friedrich Liebling nicht mehr gegeben war", verliessen im Frühjahr 1986 "über zweitausend Teilnehmer, darunter weit über hundert die Arbeit tragende Psychologen, Lehrer, Erzieher, Ärzte erdrutschartig die Räume der PLB AG, mieteten sich in Sälen provisorisch ein und führten ihre Arbeit in gewohnter Weise ohne Unterbruch weiter". [6]

Damit war der Bruch vollzogen. Die AZIP-Gruppe kritisierte nach der Spaltung im wesentlichen drei Punkte am Buchholz-Kaiser-Zirkel:

- "Abhängigmachende Grossgruppenbewegung mit einer Zentrierung auf eine Führerfigur;
- theoretischer Dogmatismus, das undurchsichtige Konzept der Einzeltherapie und die manipulative "Nacherziehung" als therapeutische Methode;
- Heilsversprechungen, die unter der Bezeichnung "Psychotherapie" und unter Abschirmung gegen eine demokratische, bzw. wissenschaftliche Auseinandersetzung sektenähnliche Strukturen schaffen." [7]

Während das AZIP von der Internationalen Adler-Gesellschaft anerkannt und schliesslich auch vom AAI Zürich toleriert wurde, gründete die Gruppe um Annemarie Buchholz-Kaiser im August 1986 den Verein zur Förderung der psychologischen Menschenkenntnis (VPM). Nach der Spaltung besetzte der VPM den gesamten, mehr als zwanzigköpfigen Stiftungsrat der Stiftung Psychologische Lehr- und Beratungsstelle und erbte damit Lieblings nicht unbeträchtliches Vermögen samt den Liegenschaften.

Der VPM zimmert ein eigenes Weltbild

Friedrich Liebling hinterliess seiner Nachfolgerin kaum brauchbares theoretisches Material. Sein psychagogisches Konzept wurde und wird von der Fachwelt ignoriert. Dafür war seine politische Hinterlassenschaft ziemlich eindeutig: ein anarchistisches Weltbild mit Verzicht auf direkte politische Aktionen. Dennoch gelang es dem VPM unter der Führung von Annemarie Buchholz-Kaiser relativ mühelos, innert kürzester Zeit dieses politische Erbe ins schiere Gegenteil zu verkehren: Der VPM hofiert rechtsbürger-

Kaum brauchbares theoretisches Material

"Zwanzig Jahre Lieblingsche Kraftpredigt vermochten aus dem vorsichtigen Landmädchen (Buchholz-Kaiser, d.V.), das in seiner Familie 'Müsli' genannt worden und im thurgauischen Dussnang aufgewachsen war, keine kühne Duellantin zu machen. Konfrontation und offener Schlagabtausch, Debatten und Kontroversen liegen ihr nicht. Von Anfang an setzte sie auf persönliche Unauffälligkeit, Hinterzimmerdiplomatie und Rechtsanwälte bei der Durchsetzung ihrer Politik – und auf Tränen gegenüber KollegInnen und selbst gegenüber PatientInnen." (Eugen Sorg, "Lieblings-Geschichten", Seite 208)

lichen Kreisen und ist sozialpolitisch ausserordentlich aktiv, obwohl auch heute noch ein Rest der 68er-Generation im Verein engagiert ist. Eine mit Otts Einschätzung übereinstimmende Begründung für die politische Flexibilität der VPM-Anhänger liefert Hans Keller (Name geändert), der erst kürzlich aus dem Verein ausgetreten ist: "Sowohl Lieblings 'Zürcher Schule' als auch der VPM basieren auf einer äusserst autoritären hierarchischen Struktur, die insbesondere durch eine uneingeschränkte Gefolgschaft gegenüber der Führerperson gekennzeichnet ist." Diese "beinahe totalitären Strukturen" und nicht die äussere Form oder die Inhalte bildeten das eigentlich verbindende Element zwischen der "Zürcher Schule" und dem VPM. Keller ist überzeugt, dass diese Struktur erklärt, "weshalb Hunderte innert kürzester Zeit wendehalsartig auf eine in ihr Gegenteil verkehrte Ideologie einschwenken konnten".

Das Chaos, das Liebling sowohl konzeptionell als auch führungsmässig hinterlassen hatte, lastete schwer auf Annemarie Buchholz-Kaiser. Erst nach längerer Anlaufzeit entstand ein eigenes VPM-Weltbild, in dessen Zentrum repressive Drogen- und Aidsprogramme und ein vergangenheitsorientiertes Erziehungsverständnis stehen. Hans Keller betont indes, dass die Stellungnahmen des VPM zu diesen Fragen "nicht in der Sache selbst begründet sind": "Den endgültigen Entschluss, sich auf die rechtsbürgerliche Seite zu schlagen und in Drogen-, Aids- und Erziehungsfragen in deren Sinn öffentlich aktiv zu werden, wurde 1988/89 nur gefasst, um dem angeschlagenen Ruf des VPM in der Öffentlichkeit zu begegnen. Man wollte die gutbürgerlichen Kreise hinter sich bringen."

So wurden in emsiger Klein- und Gruppenarbeit verschiedene Papiere zur Drogen- und Aidsprävention, zur Pädagogik und Schulentwicklung erarbeitet, und es wurden gross aufgezogene Kongresse und Seminare zu diesen Generalthemen organisiert. Daneben widmete sich der VPM weiterhin therapeutischen Aufgaben, und er nahm Schüler und Studenten an der Hand, um sie über alle Prüfungsklippen auf den akademischen Weg zu führen – getreu dem Grundsatz von Friedrich Liebling, wonach der Mensch unbeschränkt lernfähig sei.

Die entstandenen Drogen- und Aidspapiere stellen den Alltag als reines Horror-Szenarium dar. Pech, dass die Wirklichkeit häufig den düsteren Vorstellungen der VPM-Papiere nicht entspricht. Da hat man für eine desolate Welt Rezepte "erarbeitet", hat endlich ein Heilmittel zur Hand – und nun interessiert sich kaum ein Mensch dafür. Was liegt da näher, als die Wirklichkeit den eigenen Vorstellungen anzugleichen? Am Beispiel der Handelsschule des Kaufmännischen Verbands Zürich (KVZ) lässt sich dieser Vorgang exemplarisch zeigen.

Das Beispiel KVZ

Eine Handvoll Lehrer, allesamt VPM-Mitglieder, versuchte im Jahre 1990 Rektorat und Kollegen davon zu überzeugen, dass die Handelsschule zu einer Art Drogenhölle verkommen sei. Verschiedene "Untersuchungen", Gerüchte und Vermutungen sollten die gebetsmühlenhaft vorgetragene Schreckensbotschaft untermauern. Lehrerkollegium und Vorgesetzte wurden bis über beide Ohren mit "Dokumentationen" eingedeckt. Wer sich mit dem Zerrbild der VPM-Lehrer nicht einverstanden erklären konnte und seine Skepsis äusserte, wurde vor den Friedensrichter zitiert. Dem achtköpfigen VPM-Zirkel gelang es so innert kürzester Zeit, Misstrauen und eine schlechte Stimmung ins Schulhaus zu tragen und die Drogendiskussion zum dominierenden Thema an der Schule zu machen. Als die Schulleitung von der diffamierenden Kampagne der VPM-Lehrer die Nase voll hatte und sechs Lehrbeauftragte von der Schule wies, kam zum Tragen, was der VPM ebenfalls meisterhaft beherrscht: Die VPM-Agitatoren, die den Schulbetrieb mit ihrer wohlinszenierten Kampagne massiv gestört hatten, stellten sich der Öffentlichkeit als bemitleidenswerte Opfer eines Rektorates dar, das von Drogenverherrlichern unterwandert und beeinflusst sei.

Zur Drogenhölle verkommen?

Sechs Lehrbeauftragte von der Schule gewiesen

Nach diesem Schema (verzerrte Wiedergabe der Wirklichkeit, litaneiartiges Anpreisen des VPM-Heilmittels, Diffamierung der wirklichen und vermeintlichen Gegner und beim Scheitern Rückzug auf die Märtyrerrolle) hat der VPM in den letzten Jahren verschiedene Institutionen im Kanton Zürich bedrängt: die Kantonale Maturitätsschule für Erwachsene, einzelne Fachvereine an der Universität, verschiedene Volksschul-Schulhäuser, diverse Sektionen des Verbands Schweizerischer Kindergärtnerinnen und den Vorstand des Schweizerischen Krippenverbandes. Als Speerspitze wurden jeweils ad hoc gegründete Zirkel mit wohlklingenden Namen eingesetzt ("Studentenforum", "Arbeitskreis drogenfreie Schule", "Arbeitskreis für integrative Sozialerziehung im Kindergarten", "Aids-Aufklärung Schweiz", "Arbeitskreis Berufspädagogik", "Arbeitsgruppe Sozialtätiger"), die vom beträchtlichen Personalreservoir, vom Vermögen und von der Infrastruktur des VPM profitieren und so einen beeindruckenden Drucksachenwirbel auslösen konnten.

Neu und überraschend war, dass sich diese Arbeitskreise offen als zum VPM gehörig deklarierten. (Unter Liebling und in den Anfangszeiten des VPM bevorzugten die Aktivisten der Liebling-Bewegung klandestines Vorgehen.) Parallel dazu kam es im Januar 1991 zu einem kollektiven Coming-out: Über 1000 VPM-Mitglieder und -Sympathisanten unterzeichneten ein grossaufgemachtes Huldigungsinserat für die "fachliche Leiterin" des VPM, Annema-

"Was unternimmt der VPM selbst, um die Ratsuchenden nach ... der Beratung in die überzeugende Unabhängigkeit zu führen? Übt sich diese Schule auch in Selbstkritik? Ich warte auf einen VPM, dem es gelingt, seine Ratsuchenden fair zu verabschieden." (Georg Schmid, Pfarrer und Privatdozent für Religionswissenschaft, Kirchenbote für den Kanton Zürich, 23. November 1990)

rie Buchholz-Kaiser.[8] Dieser Schritt nach aussen sollte nach innen eine berechnete Wirkung haben. Der VPM hat sich nämlich in weiten Teilen der Öffentlichkeit durch seine Methoden und die scharfmacherischen Töne seine Sympathien verscherzt. Wer sich zu ihm bekennt, muss an seinem Arbeitsort damit rechnen, dass ihm genau auf die Finger geschaut wird. Diese Abseitsposition verstärkt den Drang, in der VPM-Familie Geborgenheit, Anerkennung und Schutz vor der unwirtlichen Wirklichkeit zu suchen, und die Neigung, sich dem Verein noch mehr auszuliefern.

Soziale Isolation und Abhängigkeit

VPM-Mitglieder geraten in eine gravierende soziale Isolation", weiss Hans Keller. Es handle sich dabei um einen "schleichenden Prozess": "Nach und nach werden alle Kontakte ausserhalb des VPM abgebaut, denn innerhalb der Gruppe besteht ein komplexes soziales Netz; es bestehen Strukturen gegenseitiger Hilfe, und es gibt eine gemeinsame Sprache. Mit der Zeit erscheint es dem einzelnen einfacher, sich nurmehr innerhalb der Gruppe zu bewegen. Gleichzeitig bildet sich im allgemeinen ein gewisses Überlegenheitsgefühl gegenüber dem Rest der Welt."

Die soziale Isolation hat schwerwiegende Konsequenzen: Der einzelne verliert den Bezug zur Welt, den Realitätssinn. Die Welt wird ihm fremd – und gleichzeitig wird sie behandlungsbedürftig. Alle noch nicht verzichtbaren Kontakte mit aussenstehenden Personen finden unter dem Vorzeichen dieser Bedürftigkeit statt und werden dadurch unecht, anmassend und distanziert. Schliesslich bewirkt die soziale Isolation, dass der einzelne en bloc die Wertvorstellungen übernimmt, die innerhalb der Gruppe gelten. Kellers Erfahrung ist, dass das Mitglied "seinen eigenen Wert nur noch nach dem Wertsystem der Gruppe bestimmen kann. Seine ganzen Bestrebungen richten sich immer mehr darauf, dem gruppeninternen Wertsystem möglichst zu entsprechen und sich in der Hierarchie eine möglichst gute Stellung zu erobern."

Dieser ständige Kampf führt dazu, dass innerhalb des VPM ein jeder und eine jede die Fähigkeit verliert, sich in einer Gesellschaft zu orientieren, die andere Wertsysteme und andere Hierarchien kennt. Verständlich, dass seit der Gründung des VPM nur wenige Mitglieder den Absprung geschafft haben.

Zu den wenigen gehört ein Ehepaar, das nach internen Vereinsquerelen grundsätzlich am VPM zu zweifeln begann. Wochenlang sahen die Ehepartner aber davon ab, miteinander über ihre Zweifel zu sprechen. Wie sich später herausstellte, waren beide von derselben Angst beherrscht; was wird, wenn der andere keine Anfechtung hat? Beide wussten: Entweder unterdrücke ich meine Zweifel, oder es kommt über kurz oder lang zum Bruch der Beziehung. Beide wussten auch, dass die Kräfte, die den einzelnen an den VPM binden, stärker sein können als diejenigen, die ein Ehepaar zusammenhalten.

Solch tiefgreifende Abhängigkeit schafft der VPM mit wahrhaft raffinierten Mitteln. Zum einen stellt er die Psychologie als Wissenschaft dar, die auf eine Frage nur *eine* richtige Antwort zulässt. Was gesundes, richtiges Leben ist, wird so bis ins Detail festgelegt und stellt eine beinahe unerreichbare Norm dar. Deshalb bleibt auch nach 15 Therapiejahren bei vielen das schmerzhafte Gefühl des Ungenügens zurück. Um die Norm doch noch zu erreichen, gibt es nur eine Möglichkeit: die Zahl der therapeutischen Sitzungen erhöhen. Dazu passt, dass man im VPM überzeugt ist, nur Friedrich Liebling und Annemarie Buchholz-Kaiser hätten die Stufe wirklicher seelischer Gesundheit erreicht. Diese Position auf dem höchsten Sockel gibt der VPM–Führerin quasi das Recht, im Detail zu bestimmen, was richtig und gesund leben heisst.

Zum andern besagt ein theoretisches Axiom des VPM, eine Person werde in erster Linie über ihren Charakter wahrgenommen. Gleichzeitig besteht der absolute Glaubenssatz, dass es innerhalb der Gruppe keine Hierarchie gebe. Weil es eine informelle Hierarchie aber – wie bereits dargelegt – sehr wohl gibt, gerät das VPM-Mitglied in eine Situation, die ihm beinahe den Verstand raubt. Hans Keller: "Täglich nimmst du die Gruppenhierarchie wahr und verspürst vielleicht sogar den Wunsch, auch einmal ganz oben zu sein. Gleichzeitig wird dir immer gesagt, man könne gar nicht aufsteigen, da es keine hierarchische Pyramide gebe." Dieser Widerspruch lehrt den einzelnen, seiner Wahrnehmung zu misstrauen – und sie letztlich zu entwerten. Keller: "Du beginnst deine Wahrnehmung als Ausdruck deines kranken Charakters zu sehen und glaubst mit der Zeit, dass die Hierarchie nur in deinem Inneren besteht und von dort in die Gruppe hineinprojiziert wird. Dieser Vorgang schafft ein Muster, durch welches kritische Wahrnehmungen auf den Charakter des einzelnen zurückverwiesen werden können." So kann der Einzelne am VPM nichts mehr in Frage stellen, sondern nur noch an sich selbst. Er verliert das eigenständige, unabhängige Denken.

"Vom Erscheinungsbild her fällt auf, dass das Verhaltensmodell der neuen Meisterin unterdessen vielfach kopiert wird und äusserliche Merkmale und Eigenschaften von den AdeptInnen nachgeahmt werden. Steckten sich früher zahlreiche AnhängerInnen gleich ihrem Idol (Liebling, d.V.) eine Pfeife in den Mund, so üben sich heute vor allem die Frauen darin, Gang, Blick und Kleidungsstil von Annemarie Buchholz-Kaiser zu übernehmen." (Sorg, a.a.O., Seite 207)

"Kontinuierliche Weiterführung des Lebenswerkes von Friedrich Liebling"?

Gegenüber Friedrich Liebling verfolgt der VPM einen auffälligen Zickzack-Kurs. Im Jahre 1989 behauptete VPM-Präsident Ralph Kaiser: "Der VPM (...) ist keine Nachfolgeorganisation der 'Zürcher Schule' Friedrich Lieblings. Zielsetzung, Arbeitsweise und Organisationsform beruhen auf eigenständiger und unabhängiger Grundlage."[9]

Anderthalb Jahre später beteuerten "über 1200 Kursteilnehmer und Mitglieder des VPM", darunter Ralph Kaiser: "Annemarie Buchholz-Kaisers fachlicher Kompetenz und überragender Persönlichkeit haben wir die kontinuierliche Weiterführung des Lebenswerkes von Friedrich Liebling zu verdanken."[10]

Das ist wohl wahrer als die Behauptung aus dem Jahre 1989. Denn Annemarie Buchholz-Kaiser hat von Liebling in der Tat manches übernommen. So führt sie den Verein nach seinem Vorbild: Sie hat eine eigentliche Günstlingswirtschaft eingeführt, und sie fördert den Kult um die eigene Person.

"Immer stärker breiten sich private Geheimdiplomatie und Denunziantentum innerhalb der Gruppe aus. Das Klima ist angsterfüllt; jeder fürchtet sich, dem anderen etwas zu sagen, was gegen ihn verwendet werden könnte. Der Partner, die Partnerin, die FreundInnen in der Lesegruppe, alle könnten diejenigen sein, die einen an die Leitung verpfeifen, äusserte man auch nur den kleinsten Zweifel an irgendeiner der offiziösen Wahrheiten." (Sorg, a.a.O., Seite 193)

Gegner werden mit der gleichen Härte bekämpft wie in den frühen achtziger Jahren. Schon Liebling hatte die von ihm abgefallenen Gefolgsleute mit Ächtung und die ihn ohnehin nicht verstehende Aussenwelt mit Verachtung gestraft. Buchholz-Kaiser hält es genauso. Und auch sie beschäftigt oft und gerne Anwälte und Richter.

Liebling lebte nach der Devise: Wer nicht für mich ist, ist gegen mich. Diesem Motto lebt auch die VPM-Führung nach. Nach innen und nach aussen. Gegner werden rücksichtslos behandelt: Ausschluss und Liebesentzug als erste und mildeste Bestrafungsstufe. Wer nicht klein beigibt, muss – zweite Stufe – mit öffentlicher Diffamierung rechnen. Schliesslich werden Lebensgeschichten hemmungslos breitgeschlagen, intime Kenntnisse über die in Ungnade gefallene Person schamlos veröffentlicht. Über allen Kritikern schwebt die ständige Drohung, in zeitraubende juristische Händel verwickelt zu werden. Gefordert werden Dankbarkeit und Demut. Lebenslang.

Der Feind hockt links

Als willkommenen äusseren Gegner benutzt der VPM die "Linken". Ohne die eigenen Wurzeln zu reflektieren, ohne sich an die politische Situierung der einstigen "Zürcher Schule" zu erinnern, wird die "Linke" für den Niedergang all dessen verantwortlich gemacht, was dem VPM wichtig und zentral ist: Erziehung, Pflichtbewusstsein, Leistungsbereitschaft, Hygiene, Staatstreue, Drogenabstinenz, sexuelle Einschränkung, Lerneifer, Hierarchiegläubigkeit, Aggressionslosigkeit, Disziplin, Unterwerfungswille, Gehorsam.

"Nein, ich streite gar nicht gerne."(Annemarie Buchholz-Kaiser, Züri-Woche, 17. Januar 1991)

Verbissen klammert sich der VPM am linken Feindbild fest. In immer phantastischeren Bildern wird die "Unterwanderung" der staatlichen Institutionen durch "Linke" beschrieben: "Die Exponenten der Neuen Linken haben den "langen Marsch durch die Institutionen" vollzogen. Sie besetzen wichtige Kaderstellen in der Verwaltung und im Bildungswesen und steuern so die Entwicklung der von ihnen gewollten 'Reformen', die heute rigoros durchgesetzt werden. Sie zielen auf die Auflösung des Gemeinwesens und damit auf die Grundlage des demokratischen Rechtsstaates: Das Ausleben sämtlicher Aggressionen gegen den Mitmenschen ist erklärtes Ziel. Alle verbindlichen Vereinbarungen werden als repressive Zwangsmechanismen abgetan. Ihre Strategie visiert offensichtlich vollständiges Chaos, Bürgerkrieg und Kampf aller gegen alle unter neulinkem Diktat an."[11]

Immer schriller wird die Sprache; "Auseinandersetzung" findet vornehmlich auf den Inseratseiten der Zürcher Zeitungen oder vor den Zürcher Gerichten statt. Kunststück: VPM-Mitglieder und -Sympathisanten sind gelernte Ja-Sager. Die Anpassung und Devotheit nach innen läuft einher mit massiver Aggression nach aussen. Gegenargumente anhören, prüfen und gewichten und sie allenfalls in die eigenen Überlegungen einbeziehen, haben die VPM-Mitläufer in ihrem Verein nicht gelernt. Für Zweifel und Skepsis ist im VPM kein Platz.

"Einzigartig am VPM ist im Moment nur die Vehemenz, mit der auf jeden Anflug von Kritik reagiert wird (und) die Härte, mit der alle kritischen Fragen zurückgeschlagen werden." (Schmid, a.a.O.)

Wider jede Schulentwicklung

Mit zunehmender Intensität engagiert sich der VPM auch in erzieherischen und pädagogischen Fragen. Dabei vertritt er die Ansicht, dass sich das Althergebrachte bestens bewährt habe und dass es schon deshalb keinerlei Veränderungen im Schul- und Erziehungswesen brauche. Auch hier sieht er sich von linken Unterwanderern und Staatszerstörern umgeben, die mit der Schulreform letztlich die Schule und die Erziehung als gesellschaftsbildendes Element abschaffen wollen.

Von sich reden machte Ende 1990 ein ganzseitiges Zeitungsinserat[12], in dem der VPM am neuen Leitbild für den Kindergarten, herausgegeben vom Verband Schweizerischer Kindergärtnerinnen, schärfste Kritik übte. Dabei brauchte er den Begriff "Antipädagogik", um diese Grundlagen für die vorschulische Erziehung in Misskredit zu bringen.

1991 entstand ein über tausendseitiges Werk, in dem jede Pädagogik, jede Schulentwicklung und jede Strukturveränderung im Schulwesen, die nicht den Vorstellungen des VPM entspricht, als "antipädagogisch" und extrem linke Bestrebung etikettiert wird. Die Kritik betrifft dabei nicht nur einzelne Exponenten des Schul- und Erziehungswesens, sondern selbst beschlossene Schulreformen und allgemeine pädagogische Entwicklungen, so z.B. die Bestrebungen, die Schüler im Unterricht individueller wahrzunehmen und zu fördern[13].

In einseitiger Auslegung (und tatsachenverdrehend) nennt der VPM die von der Lehrerschaft des Kantons Zürich initiierte Revision des Lehrplans ein Machwerk erziehungsverachtender Menschen. Dabei stellt er Begriffe bewusst falsch dar und ignoriert jede differenzierende Sichtweise. Es ist zu erwarten, dass der VPM gerade im Zusammenhang mit der Lehrplanrevision immer heftiger versuchen wird, den Beweis zu erbringen, dass es bei der Revision darum geht, linksextreme, staatsunterwandernde und "antipädagogische" Absichten durchzusetzen. Einen weiteren Schwerpunkt der "antipädagogischen Diskussion" setzte der VPM, als er 1992 am Pädagogischen Institut der Universität Zürich eine Vortragsreihe unter dem Titel "Populäre pädagogische Strömungen kritisch betrachtet" organisierte.

Kooperation mit VPM-Mitgliedern?

Der VPM lehnt alle aktuellen Tendenzen vehement ab, die das öffentliche Erziehungswesen weiterentwickeln wollen. Da stellt sich schon die Frage, inwieweit VPM-Mitglieder im Schulsektor zur Kooperation mit Berufskollegen, Spezialisten, Eltern und Behörden bereit sein können. Sind VPM-Sympathisanten in der Lage, nach dem neuen Lehrplan zu unterrichten, wenn der Verein diesen vollumfänglich ablehnt? Können VPM-Mitglieder die integrative Schulungsform in einer Gemeinde kooperativ mittragen, wenn der VPM diese neue Form sonderpädagogischer Förderung als schul- und letztlich als gesellschaftszersetzend betrachtet?

Es muss noch einmal an die Abhängigkeit erinnert werden, in welche der VPM seine Anhänger bringt und die zur Folge hat, dass an eine erspriessliche Zusammenarbeit kaum gedacht werden kann. Trotz guten Willens sind abhängige VPM-Anhänger nicht in der Lage, von ihrem starren Standpunkt abzuweichen. Zutiefst von ihrer Sache überzeugt, fechten sie stets mit einer Fülle "wissenschaftlicher Argumente", die den Nichtfachmann verwirren und verunsichern.

Verräterische Sprache

Bemerkenswert am VPM ist, dass viele Vereinsmitglieder und Kursteilnehmer Persönlichkeitsmerkmale ihrer "fachlichen Leiterin" übernehmen. Annemarie Buchholz-Kaiser hat eine besondere Aura: Sie strahlt eine Mischung von Depression und Sendungsbewusstsein aus. Es passt ins Bild, dass sich Buchholz-Kaiser von einem Bodyguard beschützen, und dass sie alle VPM-Häuser während der Nacht von VPM-Mitgliedern bewachen lässt. Sie fühlt sich bedroht. Und der ganze Verein übernimmt dieses Gefühl. Nicht erstaunlich deshalb, dass sich der VPM in grossflächigen Inseraten als Opfer von "Schreibtischmördern" darstellt.[8] In grotesker Art vergleicht der Verein seine Position mit jener der Juden während der Nazizeit, was Hannes Maurer, Chefredaktor des Tagblattes der Stadt Zürich, zur Frage veranlasste: "Kann man so etwas mit Infantilität entschuldigen?" Maurer gab die Antwort gleich selbst: "Nein, denn dieses Denken drückt eine namenlose Verachtung aller im Dritten Reich auf unmenschliche Weise zugrunde gerichteten Menschen und eine kaltschnäuzige Verhöhnung derjenigen aus, die dem Holocaust entronnen sind."[14]

Offene Aggression ist auch jenen Leserbriefen gemeinsam, die nach Erscheinen von VPM-kritischen Artikeln jeweils massiert an die zuständigen Redaktionen geschickt wurden. Ihr Ton und Inhalt ist im Laufe der Zeit immer gehässiger geworden:

"Auf das äusserste entsetzt bin ich (...) über das Niveau des Journalismus in einem Land, das doch soviel auf seine demokratische Tradition hält. Trotz einer gewissen Abhärtung gegenüber der tendenziösen Berichterstattung des Tages-Anzeigers hört solche Demagogie nicht auf, mich anzuwidern." (T.B., 18.4.90)

"Dass der Tagi schon seit Jahren in schmutzigster Weise über den VPM und vormals über die 'Zürcher Schule' Friedrich Lieblings schreibt und sogenannten Journalisten Raum bietet, ihren Schmutz über die Leser dieses Blattes auszuleeren, ist nichts Neues." (E.T., 19.4.90)

"Eine offene Auseinandersetzung mit den Gedanken, Anliegen, Vorschlägen und Zielen des VPM will die Linke gar nicht führen, denn der VPM steht ihrer Machtstrategie im Wege, also muss er beseitigt werden, und zwar mit Methoden, die totalitäre Regimes längst und wieder in den Dreissigerjahren erprobt haben!" (U.P., 30.4.90)

"M. ist bekannt dafür, Artikel zu schreiben über VPM und VPM-Assoziiertes, die, was Verdrehtheit und gezielte Massenbeeinflussung anbetrifft, nun wirklich in nichts mehr dem national-sozialistischen Propagandamuster hinterherhinken." (M.F., 23.10.90)[15]

"Der panischen Phantasie sind keine Grenzen gesetzt. Am besten bleibt man im keimfreien Ghetto unter seinesgleichen, zu Hause und in den Gruppenräumen, wo man sichergehen kann, dass die Hände gewaschen und beim Käse-Raffeln die Gummihandschuhe angezogen, die Toiletten desinfiziert und die Gedanken rein sind." (Sorg, a.a.O., Seite 238)

"Es scheint, als ob die heutige Führungsgruppe des VPM den kollektiven Verfolgungswahn ihrer Mitglieder und den Gruppenzusammenhang mit immer schrilleren Appellen steigern will." (Roger Schawinski, Bonus, Februar 1991)

"Es sind eigene sadistische und gefährliche Phantasien, blanker Hass und Wille zur Macht, mit denen... Teile der Medien in immer gehässigerer Form den VPM verteufeln – so wie Hitler seinen Menschenhass gegen die Juden richtete." (Erklärung der Ärzte im VPM, Flugblatt vom 31. Januar 1991)

"Als ich am offenen Radio-Mikrofon mit VPM-Mitgliedern sprach, schlugen mir blanker Hass und offene Aggression entgegen, wie ich es in all den Jahren noch nie erlebt habe. Dies waren keine offenen, therapierten Menschen... Sie erinnerten viel eher an verängstigte, unselbständige Sprechautomaten, wie sie etwa die Scientology-Sekte oder totalitäre Regimes heranzüchten." (Schawinski, a.a.O.)

Den sprachlichen Tiefpunkt bildet das 661seitige Buch "Der VPM was er wirklich ist". Dort heisst es beispielsweise über Eugen Sorg, den Verfasser des Buches "Lieblings-Geschichten": Seine "skrupellose Gesinnung hat ihm (...) bei der Abfassung seines Lügenwerkes die Feder geführt. Es ist kaum auszudenken, was solch ein Mensch noch alles zu tun imstande ist, sollte er jemals in eine Machtposition kommen. Wenn man Sorgs (...) Äusserungen unvoreingenommen betrachtet, kommt man nicht umhin, diese dem faschistischen Gedankengut zuzuordnen."[16]

Gegen den Vorwurf, der VPM sei eine Sekte, wehrt sich der Verein mit allen Mitteln. Doch seine Inseratekampagnen, Bücher, Leserbriefe, Flugblätter und sonstige Drucksachen sind nicht dazu angetan, diese Behauptung zu widerlegen.

Der VPM

- ist auf eine einzige Führungsfigur ausgerichtet;
- bindet seine Anhänger ausgesprochen eng an sich;
- hat Scheinwelten aufgebaut und schottet diese nach aussen ab;
- versucht, seine Botschaft in missionarischer Art in die Öffentlichkeit zu tragen;
- sieht sich von echten und angeblichen Feinden umstellt;
- lässt Widerspruch kaum zu;
- greift im Kampf gegen seine Gegner zu Mitteln, die als "Psychoterror"[17] bezeichnet werden können.

Was will der VPM?

Was will der VPM also? Bei oberflächlicher Betrachtung könnte man meinen: In erster Linie helfen. Mit erstaunlichem Instinkt gelingt es den Vereinsverantwortlichen immer wieder, gesellschaftliche Defizite aufzuspüren. Den an der Massenuniversität unter Vereinsamung und Prüfungsdruck leidenden Studenten und Studentinnen offeriert er Lernhilfe und "Wärme". Lehrern und Eltern, die mit den Kindern nicht mehr zurechtkommen, vermittelt er die Überzeugung, mit ihren Problemen nicht allein zu sein. Der Kindergärtnerin und Hortleiterin, die sich Tag für Tag mit Kleinkindern herumschlagen muss, gibt er das Bewusstsein, eine wichtige Arbeit zu leisten. Kennt man die Struktur des VPM und lotet man die Triebkräfte aus, die hinter der Organisation stehen, so wird aber klar, dass es darum im Grunde genommen gar nicht geht. Der harte Kern des VPM wird nämlich von der fixen Idee beherrscht, einer seit mehr als dreissig Jahren bestehenden Bewegung anzugehören, welche den Schlüssel besitzt, mit dem alle Probleme der Menschheit gelöst werden können. Der Schlüssel ist die "wissenschaftliche Psychologie" des VPM. Noch einmal Hans Keller: "Im Namen dieser Wissenschaftlichkeit beansprucht der VPM den Besitz der absoluten Wahrheit. Und im Namen der wissenschaftlich erforschten Wahrheit beharrt der VPM darauf, die einzig richtige Form von Leben und Zusammenleben gefunden zu haben. Und zwar bis in die intimsten Bereiche." So klar es ist, dass die Mitglieder und Anhänger diese Wahrheiten übernehmen müssen, so klar ist auch, dass die Welt dereinst an diesen VPM-Wahrheiten genesen wird. Keller: "Wenn der VPM einzelnen Menschen hilft, so tut er dies immer im (...) Bestreben, Menschen für eine Bewegung zu gewinnen, die dereinst die Welt erretten wird."

"Der VPM zählt knapp 600 Mitglieder. Aber wir sind ja kein Konzern. Viele unserer Leute arbeiten völlig selbständig in eigenen Praxen und Praxisgruppen im In- und Ausland. Wir haben gar keinen Überblick über deren Breitenwirkung." (Buchholz-Kaiser, a.a.O.)

"Die GP-Fraktion protestiert gegen die subtile und zunehmend auch aggressive Einflussnahme aus Kreisen der sog. Lieblinge auf das kantonale Schul-, Gesundheits- und Justizwesen. Wir fordern die zuständigen Direktionen auf, gegenüber solchen Beeinflussungsversuchen wachsam zu sein und die Zusammenarbeit von hohen Beamten mit Mitgliedern dieser Psycho-Sekte zu unterbinden. Der jüngste Fall (die Staatsanwaltschaft des Kts. Zürich hatte aufgrund eines Gutachtens, das ein VPM-Arzt verfasst hatte, eine Strafverschärfung für eine Haschischkonsumentin gefordert, d.V.) zeigt auf, dass es den 'Lieblingen' nach den bekannten Aktivitäten an den Mittel- und Hochschulen nun offenbar gelungen ist, auch im Gesundheits- und Justizwesen u.a. ihre gesundheitspolitischen Vorstellungen (...) einzubringen." (Fraktionserklärung der Grünen Partei im Zürcher Kantonsrat, November 1990)

Ein ganzes Netz von VPM-Mitgliedern und Sympathisanten (Ärzte, Psychiater, Lehrer, Sozial- und Jugendarbeiter, Bankdirektoren, Mitarbeiter von Beratungsstellen) hilft mit, die VPM-Bewegung zu tragen. Die Betreuung im Innern des Vereins ist allumfassend. Wohngemeinschaften und eigene Häuser bieten eine feindfreie, geschützte Wohnsituation. Die medizinische Versorgung garantieren "eigene" Ärzte. In einzelnen Schulhäusern, Beratungsstellen, Spitälern und Kliniken haben sich VPM-Mitglieder zusammengeschlossen; sie bleiben weitgehend unter sich und versuchen, weitere Gleichgesinnte einzuschleusen. Die Freizeit ist ohnehin mit Vereinsaktivitäten ausgefüllt: Es gilt, Kurse zu besuchen und an Sitzungen teilzunehmen; Zeitungsartikel, Leserbriefe und Bücher müssen verfasst, Dokumentationen zusammengestellt, Studienlager vorbereitet und durchgeführt werden. Wer in dieser Gegenwelt verkehrt, läuft Gefahr, nach und nach den Blick für die Realität zu verlieren.

Gefährlich oder nicht?

Ist der VPM gefährlich? Ja und nein. Ja, weil zur Zeit Dutzende dem VPM nahestehende Studenten zu Medizinern, Sozialarbeitern, Historikern, Lehrern ausgebildet werden. Und weil eine stattliche Anzahl von Vertretern anderer Berufsgruppen bereits in den verschiedensten Betrieben und Bereichen tätig ist. Sie alle werden auch in Zukunft zielsicher das eine oder andere psychologische Manko orten; sie werden Hilfe- und Ratsuchende anpeilen und einlullen, bis diese stramme Anhänger geworden sind.

Nein, weil die Geschichte des VPM und der ganzen Liebling-Bewegung eindrücklich zeigt, dass die Bäume dieser Organisation nicht in den Himmel wachsen. Noch immer ist es gerade rechtzeitig zu einem grossen Krach mit anschliessender Spaltung gekommen; noch immer hat ein Teil der Gefolgsleute rechtzeitig den Weg zurück in die Realität gefunden.

Allerdings: Stets hat es auch einen harten Kern gegeben, der das "Werk" weiterführte. Dieser immer verbissener und unkalkulierbarer operierende Kreis könnte eines Tages zur Gefahr werden. Der Fachmann Hugo Stamm jedenfalls ist der Meinung, es lasse sich nicht ganz ausschliessen, "dass ein fanatisiertes Mitglied zu einer Kurzschlusshandlung fähig ist".[18]

Und Erich Lammerts?

Was ist aus Lammerts geworden, dem Chemiker und lic.phil.I, der noch 1981 gegen die "herrschende Clique" gewettert und eine "grundsätzlich neue Politik" gefordert hatte, die man nur betreiben könne, "wenn man die Gegner klar vor Augen hat und unabhängig von allen vorprogrammierten Mechanismen ein Aktionsprogramm entwickelt, das die Verwirklichung des Sozialismus in der Schweiz zum Ziel hat?" Der 1981 geschrieben hatte, das Entscheidende werde sein, "dass wir dem herrschenden Machtkomplex sein alles durchdringendes Monopol zerschlagen: das Monopol auf 'Demokratie', Information, Entscheidung über unser tägliches Leben, auf Ideologie, Politik, Kultur". Was also ist aus diesem kämpferischen Sozialisten geworden?

Nun, innerhalb des rechtslastigen VPM geniesst Lammerts heute hohes Ansehen. Er ist einer der hochkarätigsten Überläufer aus dem linken Lager. Er weiss viel über die Mechanismen, nach welchen linke Organisationen funktionieren, er weiss, wer wann wo welche Rolle gespielt hat. Sein Wissen, das er – wenn es die Situation erfordert – zurechtbiegt und frisiert, hat Eingang gefunden in verschiedene Schriften, die der VPM herausgegeben hat.

Parallel dazu hat er die Entscheidung über sein tägliches Leben in die Hände seiner Therapeutin gelegt, Information ist für ihn, was die Verantwortlichen des VPM verlautbaren, ihre Politik ist seine Politik, ihre Ideologie ist seine Ideologie.

Er unterschrieb ein Inserat (8), das die Arbeit von Frau Buchholz-Kaiser in den höchsten Tönen lobte und gleichzeitig die "Linken" angriff, weil sie dem VPM offenbar nicht verzeihen können, "dass sie bei uns für ihre politischen Ziele zu keiner Zeit eine Plattform gefunden haben. Ihr Hauptmittel in ihrem verblendeten Kampf gegen uns ist der von vielen Sympathisanten dieser Kreise in den Medien mitgetragene systematische Rufmord. In letzter Zeit richtet sich dieser vor allem gegen unsere fachliche Leiterin. Diese Methoden entsprechen dem faschistischen Vorbild."

Schon im April 1990 hatte Lammerts in einem Schreiben an den Tages-Anzeiger einen "Hetzartikel" scharf gerügt, weil dieser den Boden vorbereite, "worauf totalitäre und absolutistische Tendenzen schon immer gut gründen konnten". Und er hatte gefragt: "Will sich der TA zur Tribüne dieser linken Machenschaften hergeben?"

Kein Zweifel: Dank dem VPM ist aus Erich Lammerts ein Konvertit geworden, der seine Vergangenheit "bewältigt", indem er seine früheren Bundesgenossen denunziert und dem "Gegner" akkurat das vorwirft, was er selber praktiziert.

Kurz: Erich Lammerts und der VPM sind eins geworden...

Quellenangaben

1) Zu Theorie und Tätigkeit des VPM, 1990, Seite 4
2) Seelisches Leid verhindern, ca. 1989, Seite 5
3) Dr. Eugen Sorg, Dr. Mario König: Der Meister – das unbekannte Wesen (aus: Lieblings-Geschichten), 1991, Seite 109 ff.
4) Josef Rattner: Autobiographie 1976 – 1986 (aus: Miteinander leben lernen, Zeitschrift für Tiefenpsychologie, Gruppendynamik und Gruppentherapie, Heft 5, Juli 1986)
5) Tages-Anzeiger-Magazin, Nr. 38, 20.9.1980.
6) Interne VPM-Broschüre ohne Titel, September 1987, Seite 10
7) Presseinformation des Verlags Psychologie im Gespräch, der zum AZIP-Forum gehört, März 1989.
8) Inserat in der Züri Woche, 24.1.1991
9) Leserbrief im Tages-Anzeiger, 29. Juli 1989.
10) Inserat in der NZZ, 21.2.1991.
11) Der VPM was er wirklich ist, 1991, Seite 654
12) Inserat in der Züriwoche, 20.12.1990.
13) Standort Schule Bde. I, II, IIIa und IIIb, 1991.
14) Tagblatt der Stadt Zürich, 21.7.1990.
15) Unveröffentlichte Leserbriefe an den TA
16) Der VPM was er wirklich ist, Seite 171
17) Dr. Ueli Vogel-Etienne, Rechtsanwalt, NZZ, 18.10.1990, Seite 53
18) Universitätszeitung Unikum, Frühling 1990, Seite 16

Weiterführende Literatur:

Sorg E.: Lieblings-Geschichten, Die "Zürcher Schule" oder Innenansichten eines Psycho-Unternehmens, Weltwoche-Verlag 1991.

Der ehemalige Liebling-Anhänger Sorg hat in einer sorgfältigen Recherche Mosaikstein um Mosaikstein der Geschichte der "Zürcher Schule" und ihrer Nachfolgeorganisation, dem Verein zur Förderung der psychologischen Menschenkenntnis, zusammengetragen. Sorgs Schilderung ist nicht frei von Polemik, andererseits gelang es ihm, den trockenen Stoff auf leichtleserliche Art darzustellen.

Hemminger H.: Der Verein zur Förderung der psychologischen Menschenkenntnis. Teil der Werkmappe "Sekten, religiöse Sondergemeinschaften, Weltanschauungen", Nr. 61/1990, (Hg.): Arbeitsgemeinschaft der österreichischen Seelsorgeämter, Wien.

Der Autor arbeitet bei der Evangelischen Zentralstelle für Weltanschauungsfragen in Stuttgart. Dem ausgewiesenen Kenner der Materie gelingt auf knapp 50 Seiten der Nachweis, dass im VPM Disziplinierungs- und Säuberungsmechanismen zur Anwendung gelangen, die in sektenähnlichen Organisationen üblich sind.

Anwerbung und Verstrickung im Netz der Abhängigkeiten

Beschränkter Spielraum der Angehörigen

Der Einstieg in eine totalitäre Gruppierung ist für das neue Mitglied eine Zeit der Glückseligkeit und Offenbarung, für Angehörige hingegen meist ein Schock. Sie empfinden diesen Weg als eine Sackgasse in immer grössere Abhängigkeit.

Der Konflikt ist vorprogrammiert; das gegenseitige Verständnis nimmt ab. Die Angehörigen sind gefordert, besonnen zu reagieren; denn wenn am Familientisch die Fetzen fliegen, flüchten die Betroffenen in den Schoss ihrer Gruppe und gehen von dieser aus in die Offensive.

Rezepte zur Befreiung gibt es nicht, aber Handlungsmuster, um die Konflikte zu begrenzen und einen Minimal-Kontakt zu sichern. Sind die Mitglieder totalitärer Gruppierungen volljährig, engt sich der rechtliche Spielraum zusätzlich ein.

Anwerbung – ein Spiel mit der Angst

Die psychische Beeinflussung beginnt bei der Anwerbung. Die totalitären Gruppierungen operieren geschickt mit den vielschichtigen Existenzängsten verunsicherter Menschen. Sie haben zum Teil ausgeklügelte Strategien entwickelt, um jene Menschen zu erreichen, die für ihre Heilsversprechen anfällig sind.

Um nach marktwirtschaftlichen Prinzipien eine möglichst grosse Reichweite zu erzielen, nutzen viele Gruppen die Erkenntnisse der Werbebranche und wenden ein professionelles Marketing mit entsprechenden Werbekanälen an. Eine Mei-

Alle Freiheit der totalitären Gruppe – für das Mitglied bleibt die Unterordnung.

sterschaft darin hat die Scientology-Kirche entwickelt, die Prospekte und eigene Zeitungen flächendeckend streut, Persönlichkeitstests auf Strassen verteilt, Buchstände an guten Passantenlagen betreibt, Inseratekampagnen führt, Bandenwerbung an Skirennen und auf Fussballplätzen macht, Vorträge hält, Aktionen und Feste auf öffentlichen Plätzen organisiert und vieles andere mehr.

Die gezielte Beeinflussung beginnt damit, dass die Gruppierungen einen neuen Lebenssinn und Geborgenheit in der Gemeinschaft versprechen. Dabei nutzen sie geschickt persönliche Krisensituationen, z.B. Beziehungs- und Schulprobleme, aus und zeigen Alternativen zur materialistischen Konsum- und Leistungsgesellschaft auf. Sie bieten idealistische Werte und versprechen einen religiösen oder ideologischen Halt.

Der Weg in die Selbsttäuschung und Isolation

Die Umworbenen werden in kleinen Schritten und auf verschiedensten Ebenen indoktriniert. Das eigenständige Denken und die Kritikfähigkeit in Bezug auf die totalitäre Gruppierung und ihre Heilstheorie nehmen dabei im gleichen Masse ab, wie die Beeinflussung greift und Wirkung zeigt.

Totalitäre Gruppen legen es vor allem darauf an, Vertrauen zu erwecken. Interessenten werden umsorgt, die Gruppenmitglieder geben sich tolerant und zeigen Verständnis für Ängste und anfängliche Zurückhaltung der Umworbenen. Es werden ihnen oft auch Freiheiten zugestanden, die sich eingeschriebene Mitglieder nicht herausnehmen dürfen. Vor allem wird den Angeworbenen vorgegaukelt, sie seien in ihrer Entscheidung frei. Sobald sie sich jedoch zurückzuziehen beginnen, wird moralischer Druck ausgeübt: Sie würden die Gruppe und ihre religiösen Ziele verraten, den eingeschlagenen Weg zum Heil verlassen und wieder im Sündenpfuhl der gottlosen und ungläubigen Welt versinken, in welcher Egoismus und Rücksichtslosigkeit herrschten.

Unter Vortäuschung religiöser Ziele und geistiger Freiheit werden Interessenten in Wahrheit systematisch an die Gruppe gebunden und gezielt beeinflusst. Die angebliche Läuterung führt aber geradewegs in die Selbsttäuschung. Die neuen Mitglieder verlieren zunehmend die Fähigkeit, sich abzugrenzen und nein zu sagen. Sie bringen es bald nicht mehr über sich, all die neuen "Freunde" zu enttäuschen und von sich zu stossen, die sich so sehr bemüht und sich mit letzter Kraft für eine vermeintlich bessere Welt eingesetzt haben.

Die Vertreter der Gruppierung versuchen nun, die Angeworbenen von ihrer angestammten Umgebung zu isolieren und die bestehenden Beziehungen zu unterbinden. Gleichzeitig lenken sie die Kritikbereitschaft von der Gruppe weg und verlagern sie nach aussen, indem sie die Angehörigen, die Gesellschaft, die Kirchen und andere politischen und sozialen Institutionen für die Dekadenz dieser Welt verantwortlich machen.

Nur wer früheren Ballast abwerfe, sei frei und rein genug, die Gnade Gottes oder die Heilslehre der Führerfigur aufzunehmen und zu verinnerlichen, wird ihnen weisgemacht. Man schränkt so ihr Bewusstsein ein und blendet einen Grossteil der Realität aus. Als Ersatz werden kultische Handlungen oder Heilsversprechungen angeboten. Mehr und mehr geben die Angeworbenen schliesslich ihre Eigenverantwortung ab und unterwerfen sich den Gruppenleitern.

Das Ziel ist die Unterwerfung

Hat sich der neue Anhänger einmal als Mitglied eingeschrieben oder die Initiationsriten hinter sich, ist die Schonzeit vorbei. Jetzt herrscht massiver Gruppendruck. Individuelle Bedürfnisse haben keinen Platz mehr; das neue Mitglied muss sich bedingungslos der Gruppe und ihren Zielen unterordnen. Gefordert wird totaler Einsatz, der meist zu Überbelastung und Schlafmangel führt. Wille und Kritikfähigkeit werden so gebrochen. Die meisten Gruppen begründen die grosse Leistungsforderung mit dem Argument, die Welt so rasch als möglich vor dem Untergang oder der

Wer missioniert, stanzt die Gruppenideologie oder Heilslehre definitiv ins eigene Bewusstsein.

satanischen Machtübernahme zu retten. Gleichzeitig müssen sich die neuen Adepten täglich in die Heilstheorie vertiefen. Dabei kommen nicht selten gehirnwäscheartige Methoden zum Einsatz.

Die Gruppenmitglieder werden auch oft gedemütigt. Sie bekommen regelmässig zu hören, dass sie sündig, schwach und noch sehr weit von der Erleuchtung oder Gottes Gnade entfernt seien. Man macht ihnen Angst, sie würden das Heil nicht rechtzeitig erreichen. Wenn sie demoralisiert und niedergeschlagen sind, werden sie mit einem Häppchen Hoffnung wieder aufgerichtet: Nur die Gruppe kenne den Weg und habe die Möglichkeit, sie ans Ziel zu führen. Bedingung sei allerdings, dass sich die neuen Mitglieder voll einsetzten.

Ein wichtiges Mittel der Beeinflussung ist die soziale Kontrolle. Die Mitglieder werden praktisch nie allein gelassen. Eine Privatsphäre gibt es nicht mehr. Selbst bei Besuchen zu Hause werden neue Anhänger, deren Eltern kritisch gegenüber der Gruppe reagieren, begleitet. Die führenden Gruppenmitglieder gelten als Autorität und Bevollmächtigte der Führerfigur und gewinnen so zunehmend an Macht. Das Resultat ist wachsende Abhängigkeit und Hörigkeit.

Die Heilslehre durchdringt das Bewusstsein

In einer dritten Phase werden aus den ideologisierten Mitgliedern Überzeugungstäter gemacht, indem sie neue Anhänger anwerben und ihre Heilslehre nach aussen hin vertreten müssen. Dabei werden sie oft in Streitgespräche verwickelt, in denen sie das Gruppenverhalten vertreten und verteidigen müssen. Damit stanzen sie die Heilslehre definitiv in ihr Bewusstsein ein und werden so glühende Verfechter ihrer Gruppe. Nun haben sie das Lager endgültig gewechselt.

Mit der Missionierung verinnerlichen sie ausserdem die gruppenspezifische Sprache, die ein wichtiger Teil der Beeinflussung und des Abhängigkeitssystems ist. Je nach Gruppe bestehen eigene Sprachwendungen, Terminologien oder abweichende Definitionen bis hin zu Kunstbegriffen. (Scientology zum Beispiel hat ein eigenes Wörterbuch von über 700 Seiten verfasst.)

Durch die ständige religiöse oder ideologische Indoktrinierung verlieren die Gruppenmitglieder zunehmend die Entscheidungsfreiheit. Da sie meistens ihren Besitz abgeben oder sich zugunsten der Organisation verschulden, geraten sie zusätzlich in eine finanzielle Abhängigkeit.

Ein Leben für die Gruppe

Nach der Selbstaufgabe ein Leben aus zweiter Hand – die Führerfigur weiss, was seine Anhänger brauchen.

Nun sind die neuen Anhänger bereit für den entscheidenden Schritt: Sie geben sich selbst auf und widmen ihr Leben ganz den Zielen der Gruppe und der Führerfigur. Private Bedürfnisse werden als egoistisch und sündig gewertet; es findet eine radikale Umkehr der Werte und des moralischen Empfindens statt. Zweifel gelten als Schwäche, Kritik als Versuchung einer dunklen Macht. Angehörige, die sich kritisch äussern, werden als irregeführte Gegner oder Werkzeuge Satans empfunden. Die Gruppenmitglieder interpretieren die Intoleranz der Gruppe indessen als Ausdruck der Stärke und Unbeirrbarkeit auf dem Weg zum Heil der gesamten Menschheit.

Diese vielschichtige Beeinflussung führt im Laufe der Monate und Jahre zu markanten Wesensveränderungen und Entpersönlichungen. Die Gruppenmitglieder sind nun immun gegen jede Form der Kritik und lassen keine Zweifel mehr zu.

Abgesehen von einem sehr selbstsicheren, aufgrund des Realitätsverlustes oft an Arroganz grenzenden Auftreten ist ihnen bei flüchtigen Begegnungen ihr Engagement in einer totalitären Gruppe oft nicht anzumerken. Sie haben sich das Unfehlbarkeitsprinzip und den Absolutheitsanspruch zu eigen gemacht und interpretieren die Unterordnung in der Gruppe als Stärke. Als Gegenleistung für die Unterwerfung werden sie innerhalb der Gruppenhierarchie befördert und können auf diese Weise eigene Machtbedürfnisse befriedigen.

Angehörige stellen bei neuen Mitgliedern totalitärer Gruppen schon nach kurzer Zeit markante Wesensveränderungen fest. Friedrich W. Haack, einer der besten Sektenkenner im deutschsprachigen Raum, spricht in diesem Zusammenhang von einer "Psychomutation".

Die Seelenwäsche und die Flucht in eine Scheinwelt birgt psychische Gefahren. Langjährige Gruppenmitglieder zeigen oft psychische Auffälligkeiten, die von Realitätsverlust über Verfolgungswahn bis hin zu psychotischen Zusammenbrüchen und schizophrenen Reaktionen reichen können. Akut werden sie häufig, wenn Mitglieder in Ungnade fallen oder den Absprung schaffen.

Beschränkter Spielraum der Angehörigen

Für die Angehörigen ist es meist ein Schock, wenn sie erfahren, dass sich ein Familienmitglied oder der Lebenspartner in eine totalitäre Gruppierung verstrickt hat. In diesem Moment öffnet sich oft ein unüberwindbarer Graben. Angst, Vorurteile, Unverständnis und Misstrauen bestimmen die Familienatmosphäre. Beziehungen werden extrem belastet und im Fundament erschüttert. Fassungslos und ohnmächtig sehen sich Angehörige mit einem unbekannten Phänomen konfrontiert: Der Kontakt bricht mehr oder weniger abrupt ab, selbst wenn vorher im zwischenmenschlichen Bereich scheinbar keine gravierenden Probleme bestanden haben.

Der Grundkonflikt ist radikal: Was für das Mitglied der totalitären Gruppierung der Weg in eine neue, heile Welt ist, interpretieren die Angehörigen als Einbahnstrasse in die Abhängigkeit, Selbstaufgabe und sektiererische Entrücktheit. Meist werden beide Parteien in der Auseinandersetzung von einem missionarischen Eifer gepackt: Die Angehörigen wollen das Gruppenmitglied von seiner Wahnidee befreien, das Gruppenmitglied dagegen seine Angehörigen von der Heilstheorie und dem neuen Lebensinhalt überzeugen. Solche gegenseitigen Überzeugungsversuche müssen zwangsläufig scheitern. Die Aggressionen wachsen und der Graben wird nach jeder Auseinandersetzung noch breiter. Streitgespräche sind in dieser Situation sinnlos, sie treiben die Gruppenangehörigen erst recht in den Schoss ihrer Bewegung.

Das Problem kann nur über die Frage angegangen werden, weshalb

sich jemand von den Heilsversprechen eines solchen Kultes blenden lässt. Auch wenn die Verführungskünste dieser Gruppierungen äusserst raffiniert sind und die Indoktrination oft in gehirnwäscheartige Praktiken mündet, bringen die Gruppenmitglieder doch häufig eine gewisse Bereitschaft mit. Es ist oft kein Zufall, dass gefährdete Menschen Geborgenheit und Heil in extremen Gruppierungen suchen. Manches lässt sich mit der Erziehung und der sozialen Situation dieser Menschen erklären. Dies zu erkennen und anzunehmen, ist für Angehörige oft schwer und löst Unsicherheit und Selbstvorwürfe aus. Wenn diese verdrängt werden, verstärken sich die Aggressionen. Der Konflikt lässt sich kaum mehr vermeiden und wird angeheizt. Wer loslassen und erkennen kann, dass Anteile des Problems auch auf sein Konto gehen, reagiert meist ruhiger und beugt damit Trotzreaktionen vor.

Konfrontation verhärtet die Fronten, und der "Wahrheit" der Gruppe haben Angehörige von Sektenmitgliedern nichts Gleichwertiges entgegenzusetzen.

Der beste Weg ist wohl, die schmerzliche Tatsache anzunehmen, dass der Sohn, die Tochter oder der Lebenspartner sich einer totalitären Gruppe verschrieben hat. Angehörige sollten versuchen, diesen Entscheid zu akzeptieren, ohne den Menschen zu verstossen und ihm die Liebe zu entziehen. Sonst findet er in seiner Gruppierung erst recht all dies, was er in der alten Welt vermisste: Geborgenheit, Anteilnahme, Verständnis. Das Ziel müsste sein, loszulassen und trotzdem für den Betroffenen zu kämpfen. Wichtig ist, sich dabei nicht aufzureiben und zu verlieren.

Gegen Suchtverhalten gibt es kein Rezept

Auf die Dauer bringen meist nur die Angehörigen die Kraft auf, den Kontakt mit Anhängern totalitärer Gruppen aufrechtzuerhalten. Wird die Beziehung im Streit gekappt, stürzt oft die letzte Brücke zur Aussenwelt ein. Es ist deshalb wichtig, dass der Psychostress für alle Beteiligten nicht ins Unermessliche wächst.

Auch wenn es keine Rezepte zur Befreiung gibt und sich die Chancen nicht abschätzen lassen, jemanden aus einer totalitären Gruppe herauszulösen, darf man die Hoffnung nicht aufgeben. Tatsächlich finden immer wieder Menschen den Weg aus dem Labyrinth der Abhängigkeit. Es gibt keine Musterkarriere, Prognosen lassen sich deshalb nicht stellen. Heilslehren, Manipulationsmethoden und Lebensrhythmus der Gruppierungen differieren zum Teil erheblich, und es verstricken sich auch nicht alle Mitglieder in der gleichen Weise.

Wie sollen Angehörige konkret reagieren, wenn sie erfahren, dass ein Familienmitglied in eine totalitäre Gruppe hineingerutscht ist? Eltern können ihren minderjährigen Kindern verbieten, in Ashrams, Tempeln oder Sektenzentren zu leben. Steht ein solcher Schritt zur Diskussion, müssen die üblichen Erziehungsgrundsätze

Hintergrundinformationen, persönliches Engagement und entschlossenes Handeln sind die besten Mittel gegen totalitäre Gruppen.

wegen der Gefahr einer raschen Persönlichkeitsveränderung durch die Gruppe zur Seite geschoben werden. Oft bleibt den Eltern kaum eine andere Wahl, als von ihrer elterlichen Gewalt Gebrauch zu machen. Im Wettlauf mit der psychischen Beeinflussung durch die Gruppe kann mit langen Diskussionen und Appellen an die Vernunft entscheidende Zeit verloren gehen. Da viele Bewegungen Angst vor rechtlichen Auseinandersetzungen haben, binden sie Minderjährige selten allzu eng an sich. Ausnahmen bilden allerdings die auf christliche Fundamente abgestützten Sekten, denen die Öffentlichkeit mit mehr Toleranz begegnet.

Eltern minderjähriger Gruppenanhänger sollten versuchen, deren Gruppenkontakte in der Freizeit zu unterbinden. Weigern sich die Kinder kategorisch, sollten Kompromisslösungen gesucht und die Kontakte zeitlich begrenzt werden. Gleichzeitig müssen Eltern alles unternehmen, um in dieser Zeit Befreiungsgespräche mit Kennern der betreffenden totalitären Gruppierung zu organisieren. Ausserdem sollten die Freunde und Freundinnen des betroffenen Jugendlichen animiert werden, ihn im Alltag zu stützen und ihm Geborgenheit in der angestammten Welt zu vermitteln. Gleichzeitig muss aber auch die eigene familiäre Situation überdacht und eventuell verändert werden.

Bei Volljährigen ist die Frage entscheidend, seit wann die Person im Einflussbereich der Gruppe steht. Handelt es sich erst um Wochen, so hat sich die Prägung möglicherweise noch nicht so tief eingebrannt, und das Mitglied ist noch nicht restlos durchdrungen von der Erlösungssehnsucht. In diesem Fall sollte sofort gehandelt werden, denn es bestehen gute Chancen für einen Ausstieg.

In einem ersten Schritt sollte man sich so rasch als möglich Hintergrundinformationen beschaffen, also Bücher und aufklärende Artikel lesen. Gleichzeitig könnten betroffene Angehörige Kontakt mit Beratungsstellen und Elterninitiativen (siehe Anhang) aufnehmen und sich von verschiedenen Seiten über das weitere Vorgehen beraten lassen. Wichtig sind Erfahrungsberichte anderer Angehöriger über den Umgang mit totalitären Gruppen und deren Mitgliedern. Es muss versucht werden, den Kontakt mit dem Mitglied zu erhalten bzw. aufzunehmen und es für ein paar Tage aus der Gruppe zu lösen.

Ehemalige Gruppenmitglieder wirken am glaubwürdigsten

In einem zweiten Schritt geht es darum, dem Mitglied mit Gegeninformationen die Hintergründe und Ungereimtheiten der fraglichen Gruppierung oder des neureligiösen Kultes aufzuzeigen. Anhand der meist geklitterten Biographie des Gründers, Gurus oder Propheten und mit Fallschilderungen, Erfahrungsberichten, geheimen Sektendokumenten, Prozessunterlagen usw. kann einem ideologisch noch nicht gefestigten Mitglied oft klar gemacht werden, dass es sich verrannt hat, dass es getäuscht und manipuliert wurde. Bei solchen Befreiungsgesprächen können Kenner der Szene hilfreich sein. Die grösste Wirkung erzielen aber ehemalige Gruppenmitglieder, die gleiche Erfahrungen gemacht haben. Mit Einfühlungsvermögen (bis hin zum gleichen Sprachgebrauch!) lässt sich das Fundament der Gruppe wirkungsvoll erschüttern. Insider, die abgesprungen sind, wirken am glaubwürdigsten. Wichtig ist für die Betroffenen vor allem zu erfahren, dass Eingeweihte austreten konnten, ohne dass sie der Bannstrahl Gottes oder die rächende Hand des über mediale oder okkulte Fähigkeiten verfügenden Gurus oder seiner Kaderleute treffen konnten, aber auch, dass sie in der alten Umgebung wieder ein neues Leben aufbauen können.

Die Wesensveränderung der Sektenanhänger schmerzt die Angehörigen am stärksten.

Engagieren sich aber Menschen schon seit Monaten oder Jahren in einer sektiererischen Organisation, prallen kritische Argumente oft auf Fels. Auch noch so sanfte Fragen werden als Frontalangriff auf die Gruppe gewertet. Für die Angehörigen ist dies die Nagelprobe: Wenn sie erleben, dass ihre Kinder oder der Lebenspartner die Entscheidungsfreiheit und jegliche Kritikfähigkeit verloren haben, braucht es Grösse und Toleranz, gelassen zu reagieren. Wer es schafft, erzielt einen wichtigen Überraschungseffekt. Mitglieder totalitärer Gruppen wissen genau, dass ihr Abdriften in eine extreme religiöse Gegenwelt bei der angestammten Umgebung Angst und Ablehnung auslösten. Deshalb verstecken sie ihr neues Glück oft monatelang hinter einer Fassade und sprechen häufig erst dann darüber, wenn sie auf ihr verändertes Verhalten angesprochen werden.

Die radikale Abkehr von der bisherigen Welt und die Verinnerlichung religiöser Wahnideen treiben die Angehörigen oft fast zur Verzweiflung. “Seit mein Sohn in dieser Organisation ist, kenne ich ihn nicht mehr”, ist denn auch der häufigste Satz, mit dem Angehörige ihren Schmerz ausdrücken. Die sicht- und spürbare Persönlichkeitsveränderung ist für sie die stärkste Legitimation, um mit aller Kraft zu intervenieren. Sie glauben denn auch, dass die Betroffenen in diesem Bereich ihr Urteilsvermögen mehr oder weniger verloren haben. Deshalb ist es für viele Eltern unerträglich, den Entscheid ihrer Kinder zu akzeptieren.

Den Entscheid akzeptieren und sich trotzdem abgrenzen

Den Entscheid eines Sektenmitgliedes anzunehmen, heisst aber nicht, seinen Weg gutzuheissen. Angehörige sollen sich ab-

Betroffene Angehörige sollten die Wut zügeln und sachlich bleiben, aber keinen Hehl aus ihrer kritischen Haltung machen.

grenzen, ihre Meinung über die Gruppe äussern und sachliche Diskussionen führen. Dies allerdings nicht mit der Erwartung, das Familienmitglied zu überzeugen und aus der Gruppe herauszuholen, sondern um die eigene Position deutlich zu machen und die Beziehung unter der neuen Voraussetzung zu klären. Alle Beteiligten müssen wissen, woran sie sind.

Oft ist die Belastung zu gross, um das Thema anzuschneiden. Gesprächsversuche führen dann regelmässig zu heftigen Auseinandersetzungen. In diesem Fall sollte man sich über einen Verhaltenskodex einig werden. Um den Kontakt nicht ganz aufs Spiel zu setzen, können die Angehörigen beispielsweise vorschlagen, das konfliktträchtige Thema bei den nächsten fünf Begegnungen auszuklammern. Damit kann die Angst vor weiteren Treffen abgebaut und die Atmosphäre entspannt werden.

Angehörige sollten nichts gegen ihre innere Überzeugung unternehmen oder die Mitgliedschaft in irgendeiner Form begünstigen. Sie müssen ihre ablehnende Haltung deutlich machen und dürfen nicht etwa mit Geldzuwendungen das Gruppenengagement ihrer Kinder noch unterstützen. Die Gefahr, dass das Geld in der Gruppenkasse landet, ist gross. Mit Naturalien (Kleider, persönliche Geschenke, Esswaren usw.) können die Grundbedürfnisse direkter befriedigt werden. Allzu grosszügig sollte man allerdings nicht sein. Denn je grösser der Psychostress und die Entbehrungen sind, desto rascher wachsen die Zweifel an der Gruppe. Allenfalls können Eltern für das Gruppenmitglied eine Haftpflicht-, Unfall- oder Krankenkassenversicherung finanzieren. Denn oft sind die Mitglieder solcher Organisationen nicht oder nur schlecht versichert. Verstossen Gruppenmitglieder gegen familiäre Pflichten, können Eltern eine Enterbung in Betracht ziehen. Damit verhindern sie, dass ihr Vermögen nach dem Tod der totalitären Gruppe zufällt. Söhne oder Töchter vermögender Eltern verlangen oft Zuwendungen im Sinne eines Erbvorbezuges. Rechtlich gibt es aber keine Möglichkeit, solche Forderungen durchzusetzen.

Verschiedene Gruppierungen (wie beispielsweise die Moonies oder die Hare Krischna) laden gelegentlich Angehörige ihrer Anhänger zu Elterntreffen ein. Ob die Verantwortlichen mit solchen Veranstaltungen ihr Gewissen beruhigen, die eigenen Mitglieder einlullen oder die Eltern besänftigen wollen, ist unklar. Tatsache ist jedenfalls, dass viele Eltern Angst vor solchen Treffen haben. Es ist für sie schmerzlich, den Bruch der Beziehung zu ihren Kindern direkt zu erleben. Trotzdem raffen sie sich regelmässig auf und versuchen, Schmerz und Wut zu zügeln. Der Grund dafür ist einfach: Wenn sie sich weigern, demonstrieren sie ihre Ablehnung und geraten auf die schwarze Liste jener Eltern, die noch zu bearbeiten sind. Dadurch wird die Position ihres Kindes in der Gruppe gefährdet, und die Chance verringert sich, sie gelegentlich ausserhalb des Zentrums zu treffen. Ausserdem wollen viele Eltern, oft getrieben von irrationalen Hoffnungen, in ihrem Schmerz keine Gelegenheit auslassen, ihrer Tochter oder ihrem Sohn zu begegnen.

Im Kampf um die in totalitären Gruppen verstrickten Angehörigen ist es ratsam, Freunde oder Freundinnen beizuziehen. Denn zu diesen besteht oft ein besonders grosses Vertrauen, und sie reagieren zudem in der Regel gelassener.

Juristisch ist den totalitären Gruppierungen kaum beizukommen

Es gibt kaum juristische Möglichkeiten, gegen umstrittene Beeinflussungspraktiken totalitärer Gruppen und religiöser Sondergruppen vorzugehen. Auch beim Versuch, volljährige Anhänger aus der Gruppe zu lösen, sind rechtliche Interventionen kaum anwendbar. Der Gesetzgeber stellt sich auf den Standpunkt, dass die Gruppenmitglieder freiwillig beigetreten sind und mitmachen. Die Glaubens- und Gewissensfreiheit gehört bekanntlich zu den höchsten Rechtsgütern in westlichen Demokratien. Jedermann hat auch die Freiheit, sein ganzes Vermögen einer Sekte zu vermachen oder Hunderttausende von Franken z.B. in Kurse der Scientology-Kirche zu stecken.

Selbst wenn verschiedene Methoden oder Praktiken einzelner Gruppierungen Rechtsnormen verletzen sollten, haben Angehörige kaum juristische Mög-

Deprogrammieren ist gesetzeswidrig und kann schwerwiegende Folgen haben. Trotzdem muss man für die Notlage der Eltern Verständnis aufbringen.

lichkeiten, sich zu wehren. Beschreiten sie den Rechtsweg, so decken die betroffenen Mitglieder ihre Organisation in aller Regel vor Gericht, bestreiten den inkriminierten Tatbestand oder verharmlosen ihn.

Eine bessere Chance besteht bei einem Offizialdelikt, wenn der Staat also von sich aus rechtliche Schritte einleiten muss. Dies ist vor allem bei schweren Delikten wie Freiheitsberaubung und Angriff auf Leib und Leben der Fall. Doch selbst in solchen Fällen lassen sich totalitäre Gruppen oder einzelne ihrer Anhänger selten rechtlich fassen, weil als Zeugen nur ihre Gesinnungsgenossen in Frage kommen. Diese wird man nie dazu bringen, gegen Gruppenmitglieder auszusagen.

Ist ein Mitglied bereits ausgetreten und bereit, selber gegen die Organisation juristisch vorzugehen, sieht die Situation wesentlich besser aus. In einem solchen Fall verlieren aber die Betroffenen und ihre Angehörigen meist das Interesse zu klagen. Denn die Bewältigung ihrer Vergangenheit ist derart schwierig, dass dem durch die Gruppe Geschädigten die Belastung eines Prozesses kaum zuzumuten ist. Mit einem Rechtsstreit kann die Vergangenheit auch nicht ungeschehen gemacht werden. Hat allerdings ein Mitglied viel Geld in die totalitäre Gruppe eingebracht und steht es nach dem Austritt vor einem Schuldenberg, sollten rechtliche Schritte in Betracht gezogen werden. Zur Beurteilung der Rechtsmöglichkeiten muss in diesem Fall rasch ein Anwalt beigezogen werden. Es ist wichtig, dass austretende Gruppenmitglieder sich weigern, irgendwelche Vereinbarungen oder Forderungen der Organisation zu unterschreiben oder Zahlungen zu leisten.

Beim Deprogrammieren scheiden sich die Geister

Umstritten ist die Frage des Deprogrammierens, bei dem Mitglieder totalitärer Gruppen gegen ihren Willen festgehalten und durch Befreiungsgespräche von der Gruppenideologie befreit werden. Einerseits ist das Deprogrammieren gesetzeswidrig. Schlägt die Aktion fehl, müssen die Angehörigen mit einem Prozess und mit einer Gefängnisstrafe rechnen. Anderseits wenden sie dabei ähnliche Methoden wie die angeprangerte Gruppe selbst an. Misslingt das Deprogrammieren, kann dies die psychische Not des Mitgliedes noch verschärfen und seine Beziehung zu den Angehörigen weiter verschlechtern.

Es lässt sich aber nicht leugnen, dass bei erfolgreichen Deprogrammierungsaktionen alle Beteiligten hinterher froh sind, das Wagnis eingegangen zu sein. Es ist allerdings schwer einzuschätzen, ob ein Mitglied einer totalitären Gruppe das Wechselbad des Deprogrammierens psychisch verkraften kann. Es ist aber durchaus verständlich, dass Eltern in ihrer Not keinen andern Ausweg mehr sehen, als ihr Kind mit illegalen Mitteln zu befreien. Ihres Erachtens korrigieren sie damit lediglich ein anderes, gesetzlich schwer zu ahndendes "Verbrechen": die psychische Manipulation durch die Gruppe, die oft den Charakter einer Gehirnwäsche hat.

Unproblematisch und sinnvoll ist das freiwillige "Deprogrammieren". Diese Form des Befreiungsgesprächs ist vergleichbar mit einem therapeutischen Dialog des zu "Deprogrammierenden" mit ehemaligen Kultmitgliedern. Nach der Herstellung einer Vertrauensbasis – einer unumgänglichen Voraussetzung für ein solches Gespräch – werden dem Kultmitglied Informationen vermittelt, die ihm in der totalitären Gruppierung vorenthalten wurden. Um zum Erfolg zu gelangen, ist allerdings grosses Einfühlungsvermögen notwendig.

Hat ein Mitglied einer totalitären Gruppe den Absprung geschafft, so benötigt es in der Regel eine intensive Betreuung. Es sollte in einer Umgebung wohnen, in der die Angehörigen oder Mitbewohner Zeit und Verständnis für seine besondere Situation aufbringen und ihm ein Gefühl von Geborgenheit vermitteln. Denn es steht in jeder Beziehung vor dem Nichts und steckt in einer existentiellen Krise, die geprägt ist von Ängsten, Selbstvorwürfen, Desorientierung und oft von Selbstmordgedanken. In Krisen sehnen sich die Betroffenen häufig zurück in die scheinbar heile Gruppenwelt.

In der Schweiz fehlen therapeutische Wohngemeinschaften für ehemalige Anhänger totalitärer Gruppen.

In vielen Fällen ist eine psychologische Betreuung angezeigt. Da die Psychologie hier vor einem therapeutischen Neuland steht, ist der Erfolg nicht immer sehr gross. In Extremfällen bleibt nur der Eintritt in eine psychiatrische Klinik. Diese ist allerdings eine denkbar ungünstige Umgebung, um ehemalige Mitglieder totalitärer Gruppierungen psychisch zu stabilisieren und sie zu resozialisieren. Wünschenswert wären für diesen Zweck therapeutische Wohngemeinschaften mit fachlicher Betreuung. Ausserdem kann durch den Erfahrungsaustausch ehemaliger Anhänger totalitärer Gruppen oft ein grösserer therapeutischer Effekt erzielt werden als durch eine individuelle Psychotherapie. Bis heute scheint bei den zuständigen Instanzen in der Schweiz das Bewusstsein für die Notwendigkeit von therapeutischen Wohngemeinschaften noch zu fehlen.

Was tun? – Sieben Orientierungspunkte als Zusammenfassung

1 Es gilt, sich bewusst zu werden, dass der Kontakt oder Beitritt zu einer derartigen Gruppierung nicht zwangsläufig eine Katastrophe im Leben des Betroffenen bedeuten muss. Vorerst handelt es sich um nichts anderes als um das Suchen und Einschlagen eines Weges, der schwer verständlich ist und eigene Pläne und Erwartungen der Angehörigen durcheinanderwirft.

2 Versuchen Sie, sich so schnell als möglich Informationen über die Gruppierung zu verschaffen. Eine der angeführten Beratungsstellen kann Ihnen hier weiterhelfen.

3 Versuchen Sie, mit Ihrer Tochter, Ihrem Sohn, Ihrem Partner in Kontakt zu bleiben. Der Entscheid sollte ernstgenommen werden, eine Verurteilung unterbleiben. Stehen Sie aber auch ehrlich zu Ihrer Überzeugung und spielen Sie keine Sympathie vor, wo keine vorhanden ist.

4 Versuchen Sie, den Betroffenen vor einem definitiven Beitritt zu einem Gespräch mit einer Fachperson zu überzeugen. Die Argumentation über pro und contra kann von jemandem, der nicht so persönlich betroffen ist, sachlicher geführt werden.

5 Versuchen Sie, am besten im Gespräch mit Fachleuten, über Ihre eigenen Erwartungen, Ablösungsprobleme, Glaubensinhalte und Sinnkrisen ins klare zu kommen. Sie sollten versuchen, sich nicht in einen Strudel hineinreissen zu lassen, in welchem sich Ihr ganzes Denken, Fühlen, Dasein nur noch um dieses eine Ereignis dreht.

6 Nicht nur das Feld der neuen religiösen Bewegungen und Psychokulte ist weit. Auch die Angebote und Ratschläge verschiedener Personen und Institutionen, die ihre Hilfe anbieten, sind zahlreich. Auch unter Fachleuten gehen die Meinungen auseinander, welche Haltung einem solchen Ereignis gegenüber einzunehmen ist. Wenn Sie sich beraten lassen, versuchen Sie daher immer auch etwas über die Hintergründe und Interessen der Berater zu erfahren. Ein Berater kann Ihnen helfen, Ihren eigenen Weg zu finden. Da, wo er Ihnen fertige Ratschläge gibt, überschreitet er seine Möglichkeiten und kann Ihren speziellen Bedürfnissen nicht gerecht werden.

7 Trotz Verzweiflung und verständlicher Sorge der Betroffenen ist ein "Deprogramming" oder "Kidnapping", das gewaltsame "Befreien" aus einer religiösen Organisation, abzulehnen.

(Zusammenfassung nach der Orientierungsschrift "Kontakt mit einer neuen religiösen Bewegung" der Ökumenischen Arbeitsgruppe "Neue religiöse Bewegungen in der Schweiz".)

Selten zu Hause: Home Boys

Beobachtungen zu einer neueren Jugendgruppierung

Die Bewegung der Home Boys und Fly Girls zeigt beispielhaft, wie Trendgruppenbildungen unter Jugendlichen auch ohne eigentliches Zentrum und ohne Guru und Messias entstehen können. In der Nachahmung von Musik- und Kleidungsstilen sowie von Vorbildgruppierungen in den schwarzen Ghettos amerikanischer Grossstädte bilden sich bandenähnliche Vereinigungen, die schnell eine ausgesprochene Eigendynamik entwickeln und oft wegen Gewalt gegenüber Gleichaltrigen und durch kriminelle Aktionen von sich reden machen. Dabei stehen am Anfang oft nur Ohnmachtsgefühle und Selbstmitleid angesichts der eigenen unterprivilegierten und perspektivenlosen Situation. Eine Möglichkeit, in einer solch fremdbestimmten, nicht beeinflussbaren Welt trotzdem Spuren zu hinterlassen, besteht darin, die eigenen Frustrationen und Aggressionen in der Gruppe zusammenfliessen zu lassen und sich am so entstandenen Machtpotential, das der Aussenwelt Respekt einflössen soll, zu berauschen.

Jugenderinnerungen des Autors

Als ich neun Jahre alt war, tobte in unserer Nachbarschaft der "Kampf der Banden": Burgsträssler gegen Naumannsträssler und in wechselnden Allianzen einzeln oder gemeinsam gegen die Obergässler und Marktgässler. Die Reviere im nahegelegenen Park, auf Baustellen nach Arbeitsschluss, in den Strassen und auf den Plätzen der Umgebung waren genau abgegrenzt. Wurde man allein oder in der Minderzahl in einem fremden Revier angetroffen und erkannt, endete das "Spiel" mit den einleitenden Provokationen durch Beschimpfungen nach einem vorgegebenen Ritual nicht selten mit Raufereien und "Gefangennahmen", deren Schläge ab und zu (wenn beschädigte Kleidungsstücke oder Beulen zu augenfällig waren) zu Hause ihre Fortsetzung fanden.

Die Aufregung bei Alarm, d.h. beim Eindringen fremder Banden in unsere "Welt", die gemeinsamen Aktions-Beratungen in "unserem" Keller auf einer Baustelle, die Herausforderung der anderen Banden und das gemeinsame Versteckspiel mit unseren Aktivitäten vor den Erwachsenen waren wesentliche Elemente meiner Kinderzeit und gleichzeitig Bestandteil der ungeschriebenen Quartiertradition. Die Anführer – wenig älter als die Mitglieder – faszinierten durch ihre Stärke, Gewaltbereitschaft und ihren absoluten Führungsanspruch, bis sie von jemandem abgelöst wurden, der noch stärker und cleverer war, oder bis sie aus anderen Gründen aus unserer "Welt" verschwanden. Sie flössten Angst, aber merkwürdigerweise auch Vertrauen ein, weil der Schutz der "Bande" und des Anführers sich eben auch auf das letzte Mitglied der Gruppe erstreckte.

Als ich dreizehn wurde, verloren diese Strukturen durch einen Schulwechsel, durch neue Kollegen und anderes an Bedeutung und gerieten schnell aus dem Blickfeld. Der "Krieg der Knöpfe"[1] erschien mir im Lichte neuer Perspektiven plötzlich als schal, kindisch ,"doof" und wurde Vergangenheit.

Elvis forever!

Jugend macht Geschichte(n)

Seither haben immer wieder neue Jugendgruppierungen von sich reden gemacht. Oft standen sie im Zusammenhang mit neuen Musikrichtungen des Pop-Bereichs, mit besonderer Kleidung, typischem äusserem Erscheinungsbild und bestimmten Treffpunkten, stets aber wurden sie begleitet von Vorbehalten, Ablehnung und Geringschätzung seitens der Erwachsenen. Auf die zum Beispiel von vielen damaligen Erwachsenen fälschlich als "Negermusik" apostrophierte Richtung des Rock and Roll folgten die "Langhaarigen" der Beatles-Generation und die "Rauschgiftsüchtigen" der Rolling-Stones-Fans im Kontrast zu den "ordentlich" uniformierten Pfadfindern und CVJMlern. Rocker mit Lederjacken auf Motorrädern und Teds auf Motorrollern mit "Schale" lieferten sich Strassenschlachten und wurden wieder vergessen. Neonazis machten mit Kampfübungen, Bewaffnung und Überfällen auf Ausländer Schlagzeilen und verschwanden wieder daraus, um Gruppierungen und Bewegungen wie Hippies, Punkern, Hare-Krishna, Disco-Freaks, Poppern, Skinheads, Demo-Chaoten, Heavy-Metals, Hooligans und anderen Platz zu machen – stets begleitet von Kommentaren Erwachsener, die ohne genaue Kenntnis der Umstände eine generelle Gefährdung der Jugend und der Gesellschaft beschworen oder sogar laut nach möglichst harten Gegenmassnahmen riefen.

Wieder aktuell wurden meine Erinnerungen an Erlebnisse im Umfeld solcher Gruppierungen durch Vorfälle, die sich ab Herbst 1990 in einer städtischen Agglomeration des Kantons Zürich abspielten und die an einer Oberstufenschule zeitweise ein Klima von Angst und Schrecken unter den Schüler/innen entstehen liessen. Namen und Ortsbezeichnungen wurden im folgenden Bericht – soweit nötig – verändert.

kings
Miami dolphins
redskins
49ers
giants
Lakers
Angels
Minnessota Vikings

Die "Homes" kommen ...

Kurz nach Beginn des neuen Schuljahres beklagten sich verschiedene Schüler/innen der Oberstufe in Gesprächen an Jugendanlässen über erlebte Gewalttätigkeiten durch eine Gruppe von Mitschülern, die sie "Homes" nannten.

Den Erzählungen zufolge gingen diese Vorfälle über das an einer Oberstufe (leider) übliche Mass an Gewalt unter Schüler/innen hinaus. So kam zum Beispiel zutage, dass Mitglieder dieser "Homes" einzelne Schüler/innen bedroht und ihnen verboten hatten, weiterhin bestimmte Jeans und Turnschuhe zu tragen. Unter solche "Verbote" fielen auch die damals gerade in Mode kommenden farbigen Jacken amerikanischer Football- und Baseball-Vereine.

Die Diskussion mit verschiedenen Jugendlichen über solche obskuren Vorfälle – schliesslich wiesen die "beanstandeten" Kleidungsstücke keine erkennbaren gruppenspezifischen Merkmale auf und konnten frei in vielen Modegeschäften erworben werden – förderte noch weitere Sachverhalte ans Licht.

So waren einzelne Schüler zusammengeschlagen worden, weil sie die "Warnungen" dieser Gruppe nicht beachtet hatten. Ausserdem hatte man ihnen die fraglichen Kleidungsstücke abgenommen und zum Teil vor ihren Augen verbrannt. Andere wurden erpresst, eine Art "Bussgeld" zwischen 160 bis 240 Franken an die fragliche Gruppe zu zahlen, "damit ihnen nichts passiere".

Auf Rückfragen, warum sich so viele Schüler/innen von einer Minderheit derart terrorisieren liessen, ohne etwas dagegen zu unternehmen, wurde von den Jugendlichen stets auf die Gefährlichkeit dieser Gruppe verwiesen. Sie wüssten alles, man könne sich nicht vor ihnen verstecken und sie würden einen schliesslich doch "erwischen", und dann käme man nur um so schlimmer dran; in der Stadt gäbe es noch viel mehr "Home boys", und der Anführer laufe mit einer geladenen Pistole herum.

Schliesslich wurde aus einem Elterngespräch sogar bekannt, dass man nach der Ankündigung, sich wegen einer verbrannten Jacke an die Polizei zu wenden und Anzeige zu erstatten, prompt die Gegendrohung erhalten habe, dann müsse sich kein Mitglied der Familie mehr auf der Strasse sehen lassen, und man könne ihnen ja auch noch das Haus anzünden. Eine Anzeige sei deswegen unterblieben.

Mafia-ähnliche Zustände

Vorkommnisse dieser Art scheinen in einer Gesellschaft wie der unseren absurd, ja eigentlich unmöglich. Man erwartet sie in Sizilien, das als Heimat der Mafia gilt, in der Türkei oder in einer obskuren Dritt-Welt-Diktatur, aber nicht in einem demokratischen Rechtsstaat. Trotzdem war die Bedrohung einzelner greifbar und erzeugte eine Aura von Angst, Einschüchterung und Handlungsunfähigkeit bei den Betroffenen gegenüber der erlebten bzw. erlittenen Bedrohung und Gewalt.

"Wer redet, kommt dran!"

Mehr noch: Ähnlich wie bei mafiösen Strukturen stiessen Nachforschungen sowohl bei Betroffenen wie bei Mitgliedern der "Homes" auf eine Mauer des Schweigens, eine "omertá", was die Aufklärung der Vorfälle erschwerte. Fast jede Auskunft war von der Bemerkung begleitet: "Das bleibt aber unter uns" oder "Ich habe dann nichts gesagt". Trotzdem gelang es in umfangreicher Kleinarbeit – durch den Vergleich von Gerüchten, Namen und einigermassen feststehenden Tatbeständen – eine Art Soziogramm und Actiogramm der Home Boys zu erstellen und ihr Gefahren-Potential abzuschätzen. Gespräche mit Mitgliedern in unverbindlichen Situationen und Beobachtungen lieferten weitere Anhaltspunkte. So ergab sich ein erstes Bild dieser sich so totalitär präsentierenden Gruppierung.

Versuch eines "Banden"- Portraits

Der harte Kern der "Bande" umfasste neun Schüler der ersten und zweiten Klasse der Realschule sowie zwei Sekundarschüler. Dazu kamen noch etwa gleich viele Sympathisanten, die von der Gruppe akzeptiert wurden und an den ausserschulischen Treffen teilnahmen.

Ebenfalls dazu gehörten sechs bis acht schulentlassene Jugendliche, einige Schüler aus einem Nachbarschulkreis sowie vier bis sechs Mädchen, die sich selbst als "Fly-Girls" bezeichneten. Erstaunlicherweise ergaben die Recherchen aber auch, dass die Sympathisantenszene sich bis in zwei der fünf Primarschulen des Schulkreises hinein erstreckte und dort Mittelstufen-Schüler zu Nachahmungstaten ihrer "Vorbilder" animierte.

Äusseres Kennzeichen der Gruppenzugehörigkeit bzw. des Sympathisantenstatus war die (nicht immer getragene) "Uniform": weit “ausgestellte” Jeans, “Nike”- oder eine bestimmte Serie von “Adidas”-Turnschuhen, Seidenjacken in der Farbe und mit der Aufschrift amerikanischer Football- oder Baseball-Clubs, seitlich kurze und hinten gestufte Frisuren, mitunter mit eingeschnittenen “blitzförmigen” Mustern. Einzelne “Leitfiguren” trugen dagegen schwarze Kleidung, wobei ein bis zu den Schuhen reichender Staubmantel der gleichen Farbe besonders auffallend war. Alle hörten “Rap” (ein Musikstil mit typischem Sprechgesang, der von schwarzen Jugendlichen aus den Ghettos in New York stammt), übten sich mehr oder minder gekonnt im “breakdance” und kamen zum Teil mit Skateboards oder Skatebikes zur Schule.

Alle Mitglieder und ein Teil der Sympathisanten trafen sich ziemlich regelmässig jeden Abend auf einem bestimmten Quartier-Spielplatz, um dort miteinander zu “quatschen”, Aktionen zu besprechen und “die Zeit totzuschlagen”, bevor sie aufgrund polizeilicher Kontrollen ihren Treffpunkt wechselten.

Ältere, schulentlassene “Homes” und “Flys” – auch aus anderen Ortsteilen – hatten ihren Treffpunkt vor einem Warenhaus in der Nähe des Bahnhofes, wo sie regelmässig Passanten provozierten und anpöbelten. Zusätzlich tauchten – in Ergänzung zu den “schulischen” Aktivitäten von Gewalt und Erpressung – Gerüchte über weitere kriminelle Betätigungen einzelner Gruppenmitglieder oder von Teilgruppen auf: Rauschgiftkonsum und -handel, Einbrüche (vorzugsweise in kioskähnliche Einrichtungen) und Entreiss-Diebstähle. Ein besonderes Tätigkeitsfeld aller Mitglieder schien im Diebstahl der Embleme von parkierten Fahrzeugen bestimmter Marken (z. B. Mercedes, Alfa Romeo, Porsche) zu liegen, die als Trophäen dienten und zum Teil (wie die Mercedes-Sterne) zu Waffen umgeschliffen wurden.

Ausserdem gab es eine Art Standard-Bewaffnung, die zum Teil auch in die Schule mitgebracht wurde: “Schmetterlings”-Messer, Schlagstöcke, chinesische Kampfhölzer und Wurfsterne, Schlagringe, Baseball-Schläger und so weiter.

Aufgrund dieser Sachlage erschien es unvermeidlich, zugunsten der Mehrheit der Jugendlichen eine Änderung herbeizuführen. Denn: Eine Gruppe, die sich so offenkundig und dauernd über alle Regeln hinwegsetzt, blanken Terror verbreitet und die hohe Affinität ihrer Mitglieder zu kriminellen Handlungen toleriert, stellt eine unübersehbare Gefahrenquelle für den Rest der Jugendlichen und die Gesellschaft dar.

Protokollnotizen: Massnahmen

Zunächst wurde die Präsidentin der Kreisschulpflege als Vertreterin der zuständigen Behörde orientiert und die vorliegende Information gesichtet. Wegen der akuten Gefährdung einzelner Schüler/innen und wegen eines möglichen Lawineneffekts der Ereignisse drängten sich Sofortmassnahmen und eine klare Aufgabenteilung auf.

- Als erstes wurde beschlossen, die Lehrer der betreffenden Schulen über die Vorfälle mit "Homes" und deren Hintergründe zu informieren und gemeinsam mögliche Vorgehensweisen in den Schulen zu diskutieren und aufeinander abzustimmen. Aus Zeitgründen fanden dazu nach Schulen getrennte Sonderkonvente statt.

- In den Klassen der jeweiligen Schulen wurde gezielt über die "Homes", ihre Ansprüche, ihr Vorgehen und die Auswirkungen auf Mitschüler und Schulklima diskutiert.

- Nach Rücksprache kontrollierte die zuständige Polizei die betreffenden Gruppenmitglieder in der Schule und an ausserschulischen Treffpunkten regelmässig auf Drogen und Waffen. Ausserdem wurden Schüler und Eltern ermutigt, weitere Gewalttaten und Sachbeschädigungen den Lehrern bzw. der Polizei anzuzeigen.

- Gleichzeitig wurde in Zusammenarbeit zwischen Lehrern, Schulpflege und örtlicher Jugendarbeit das Gespräch mit einzelnen "Homes" und "Flys" sowie deren Eltern gesucht, um die Situation zu klären und zu entschärfen, mit dem Resultat, dass zwei "Homes" von ihren Müttern in einem Erziehungsheim angemeldet wurden und ein weiterer in den Nachbarschulkreis umgeteilt wurde.

- Nachdem eine gewisse Unruhe in der Bevölkerung wegen der zum Teil verzerrt dargestellten Vorfälle um sich griff und Falschmeldungen in der Boulevard-Presse die Schule bereits als Drogenumschlagplatz bezeichneten, führte die Schulpflege eine Elternbrief-Aktion durch. Darin wurde das Problem und die bisherigen (im übrigen dank schneller und gezielter Reaktion aller beteiligten Stellen erfolgreichen) Massnahmen sachgerecht dargestellt und um Offenheit und Mithilfe gebeten.

Dies führte bald zu einer merklichen Entspannung der Lage, um so mehr, als auch ältere Mitglieder der "Homes", durch das Licht der Öffentlichkeit aufgeschreckt, offensichtlich bei ihren Kollegen auf mehr Zurückhaltung drängten. Die Polizeikontrollen und die Reaktionen der Schule auf einzelne Vorfälle bauten auch die Einstellung ab, "dass niemand einem 'Home' etwas anhaben könne".

Die Gruppenmitglieder mussten ihre eigenen Handlungsmöglichkeiten realistischer einschätzen und ihre "Aktionen" gegen Mitschüler weitgehend einstellen.

Die "Homes" – eine Jugendbande am Rande der Kriminalität

Heute erscheint die örtliche Lage wieder "normal"; publizitätsträchtige Aktionen, wie etwa der Überfall auf ein Asylantenheim am 16.6.91, fanden in anderen Ortsteilen (wenngleich unter Mitbeteiligung "unserer Homes") statt oder wurden von der Presse meist nicht direkt dieser Gruppierung zugeordnet. Allerdings zeigen Meldungen z.B. aus Zürich[2], dass die Gruppierung auch andernorts durch kriminelle Machenschaften auffällt.

"Z Tod schloo, z Tod schloh!" denkt Stefan während Schlägereien. "Du darfst keine Grenzen kennen. Du darfst kein Mitleid zulassen."
(Aus: Das neue Faustrecht. In: Das magazin Nr. 16. 10./11. Mai 1991, S. 26)

Nachdem sich das Problem der Bedrohung und Gewalt an der Schule und im Ortsteil gelöst hat, könnte man eigentlich wieder zum Alltag übergehen und "Homes" und "Flys" vergessen – bis zum nächsten Mal, wenn sie oder eine neue Gruppierung für "Handlungsbedarf" sorgen. Aber das Ganze ist und bleibt beunruhigend durch die Wahrscheinlichkeit eines solchen "nächsten Mals". Das Problem wird durch die "Ruhigstellung" der betreffenden Jugendlichen nicht gelöst.

Es bleibt die grundsätzliche Frage, warum Jugendliche sich solchen totalitär strukturierten Gruppierungen anschliessen und was sie dort für sich zu finden oder zu gewinnen hoffen. Ist es das Abenteuer und die Füllung eines erlebten persönlichen Leerlaufes durch Ritual und "Action", oder geht es vor allem um eine Provokation der Erwachsenengeneration? Ist es kriminelle Energie oder gar ein "normales" Entwicklungsphänomen – oder eine Mischung von all dem? Eine erste Antwort findet sich im Selbstverständnis der Mitglieder.

Wir sind die "Homes" – ein Interview

Beim "Gespräch" in einer Disco äusserten sich Mischa und Roschi, zwei "Home-Boys", über ihre Gruppierung (im Text gekürzt und zum Teil zwecks besserer Verständlichkeit neu formuliert). Mischa ist einer der "Chefs", Roschi ein "Assistent".

FRAGE: Könnt ihr mir erklären, was "Homes" sind und was sie wollen?

MISCHA (18): Die Home-Boys stammen aus den amerikanischen Ghettos in den Städten. Dort wuchsen vor allem Schwarze auf, die nichts zu sagen hatten und kein Geld verdienten. Sie sahen auch keine Zukunft wegen der abgefuckten Schule und waren nachher arbeitslos.

ROSCHI (17): Dann fingen sie an zu rappen. Sie wehrten sich mit ihrem “Rap” gegen die Unterdrückung und gegen die Regierung.

MISCHA: Untereinander gab es Bandenkriege und Action. Auch Breaken (Breakdancing), Skaten (Skateboardfahren) und Sprayen gehören dazu.

FRAGE: Und was macht euch persönlich daran an? Warum seid ihr Home-Boys?

MISCHA: Sicher ist es bei uns besser. Aber wir haben auch unsere Probleme. Und dann treffen wir uns eben, weil wir spüren, dass wir uns brauchen. Aber wir kopieren sie (Anmerkung: die amerikanischen Home-Boys) nicht einfach. Wir haben unseren eigenen Stil und unsere eigene “line”.

ROSCHI: Aber was du manchmal im Film von solchen Gruppen siehst, ist einfach geil.

FRAGE: Was wollt ihr als “Homes” eigentlich erreichen?

ROSCHI: Fuck the police! Die gehen doch immer auf einen los. Bei jedem Furz machen die ein grosses Geschrei, aber wenn du sie mal brauchst (Anmerkung: z.B. bei der Auseinandersetzung mit Asylanten, die sich nach ihren Ausführungen an ihren Freundinnen vergriffen haben sollen), dann helfen sie den anderen und scheis-

sen dir sogar noch vor den Koffer…

MISCHA: Ich will eine Welt ohne Rassismus. Wenn es eine Welt ohne Unterdrückung gäbe, könnten alle ohne Gewalt zusammenleben. Aber ich lass' mir auch nichts gefallen. Wer mich in Ruhe lässt, den lass' ich auch in Ruhe. Wenn mich aber einer anmacht, dann bekommt er's. Das ist mein Recht.

FRAGE: Wie ist das bei euch mit Waffen und Gewalt?

MISCHA: Ach, das wird auch übertrieben. Reiner Selbstschutz, sag ich dir. Wie gesagt, bei uns gibt es alle Farben, schau nur mich an …[3]

ROSCHI: Es gibt sogar "Tschinggen" (Italiener), Yugos und Türken unter uns, und alle sind rechte Kollegen. Aber wenn du ständig angemacht wirst, dann setzt du dich eben auch zur Wehr...

FRAGE: Wie stehen Home-Boys zu Drogen?

MISCHA: Drogen spielen bei uns keine Rolle. Wir sind schliesslich frei! Wenn einer was nehmen will, ist das seine Sache.

ROSCHI: (will etwas sagen)

MISCHA: Halt's Maul!

EINE LETZTE FRAGE: Wie seht ihr eigentlich eure Zukunft?

MISCHA: Ich will noch etwas erleben. Irgendeinmal will ich dann einen geilen Job und eine Wohnung; eine "geile Alte" (d.h. eine Freundin oder Ehefrau) und ein flotter Schlitten gehört natürlich auch dazu …

ROSCHI: Eine Welt voll "Homes"; das wäre fun; aber das wird es nicht geben. Als "Home" wirst du geboren; du riechst es schon zwanzig Meilen gegen den Wind, wer zu uns gehört. Alle anderen bekommen einen drauf, wenn sie uns nicht in Ruhe lassen.

MISCHA: Wir wollen nur unseren Plausch! Also lasst uns gefälligst in Ruhe. Sonst habt ihr es euch selbst zuzuschreiben.

FRAGE: Was denn?

MISCHA: Ciao …

"Ein 'Home' ist jemand, der mit mir in der selben 'Scene' aufgewachsen ist!"

"Wenn es eine Welt ohne Unterdrückung gäbe …

Könnten alle ohne Gewalt zusammenleben", träumte Mischa im vorausgegangenen Interview. Man könnte hinzufügen: Ein sympathischer Traum, den wahrscheinlich jeder von uns auch schon gehabt hat. Woher also die Gewaltbereitschaft gegen andere und der totalitäre Anspruch der "Homes" in der Jugendszene?

Im Gespräch werden folgende "Träume" (Ideale) benannt: kein Rassismus, eine Welt ohne Unterdrückung, frei sein. Dazu kom-

"Ich bin ein lässiger Typ, cool, easy und hip." (aus einem Rap)

men Wünsche wie Arbeit, Wohnung, Frau, Auto (Statussymbole), etwas erleben, Spass ("Plausch") haben. Alle diese Wünsche gelten in unserer Gesellschaft als akzeptabel und gehören zu den üblichen Lebensvorstellungen.

Anders verhält es sich mit den Ausdrucksformen des Lebensstils. Während Rappen und Breaken noch als persönliche Angelegenheit hingenommen wird, gilt Skaten (vor allem in Fussgängerbereichen) bereits als Störung oder Belästigung und Sprayen als Sachbeschädigung.

Noch schärfer bewertet werden die ablaufenden Verhaltensmechanismen: Gegen die Polizei (als Garant gesellschaftlicher Ordnung) sein, anderen unter Gewaltandrohung den Mund verbieten und Gewalt gegen andere als Selbstschutz deklarieren ("sich zur Wehr setzen") - dies alles gilt bereits als Ansatz für kriminelles bzw. im politischen Bereich für faschistisches Verhalten.

Hier zeigt sich auch die totalitäre "Falle" der "Homes" für andere: Jugendliche mit denselben Defiziten im familiären und persönlichen Bereich treffen aufeinander und gruppieren sich zu Spontan-Banden. Die persönliche Angst, das eigene Unvermögen "kippt", und das "Opfer" wird zum Aggressor und definiert nunmehr andere als defizitär, minderwertig und wohlfeiles Opfer seiner eigenen Gewaltträume. Es entsteht "Lust auf Gewalt" (fun), die bei jeder sich bietenden Gelegenheit ausgelebt wird. Sie beginnt mit der Definition und Legitimation der "Opfer" durch die "Chefs" sowie durch den Konformitätsdruck in der Gruppe und den Zwang zur "Action", das nach dem diffusen Vorbild starker Figuren (z.B. "Rambo", "Boyz in the Hood") beschaffte Arsenal auch zu benützen. Gruppenspezifische Rituale ("Uniform", Schweigegebote etc.) binden die Mitglieder (und Mitläufer) fest in diese Struktur ein und machen es fast unmöglich, daraus auszubrechen. Die folgenden Beobachtungen bestärken exemplarisch diesen Eindruck.

Episoden am Rande einer Disco

Bei der gleichen Disco kam es zu zwei Vorfällen, die ein Schlaglicht auf die selektiven Wahrnehmungsmechanismen und Denkstrukturen dieser Gruppierung werfen. Während im Discoraum eine der vielen Rap-Platten lief und sich zwei "Homes" auf untergelegten Plastiksäcken im Breakdance übten, stürzte ein weiterer "Home" herein und schrie: "Sie machen den ganzen Buchenplatz kaputt!" Alle rasten hinaus, um das vermutete Chaos zu sehen und "sie" (eine "Homes"-ähnliche Gruppe aus X-hausen, die an diesem Abend in der Disco aufgetaucht war) an ihrem Tun zu hindern und sie gegebenenfalls "aufzumischen" (=zusammenzuschlagen). Aber ... auf dem Buchenplatz war keine Veränderung feststellbar. Der “Totalschaden” bestand nach längerer Suche in einem etwa 20 x 30 cm grossen Spray. Er war von der X-hauser Gruppe auf die WC-Tür des Bushäuschens gesprüht worden, die von der “Orts-Gruppe” als “ihr” Territorium und (aufgrund der eigenen Spray-Bilder) als “ihr Heiligtum” betrachtet wurde. Nach etwa einstündiger erregter Diskussion, einschliesslich Racheschwüren und der Drohung, ganz X-hausen “kaputt zu machen”, beruhigte sich die Situation wieder.

Kurz darauf wurde die Nachricht verbreitet, ein Mitglied der Gruppe sei auf dem Buchenplatz von der Polizei festgenommen worden. Der Augenschein zeigte, dass dies insoweit stimmte, als ein Mitglied (ausgerechnet der Sohn eines Polizisten!) gerade von einem Beamten befragt und durchsucht wurde. Aus den Taschen der Jacke kamen ein Stellmesser, ein Schlagring und eine Anzahl abgerissener (und gestohlener) Signete verschiedener Automarken zum Vorschein. Der Betroffene wurde daraufhin zur weiteren Befragung auf die Wache verbracht.

Bei der Rückkehr zur Disco fiel die unüblich kleinlaute Stimmung der “Homes” und ihrer Sympathisanten auf. Sie ergingen sich in allerlei Mutmassungen über den weiteren Verlauf der Angelegenheit. Beim Passieren einer grösseren Gebüschanpflanzung waren mehrere metallisch klingende Geräusche zu hören. Eine diskrete Suche förderte danach diverse Messer, Schlagwaffen, ein (wahrscheinlich gestohlenes) Kassettenradio und diverse Automarkensignete zutage.

Auch in der Disco herrschte anschliessend gedrückte Stimmung. Alle “Homes” hatten ihre Jacken ausgezogen und sie – unauffällig unter anderen Jacken versteckt – an der Garderobe aufgehängt, eine “Schmach”, die unter anderen Umständen sicher zu Auseinandersetzungen geführt hätte.

Die zaghafte Diskussion drehte sich darum, ob der Mitgenommene beim Verhör vielleicht die Namen von anderen preisgegeben habe und ob die Polizei wohl gleich mit Verstärkung zurückkehren werde. Nur einer der “Chefs” verströmte Zuversicht: Nichts werde verraten, weil jeder wisse, dass er dann “grausam drankomme”. Das gelte besonders auch für die hier Anwesenden… Später schloss die Disco damit, dass die anwesenden “Homes” und “Flys” lauthals den Schlusstitel mitsangen : “We are the champions …”

“Rapper”, “Home-Boys” und “Fly-Girls”

In der Jugendszene tauchen ständig neue Musikrichtungen der Popmusik auf und finden ihre Anhänger. Punk, Heavy Metal, Disco Sound, Lambada und Hip-Hop sind Beispiele dafür, wie

schnell heute die Musikindustrie alles kommerzialisiert und vermarktet. Seit "Grandmaster Flash and the Furios Five", die mit ihrem Titel "The Message" heute als Väter des kommerziellen Rap gelten, sind Gruppen wie Vanilla Ice, Run DMC, Neneh Cherry, Public Enemy, LLQJ und Paris mit ihren Songs heute die Renner vieler Musiksendungen, Musikfilme und Discos. Sie sind ein Begriff für jeden "Rapper", für jeden "Home-Boy" und jedes "Fly-Girl" in Europa. Unklar und unaufgeklärt bleibt hingegen weitgehend, wie im Gefolge bestimmter musikalischer Strömungen unter Jugendlichen Cliquen, gewisse Ausprägungen von Lebensgefühl oder gar "Banden" mit ausgeprägt totalitärer Struktur entstehen.

Als die Gruppe der "Homes" in unserer Gegend von sich reden machte, fragten sich viele aufgrund der spärlichen Informationen und wuchernden Gerüchte, was hier eigentlich im Entstehen begriffen sei: eine neue mafiose Vereinigung, eine überregional organisierte Schlägertruppe von Chaoten oder gar eine neue Form von Geheimbund?

Erst Gespräche, Beobachtungen und geduldiges Vergleichen von Informationen brachten etwas Licht in das Dunkel der Geschehnisse. Die folgenden Ausführungen über Strukturen einer solchen "Bande" beziehen sich auf die "Homes" und "Flys" im beschriebenen Ortsteil und Schulkreis. Sie zeigen exemplarisch, wie eine bestimmte lokale Gruppierung von Jugendlichen mit totalitärem Anspruch entsteht; anderswo mag die Entwicklung und Ausprägung – je nach den örtlichen Gegebenheiten – variieren.

Am Anfang war das Mitleid …

Erste Anfänge der Gruppierung liegen wahrscheinlich etwa drei Jahre zurück, als sich mehrere Cliquen aus zwei Primarschulen sowie einigen Oberstufenschülern ziemlich regelmässig am versteckten Treffpunkt einer Spielanlage versammelten und dort mit anderen zusammen "herumhingen". Dabei wurde Musik (besonders Rap und ab und zu auch Heavy Metal) gehört, Cola getrunken, Pommes Chips verzehrt, geraucht und über lokale Ereignisse (einschliesslich Schule und Kollegen), Trends in der Szene, Musik, Sex und "geile Action" geredet. Irgendwann muss dann bei einem "harten Kern", angestossen durch das "Vorbild" älterer Jugendlicher aus der Agglomeration, durch Infos über amerikanische Jugendbanden (wie etwa die "Bulls" aus Brooklyn) in Jugendzeitschriften, durch Trends der Jugendmode, Filme über "harte Typen" (z.B. Rambo, Mad Max) sowie aufgrund eines diffusen, neu aufbrechenden Lebensgefühls der Gedanke entstanden sein, eine eigene "Homes"-Gruppe zu gründen.

"Ich will ihn leiden sehen. Der muss Angst haben vor mir. Ich will mich über ihm fühlen, wie sich viele über mir fühlen." (Aus: Das neue Faustrecht. In: Das magazin Nr. 16. 10./11. Mai 1991, S. 32)

Einschlägige Accessoirs wie farbige Club-Jacken, schwarze Kleidung, ausgestellte Jeans und Schmetterlingsmesser tauchten nach und nach auf, begleitet von Skateboards und einzelnen Skatebikes.

Finanziert wurden die zum Teil erheblichen Auslagen (eine Originaljacke kostet rund 250 Franken, die entsprechenden Turnschuhe circa 140 Franken) meist durch die Eltern, aber auch durch Diebstähle von CDs, Musikkassetten, Zigaretten und Süsswaren oder durch einen Griff in die Haushaltskasse der Mutter.

Als Meinungsmacher und Anführer etablierten sich zwei Burschen (einer in der ersten Klasse Oberstufe, einer trotz "vorgerücktem" Alter noch in der letzten Primarschulklasse), die sich durch besonders "trendige" Aufmachung, durch ein hohes Mass an Gewaltbereitschaft sowie durch Kontakte zur weiteren Homes-Szene der Agglomeration auszeichneten.

Eine wichtige Rolle als "Maskottchen" spielte bei der Gruppenbildung der kleinere Bruder eines Oberstufenschülers, der über "Kindchenschema" und "Bemutterungstrieb" einige Mädchen an die entstehende Gruppe band. Überhaupt scheint merkwürdigerweise der "Mitleidseffekt" bei der Bildung der Gruppe eine wichtige Rolle gespielt zu haben – Mitleid mit sich selber (wegen der vielen erlittenen "Ungerechtigkeiten") und Mitleid mit Einzelnen, die wieder einmal "drangekommen" waren oder die von bedrükkenden häuslichen und schulischen Erfahrungen berichteten. Aus dem (Selbst-)Mitleid entstand schliesslich der Traum, mächtig und respektiert zu sein…

Auf dem Weg zur "Macht"

Mit dem Wechsel der letzen Primarschüler der Gruppe in die Oberstufe wandelte sich der "Mitleideffekt" ebenso wie die Selbsteinschätzung der Gruppe als Ganzes, und die Ansprüche der Gruppenmitglieder veränderten sich, was zu den anfangs beschriebenen Vorfällen führte und die Gruppe ins Licht der Öffentlichkeit treten liess.

Bedingt durch die Konzentration von Gruppenmitgliedern und Sympathisanten in der Oberstufenschule, kamen mehrere Effekte gleichzeitig zum Tragen:

- Anders als am Freizeittreffpunkt ("Home") trat die Gruppe – gekennzeichnet durch spezifische Aufmachung und Verhaltensweisen – im Schulbereich öffentlich auf. Sie hatte – durch die Schulpflicht – nun zusätzlich zum "Home" sogar einen quasi "amtlich" verordneten Treff und konnte sich so einer weiteren Öffentlichkeit Gleichaltriger präsentieren.

"Ich bin sonst eher still, doch jetzt red' ich, damit ihr wisst, man hat mich benutzt und bespuckt und in der Zeitung verpisst.
Nicht alle sind link, aber die, die ich mein',
die wollen mich linken, als wär' ich so klein
wie'n Gnom, wie'ne Maus, halt eben kein Mann..."
(Letzte Worte eines jugendlichen Gewalttäters als Rap vor der Urteilsverkündung. In Joan Didion: Sentimental Journeys, dt.: Überfall im Central Park, House Verlag Frankfurt 1991)

- Der Trend zur Neuorientierung beim Eintritt in die Oberstufe begünstigte neue und besonders aggressive Verhaltensweisen, da es zu Schulbeginn galt, sich einen – wie auch immer gearteten – Platz in der Klassen- und Schulhierarchie zu sichern.
- Die Gruppenidentität, die sich in Kleidung und anderen Accessoirs ausdrückte, geriet in Gefahr durch ähnlich gekleidete und ausgestattete Alterskollegen. Das mühsam aufgebaute Selbstbild des "Exklusiven" und "Einmaligen" drohte zu kippen und war gemäss der "Philosophie" der Gruppenmitglieder nur durch Distanzierung, d.h. durch gewaltsame Abschreckung der anderen wieder herstellbar.
- Unterstützt wurde dies durch eine bestimmte Persönlichkeits- bzw. Verhaltensstruktur der Gruppenmitglieder. So waren alle mehr oder weniger unzufrieden mit ihrer häuslichen Situation[4], hatten vielfach Schwierigkeiten im Umgang mit Erwachsenen, litten unter wenig entwickeltem Selbstwertgefühl und unsicheren Zukunftsperspektiven. Sie zogen es vor, ihre Zeit weitgehend mit ihrer Altersgruppe zu verbringen. Dabei hatten sie gelernt, sich von der Mehrzahl der anderen Jugendlichen abzugrenzen, ohne den Kontakt mit ihnen jedoch gänzlich aufzugeben.
- Ein letztes und entscheidendes Moment lag im "Erfolgserlebnis" der Gruppenmitglieder nach ersten Gewalttaten: Sie fühlten sich als "Homes" oder "Flys" anerkannt, gefürchtet und respektiert. Im Gegensatz zu ihren bisherigen Erfahrungen hatten sie sich endlich einmal über alle und bei allem durchsetzen können.

Auf diesem Hintergrund entstanden innerhalb kürzester Zeit jene totalitären Gruppenstrukturen, die zu der in den Zeitungen zitierten "Gewaltherrschaft" und dem damit verbundenen Terror führten. Im Unterschied zu Erfahrungen andernorts, wo "Homes" sich in ihrer Altersgruppe ein fast unangreifbares Image schaffen konnten, vergrösserte sich die Gruppe an dieser Oberstufe kaum. Im Gegenteil: Nach einem Jahr hat sich der "harte Kern" sogar verkleinert. Dass die "Herrschaft" sich nicht über längere Zeit erstreckte, liegt daran, dass das Phänomen rasch erkannt wurde und die ergriffenen Massnahmen wirkten.

Trotzdem: "Home-Boys" und "Fly-Girls" – Jugendliche wie andere auf der Suche nach sich selbst und nach der Zukunft

Die geschilderten Vorfälle und die Massnahmen zu ihrer Bewältigung haben deutlich gemacht, wie leicht Jugendliche auf totalitäre Strukturen und Ideen "abfahren", wenn sie über wenig oder keine Orientierungskriterien verfügen und keine Zukunftsperspektiven haben.

Genau wie wir damals folgten sie der Faszination des "here and now", des Vorwärtsdrängens, der "Action" in einer Gruppe, welche Geborgenheit, Gemeinschaft, eine einfach strukturierte, überschaubare Welt, Erfolg und Durchsetzung der eigenen Position versprach. Unangenehme Begleiterscheinungen, wie z.B. Repressalien bei Verstössen gegen das Schweigegebot über Gruppeninterna, Krach mit den Eltern etwa wegen des durch den Konformitätsdruck bedingten langen Ausbleibens, Absinken der Schulleistungen und Konflikte mit der Polizei wurden zwar von den einzelnen Mitgliedern persönlich erlitten, aber nicht dem unangemessenen Ansatz der Gruppe bei der Realisierung einer "positiven" und "mächtigen" Zukunft angelastet. Solche Negativ-Erlebnisse nahmen die Mitglieder teils als "Märtyrer" der "guten" Sache hin, teils verdrängten sie diese oder werteten sie gar als Indiz dafür, dass man sich nun nur noch enger an die Gruppe anschliessen müsse, um das angestrebte Ziel doch noch zu erreichen.

"Gewalt und Kriminalität sind oft sprachlose Proteste, signalisieren Hilflosigkeit."
Ein Gassenarbeiter

Dies macht deutlich, dass neben dem repressiven "Knüppel", den viele ebenso totalitär gesinnte und gewaltbereite Erwachsene allzugerne zeigen, vor allem Gespräche und zukunftsgerichtete Orientierungsmöglichkeiten nötig sind, nicht nur für "Homeboys" und "Fly-Girls", sondern für Jugendliche überhaupt.

"Unsere" Homes hatten Pech, wurden "erwischt" und "kamen dran", bevor sie eine Chance zur Neuorientierung hatten. Wir damals hatten Glück und kamen davon – aber erst nach einiger Zeit, als wir dank der Hilfe verständnisvoller Erwachsener weiterführende und tragfähige Perspektiven gefunden hatten. Das ist keine Rechtfertigung für das, was durch Mitglieder einer solchen Gruppierung aufgrund ihrer "Philosophie" andern angetan wurde und wird. Aber es ist ein Hinweis auf die Zufälligkeit der Zukunft von Jugendlichen, wenn sie durch die Erwachsenen keine ausreichende Unterstützung bei der Erprobung neuer Verhaltensmuster und bei der Sinnsuche erfahren.

Gemeinsam in eine unsichere Zukunft

Bei dieser Hilfe muss aber auch bedacht werden, dass unsere Erfahrungen als Erwachsene massgeblich aus den sechziger bis achtziger Jahren stammen, also aus einer Zeit wirtschaftlicher Blüte, in der Wohlstand machbar und Komfort und Sicherheit garantiert schienen.

Heute scheint unsere Gesellschaft permanent von Krisen geschüttelt: Wirtschaftliche Stagnation, Rationalisierungsmassnahmen mit Arbeitslosigkeit im Gefolge, High-Tech-Kriege, Anonymisierung der sozialen Beziehungen in Familie, Nachbarschaft und am Arbeitsplatz, fehlender oder zu teurer Wohnraum, Probleme mit Ausländern und Drogen, politische Skandale und Staatsverdrossenheit sind nur einige der Phänomene, die Unsicherheit erzeugen und die Zukunft mehr als fraglich erscheinen lassen.

Jugendliche erfahren diese Umbruchsituation sehr viel unmittelbarer und härter als Erwachsene, weil entscheidende Phasen ihrer Entwicklung mit solchen gesellschaftlichen Krisen zusammenfallen. Sie können nicht, wie Erwachsene, an überkommenen Wertvorstellungen festhalten und einmal erworbene Routinen "abspulen". Deshalb sind sie den verschiedenen totalitären "Rattenfängern", die ihnen eine einfache Welt und eine sichere Zukunft versprechen, oft so hilflos ausgeliefert. Aber Fallen werden heute nicht nur Jugendlichen gestellt: "Man kann die Probleme und

Fragen der Jugend nicht ausreichend dadurch behandeln, dass man Jugend selbst zum Thema macht. Allzuoft ist das, was uns als Problem der Jugend erscheint, bei näherem Hinsehen nur eine Reaktion der jungen Generation auf Sachverhalte, die auch bei der älteren Generation nicht mehr stimmen." [5]

Du hast keine Zukunft, aber nutze sie!"

Was wird aus den "Homes"?

Die ersten Home-Boys aus Haarlem, Brooklyn, der Bronx und aus Los Angeles zählen heute bereits ihre ersten Runzeln. Vielleicht erzählen sie auch ihren Enkeln von den "wilden Zeiten" von damals. Zwischen diesen Jahren der "Action" liegen Zeiten im Erziehungsheim oder Gefängnis, vergebliche Stellensuche, Versuche, eine Familie zu gründen und zu erhalten, und Jahre marginaler Existenz auf der Basis von Sozialhilfe.

Nur einzelne haben den erträumten Aufstieg vorübergehend geschafft: als Mitglied einer Pop-Gruppe, als Tanz-Star im Film wurden sie berühmt, als Dealer oder als gewalttätiges Mitglied eines Racketts berüchtigt. Nur wenige leben heute einigermassen eine "bürgerliche" Existenz. Schul- und Ausbildungsdefizite unter dem Einfluss ihrer totalitär strukturierten Clique haben den Weg ins "Paradies" verstellt, das sie sich eigentlich als Leben erträumt hatten. Darin gleichen sie den Mitgliedern ähnlich strukturierter Jugendgruppierungen, wie den berüchtigten Hells Angels[6] bei uns in Europa.

Anders als in spirituell oder politisch geprägten Gruppen, bei denen Erfahrung oder Eingeweihtsein das Älter-werden meist als Fortschritt und Machtzuwachs erleben lassen, bildet eben das zunehmende Alter für Mitglieder solcher Jugendgruppierungen ein schwerwiegendes Handicap:

- Nach etwa drei bis fünf Jahren gibt es bereits eine völlig neue Generation gegenwartsbezogener Jugendlicher mit anderen Verhaltensweisen, Idealen, Musikpräferenzen usw., die sich zwar noch mittelbar an den "Oldtimern" orientiert, aber neue, geschlossene Gruppen bildet. Es gibt also keine kontinuierliche "Nachfolge" in solchen Gruppierungen.

- Die "Newcomer" werden damit automatisch zu Rivalen der "Oldtimer" beim Kampf um Territorien, Einflusssphären und Macht. Was zunächst noch gegenüber den "Nachfolgern" mit Gewalt durchzusetzen ist, findet aber seine Grenzen im Abnehmen der körperlichen Leistungsfähigkeit und der Risikobereitschaft bei fortschreitendem Alter und im Festhalten am gewohnten Lebensstil, der nun nicht mehr "in" ist. Die "Oldtimer" sind "out".

"In der Hip-Hop-Scene gibt es einfach zu viele Toys. Mein Styling ist anders. Wenn ich mal ein berühmter Rapper bin, brauche ich diese Kleider nicht mehr."
Ein Rapper

- Der zunehmende Zwang, für sich selbst zu sorgen, macht es notwendig, entweder einer – wegen der Ausbildungsdefizite meist relativ schlecht bezahlten – Arbeit nachzugehen, den Lebensunterhalt durch kriminelle Handlungen zu bestreiten oder die unerträgliche marginale Situation durch Selbstmedikation mit Drogen zu lindern.

Keine rosige Zukunft, fürwahr. Der Preis für das vorübergehende Geborgenheitserlebnis in einer totalitären Gruppierung ist hoch: keine weiterführenden Orientierungen, mangelnde Qualifikation in beruflicher und gesellschaftlicher Hinsicht, Stillstand der Persönlichkeitsentwicklung, marginale Existenz...

Die Trennung von einer solchen Gruppierung und damit die Rückgewinnung von Aussenkontakten und breitgestreuten Interessen ist ein erster Schritt für eine freie persönliche Entwicklung. Daran anschliessend müssen die erlittenen Entwicklungs-Defizite angegangen und behoben werden. Hier die notwendigen Hilfen anzubieten, ist eine wichtige Aufgabe für unsere ganze Gesellschaft.

Anmerkungen

[1] vgl. Louis Pergaud: La Guerre des boutons. Mercure de France, Paris 1912; dt. Der Krieg der Knöpfe. Hamburg 1972.

[2] Vgl. z.B. Meldung aus dem Tages-Anzeiger vom 1.9.1991, S. 19: "Jugendbande auf Raubzügen" – "Home-Boys" im Alter von 15 - 20 Jahren beraubten im vergangenen Dezember Passantinnen und Passanten in Zürich um 45 500 Franken. Dabei gingen sie teilweise äusserst brutal vor. Nachdem sie unter Waffendrohung Bargeld erpresst hatten, schlugen sie ihre Opfer zusammen..."

[3] Mischa ist ein "Mischling", ein "Milchkafi", wie er sich ironisch selbst bezeichnet.

[4] Die familiäre Herkunft der Mitglieder entsprach dabei durchaus dem herkömmlichen Bevölkerungsdurchschnitt. Es gab Kinder von Polizisten, Bank- und anderen Angestellten sowie Arbeitern. Neben Mitgliedern aus intakten Familien fanden sich solche aus Spannungsverhältnissen und mit alleinerziehenden Müttern, die durch ihren Beruf ziemlich in Anspruch genommen waren und selbst zugaben, "mit ihren Söhnen nicht fertig zu werden".

[5] Richard von Weizsäcker in einem Interview anlässlich des Kirchentags der Jugend in den Evangelischen Kommentaren, 13. Jg. (1980), Heft 12, S. 722

[6] Die "Höllenengel" waren als Nachahmergruppe amerikanischer Vorbilder zunächst als besonders harte Rocker-Gruppe bekannt. Polizeiliche Untersuchungen und Gerichtsverfahren zeigten später, dass sich die Gruppenmitglieder weitgehend im kriminellen Rahmen etabliert hatten: in den Bereichen Zuhälterei, Racketeering und Drogenhandel bildeten sie ein sogenanntes Syndikat.

Weiterführende Literatur zum Thema:

Goffmann E.: Stigma. Über Techniken der Bewältigung beschädigter Identität. Frankfurt a.M. 1975.

Didion J.: Sentimental Journeys, dt.: Überfall im Central Park, House Verlag 1991.

Mitterauer M.: Sozialgeschichte der Jugend. Frankfurt a.M. 1986.

Damit es nicht so weit kommt

Konsequenzen für Erziehung und Bildung

Was ist in der Familie, was in der Schule vorzukehren, damit es nicht so weit kommt? Wo ist anzusetzen, damit Heranwachsende den Verlockungen vereinnahmender Gruppierungen nicht erliegen?

Das folgende Fazit fasst einige wichtige Ursachen für den Beitritt zu solchen Gruppierungen zusammen und leitet daraus einige Konsequenzen für die erzieherische Arbeit ab. Diese Konsequenzen können im Rahmen dieses Buches allerdings nur stichwortartig skizziert werden; sie wollen vor allem Anstösse für eine vertiefendere Diskussion sein.

Weshalb wird man anfällig für die Botschaften vereinnahmender Gruppierungen, und was sind wirksame Massnahmen gegen diese Anfälligkeit? Diesen beiden Fragen wird auf drei verschiedenen Betrachtungsebenen nachgegangen:

- → Leben lernen in einer "pluralistischen" Welt (s. unten)
- → Stärkung der persönlichen Autonomie und Mündigkeit (S. 215)
- → Ganzheitlichkeit der Erziehungsarbeit vermeidet Mangelerscheinungen (S.217)

Leben lernen in einer "pluralistischen" Welt

Vereinnahmende Bewegungen sind keine Erfindung unserer Gegenwart. Unter dem rettenden Schirm einer Gruppierung Schutz zu suchen und ihr die eigenen Probleme zu übergeben, war schon immer eine bewährte Lösung, wenn sich die individuellen Kräfte zur Lebensmeisterung als zu schwach erwiesen. Menschliches Leben spielt sich andauernd zwischen den Polen Aufbruch und Sicherung, Dominanz und Unterwerfung, Angriff und Schutzsuche ab.

Weshalb die individuellen Kräfte zur Lebensbewältigung nicht zu genügen scheinen, muss aber immer auch aus der jeweiligen Zeit und Kultur heraus erklärt werden. Eine wichtige aktuelle Ursache scheint die Unfähigkeit zu sein, in einem pluralistischen ("multikulturellen") Umfeld und in einer Kultur im Wandel zu leben und mit Komplexität und Unsicherheit umzugehen.

Der Beitritt zu einer vereinnahmenden Bewegung hat deshalb oft den Charakter eines Ausbruchversuches aus einem überfordernden System. Ähnliche Ausbruchversuche stellen (innere oder äussere) Emigration sowie viele Arten von Süchten dar. Wie diese hat ein Beitritt zu vereinnahmenden Bewegungen einen ausgeprägten *Symptom-Charakter*. Er ist eine *Reaktion* auf ein Problem, nicht das Problem selbst. Ursachenorientierte Prävention muss hier wie dort von ähnlichen Defiziten als Ursachen ausgehen.

Wie kann die Familie, wie kann die Schule die Heranwachsenden befähigen, sich in einer Welt zurechtzufinden, deren immer ausgeprägtere Komplexität immer mehr Verunsicherung und Überforderung erzeugt? Mit zunehmender kultureller Durchmischung unserer Gesellschaft wird die Auseinandersetzung mit "dem Anderen" immer bedeutungsvoller. Es reicht heute nicht mehr, religiöse, kulturelle oder ideologische Andersartigkeit zu stigmatisieren und zu isolieren, selbst wenn sie im Gewand von vereinnahmenden Bewegungen daherkommt.

Suchende sind keine Aussenseiter! In unserer gesellschaftlichen und kulturellen Umbruchsituation suchen viele nach "Land", nach einer "neuen Heimat". Doch manche schaffen sich eine trügerische Schein-Sicherheit, indem sie ihre Unsicherheit auf "Aussenseiter" projizieren und sich dadurch weiterhin als "normal" empfinden. Das führt zu einer verlogenen Richter-Mentalität und täuscht eine "Einheit der Rechtgläubigen" vor, die in Wirklichkeit gar nicht besteht. Wir alle sind unterwegs! Diese Einsicht kann gerade zu einer Quelle neuer Solidarität in unserer "pluralistischen" Gesellschaft werden!

Einige Stichworte, wie im familiären und schulischen Alltag auf ein Leben in der "pluralistischen" Gesellschaft vorbereitet werden kann:

- Andersdenkende nicht vorschnell kategorisieren; sich in die Beweggründe ihres Verhaltens einzufühlen und sie zu verstehen suchen (z.B. in verfremdenden Rollenspielen).
- Die Heranwachsenden ermutigen, Konflikten nicht aus dem Weg zu gehen, sondern sie offen und produktiv auszutragen. Fair streiten lernen! In Konflikten sind meist auch "kreative Keime" enthalten!

- Junge Menschen bei ihren Fragen *hier und jetzt* abholen, auch wenn das vordergründig nicht ins jeweilige Konzept passt.
- Geschichte und Geographie so weit wie möglich als Sozial- und Kulturgeschichte bzw. -geographie konzipieren und damit das Fundament schaffen für eine soziale und politische Erziehung, die mehr ist als "Staatsbürgerkunde".
- Gedanken der "einen Welt", der globalen Solidarität und Verantwortung in die ganze Erziehung und in den ganzen Unterricht einfliessen lassen.
- Die Fähigkeit, Ungewissheit und offene Fragen auszuhalten, systematisch trainieren.

Stärkung der persönlichen Autonomie und Mündigkeit

Seit Beginn der abendländischen Kultur bildet der Drang nach Bewusstseinserweiterung, Selbstwerdung und Selbstverantwortung einen kontinuierlichen und wesentlichen Strang der menschlichen Entwicklung.

Wenn heute zunehmend Tendenzen auszumachen sind, sich der individuellen Autonomie und Selbstverantwortlichkeit zu entledigen und wieder in der Unbewusstheit einer kollektiven "Urflut" unterzutauchen, dann handelt es sich dabei in dieser Sichtweise um bedenkliche Regressionsformen, die dieser kulturellen Entwicklung entgegenlaufen und den mühsam errungenen Erfolg leichtfertig aufs Spiel setzen.

Einer der tiefschürfendsten Beobachter unserer Zeit, der Psychologe C.G. Jung, hat eindrücklich auf solche Gefahren hingewiesen. Die Gefahr einer derartigen Regression ist die des "Verfallens". Indem man irgend etwas oder jemandem verfällt – einer Idee, einem Prinzip, einem Charisma oder einer Bewegung –, entledigt man sich der individuellen Selbstverantwortung, die mit der persönlichen Autonomie einhergeht. "Verfallen" heisst also Ausschalten von individueller Spannung auf Kosten von Autonomie, Mündigkeit und Bewusstheit. Die Ideologie des "Dritten Reiches" gibt eine Vorstellung vom Preis an persönlicher Autonomie, der für die Teilhabe an einem solchen scheinbar "rettenden Prinzip" bezahlt werden musste. Die bekannten Experimente der Sozialpsychologen Milgram, Sherif und Asch belegen, dass ein solches "Verfallen" keineswegs ein nationales Phänomen ist. Es ist als permanente Gefahr im menschlichen Verhaltensrepertoire angelegt und übt eine gefährliche Sogwirkung aus. Das Gegenteil des "Verfallens" ist bewusste Auseinandersetzung und Integration, ein Phänomen, welches die Autonomie und Mündigkeit *erweitert*, statt sie einzuschränken.

Das Präventionsziel der persönlichen Autonomie und Mündigkeit deckt sich bemerkenswerterweise mit wichtigen Aspekten des grundsätzlichen Erziehungs- und Bildungsauftrags der Schule. Im Kanton Zürich etwa betont der Zweckartikel der Volksschule ausdrücklich die vorrangige Bedeutung der individuellen Meinungsbildung und Mündigkeit. (Die Befreiung des Individuums aus Unmündigkeit und vereinnahmenden Bindungen war ja vor 160 Jahren gerade ein wichtiger Motor für die Schaffung der allgemeinen Volksschule!)

Zwar stellt die Volksschule heute nur noch *eine* von verschiedenen Sozialisierungsmächten dar, die auf die jungen Menschen einwirken. Aber in ihr drückt sich der Wille des Gesetzgebers zum "Mündigwerden" der nachfolgenden Generation aus, und sie übt so im Hinblick auf die andern Sozialisierungsinstanzen eine gewisse Modell-Funktion aus. Was die Schule in dieser Beziehung vorkehrt, findet grosse öffentliche Beachtung.

Seit sich an der Volksschule der Bereich "Lebenskunde" zu etablieren beginnt, scheint eine stundenplanmässige Basis für einen solchen Präventionsauftrag vorhanden zu sein. Allerdings bestehen über die Zielsetzung von "Lebenskunde" noch weithin vage Vorstellungen, die sich nicht zwangsläufig mit der "Mündigwerdung" decken. "Mündigkeit" kann zudem nicht in einer isolierten Wochenstunde entstehen, sondern muss das Ziel des *gesamten* Unterrichts sein.

In der "Lebenskunde" geht es um das alte, aber entscheidend wichtige Postulat der *Selbsterkenntnis*: Wer bin ich, was kann ich, was will ich? Was muss ich mir bewusst machen und persönlich integrieren, das ich bisher vielleicht verdrängt oder projiziert habe? Welche Probleme, die ich aussen sehe, sind meine *eigenen* Probleme? Wie werde ich den Gruppen, denen ich angehöre, und gleichzeitig mir selbst gerecht?

Einige Stichworte zur Förderung von persönlicher Autonomie und Mündigkeit in Familie und Schule:

- Den Kindern und Jugendlichen mehr Erfolgs- als Misserfolgserlebnisse vermitteln. Es muss wichtiger sein, dass der junge Mensch Erfolge erzielt, als dass er Misserfolge vermeidet. (Fehlervermeidung, das heisst die Abwesenheit von Misserfolg, erzeugt noch keine Erfolgserlebnisse).
- Aufgaben mit dosiertem, mittlerem Schwierigkeitsgrad vermitteln am ehesten Erfolgserlebnisse. Ist die Schwierigkeit der Aufgaben zu gross, so wird der junge Mensch entmutigt; ist sie zu klein, so wird er zu wenig aktiviert. Es kommt darauf an, dass er aktiviert, aber nicht entmutigt wird.
- Eltern und Lehrkräfte leben dem jungen Menschen bildhaft vor,

was sie von ihm erwarten. Sie geben ihm damit konkrete Verhaltensmodelle.

- Die Lehrkraft geht so weit wie möglich von den konkreten Bereitschaften der Schülerinnen und Schüler aus; sie gestaltet den Unterricht im Prinzip "schülerzentriert" und nicht nur sachzentriert.
- Die schulischen Leistungsfelder dürften nicht zu diskrepant sein zu den subkulturellen Werten der jungen Generation. Die schulischen Anforderungen und "Tugenden" müssen auch das Selbstkonzept und das Wertsystem der jungen Menschen berücksichtigen.
- Eltern und Lehrpersonen versuchen, zur ganzheitlichen Entfaltung des jungen Menschen beizutragen, und zeigen ihm ihre Freude über seine Fortschritte.
- Die Schüler und Schülerinnen werden in die Planung und Gestaltung des Unterrichts aktiv miteinbezogen (Projektunterricht, Schüler-Konferenz etc.)
- Die Schüler/innen werden im Unterricht ermutigt, sich mit den vielfältigen Problemen ihrer Altersstufe auseinanderzusetzen und diese auch als Chancen und Freiräume zu betrachten.
- Sie erkennen, dass sie mit ihren individuellen Problemen nicht allein stehen, weil diese zu einem grossen Teil Ausdruck einer übergreifenden alterstypischen bzw. kulturellen Problematik sind.
- Die Eigeninitiative der Kinder und Jugendlichen wird unterstützt, wo immer es möglich ist.
- Schülerinnen und Schüler lernen, ihre Wahrnehmungen, Erlebnisse, Probleme und Anliegen auszudrücken.
- Sie üben das Aushalten von Zeitperspektiven und das Umgehen mit Unlustgefühlenn.

Ganzheitlichkeit der Erziehungsarbeit vermeidet Mangelerscheinungen

Vereinnahmende Bewegungen scheinen Lebensbedürfnissen entgegenzukommen, die anderswo offenbar vernachlässigt werden: gefühlshaftes Leben, soziale Geborgenheit, menschliche Wärme usw. Viele – und gerade junge – Menschen sehnen sich nach einem solchen Rahmen, der ihrem Leben Farbe und Wärme gibt, der sie Sinn empfinden lässt und in dem sie Spuren hinterlassen.

Von vereinnahmenden Gruppierungen können also durchaus auch bereichernde Impulse auf unser alltägliches Leben ausgehen. Sie zeigen andeutungsweise Möglichkeiten, wie unser Leben und Zusammenleben ganzheitlicher gestaltet werden könnte. Sie lassen etwas erleben, was viele heutige Menschen vermissen: Geborgenheit, Heimat. Das alltägliche Leben vermittelt zu vielen kein Gefühl von Heimat mehr.

Im Unterrichtsbereich "Heimatkunde" eröffnet sich hier eine Chance. "Heimat" ist ja der Lebenskreis, dem man sich als ganzer Mensch zugehörig fühlt. "Heimatkunde" kann also dazu beitragen, junge Menschen zu be-heimaten. (Eine solche Beheimatung ist natürlich nicht nur Aufgabe der Schule, sondern eine Herausforderung für alle Institutionen und Gruppierungen in unseren Gemeinwesen.)

"Beheimatung" wurzelt letztlich in einem religiösen Bereich. Die religiöse Erziehung, der Religionsunterricht versucht, die jungen Menschen für diese Lebensdimension zu sensibilisieren. Allerdings: Der Geist weht oft nicht dort, wo der Lehrplan es will. Oft gelingt es trotz aller pädagogischen Anstrengungen und allem methodischen Einfallsreichtum nicht, das Interesse der Schüler und Schülerinnen an der zu vermittelnden "Botschaft" zu wecken. Das ist hart, besonders wenn man gleichzeitig erkennt, wie die jungen Menschen ihr Herz andern (quasi-)religiösen Botschaften und Strömungen schenken. Die Frage ist delikat, aber sie darf nicht ausgespart werden, wenn man die religiöse Erziehung ernstnimmt: Wie gelingt es, junge Menschen für einen Lebensbereich zu sensibilisieren, für den sie durchaus aufnahmebereit sind, der ihnen durch eine starre "Unterweisung" aber oft gerade verschlossen wird?

Einige Stichworte als Beispiele, wie Familie und Schule dazu beitragen können, "Mangelerscheinungen" im Leben der jungen Menschen zu vermeiden:

- Fraglos akzeptierende und liebevolle Zuwendung in Familie und Schule erzeugt gefühlsmässige Geborgenheit, "Nestwärme" und Ermutigung.
- Eine Vertrauensatmosphäre in Familie und Schule fördert das Selbstvertrauen der jungen Menschen und die Auseinandersetzung mit sich selbst. Sie lässt tragfähige persönliche Beziehungen entwickeln, durch die sie sich sozial eingebunden und "gehalten" fühlen.
- Die Lehrkraft spricht mit den Schülerinnen und Schülern offen über Sinn und Zweck der schulischen Aktivitäten - und zieht daraus die notwendigen Konsequenzen!
- Sie bringt im Unterricht die vielfältigen Sinnfragen unserer Zeit im Umbruch ein.

- Die Schule pflegt das Gefühlsmässige, das Sinneshafte und die Erfahrung der eigenen Körperlichkeit als wichtige Lebensdimensionen.
- Familie und Schule bieten den Heranwachsenden Möglichkeiten für vielfältige, echte und starke Sinneserfahrungen, damit sie nicht einem unerwünschten "Reizhunger" verfallen.
- Familie und Schule nehmen Gelegenheiten wahr, wie junge Menschen sich für Über-Individuelles öffnen, wie sie staunen und wie sie ergriffen werden können.
- Die Lehrperson setzt sich ein für die Pflege des Emotionalen und Gemütsmässigen, des Intuitiven und Introspektiven, des Spielerisch-Musischen und des Gemeinschaftlichen. Sie schafft damit ein notwendiges Gegengewicht zu den rationalen Unterrichtsbereichen. Sie betont jene Bereiche, die den Schüler/innen "Seelennahrung" und Daseinsfreude vermitteln.
- Die Erziehungspersonen bringen mit ihrem Verhalten augenfällig zum Ausdruck, dass sie – ohne die Existenz schwerwiegender Zukunftsprobleme zu leugnen – die Zukunft als herausfordernde Entwicklungschance betrachten und nicht vor ihr resignieren.

Begriffserklärungen

• **Alchemie:** Aus der Antike und dem Mittelalter überlieferte Praxis, die eine Mischung aus Magie und ersten naturwissenschaftlichen Versuchen darstellt. Die Alchemisten wollten mit ihrer Kunst Gold herstellen, das Lebenselexier finden und einen künstlichen Menschen (homunculus) erschaffen. Zu dem Zweck wurden erste technische Experimente durchgeführt. Ziel war es, Gewalt über die Urkräfte zu bekommen und zu erkennen, was die tieferliegenden Prinzipien der Welt und der Materie sind.

• **Amulett:** Magisches Hilfsmittel, mit dem man sich vor dem schädigenden Einfluss von Geistern schützen will. Amulette stammen ursprünglich aus den Naturreligionen und galten in der Hand von Zauberern, Medizinmännern oder Schamanen als wirksamer Schutz vor Naturgeistern.

• **Animismus:** Weltanschauung, derzufolge alle Dinge (Bäume, Gesteine, Gestirne etc.) mit "Seelen" oder "geistigen Energien" begabt sind (lat. anima = Seele).

• **Anomie:** Zustand der Regellosigkeit, der mangelnden sozialen Ordnung; in der Soziologie Bezeichnung für ein (oft plötzliches) Ansteigen von Symptomen des Orientierungsverlusts wie Sucht, Suizid, soziale Vorurteile usw.

• **Anthroposophie:** Weltanschauungslehre, die Rudolf Steiner 1902 begründete. Die Welt befindet sich nach ihr in einer stufenweisen Entwicklung, die der Mensch in seinem Erkennen und Handeln nachzuvollziehen hat, um höhere seelische Fähigkeiten zu entwickeln und mit ihrer Hilfe übersinnliche Erkenntnis zu erlangen.

• **apokalyptisch:** das Weltende erwartend, auf ein düsteres Weltende bezogene Aussage.

• **Aromatherapie:** Mit Hilfe von bestimmten Extrakten und Aromen, die aus Pflanzen gewonnen werden und denen jeweils bestimmte Wesenseigenschaften zugeschrieben sind, soll der Mensch seine Aura, seine Chakren (Energiezentren) etc. positiv beeinflussen können. Die Reaktion auf die einzelnen Aromen wird auch zu diagnostischen Zwecken benutzt.

• **Ashram:** Stätte des Zusammenlebens, in der Regel zum Zweck der inneren Sammlung (hervorgegangen aus den Einsiedeleien indischer Weiser, um die sich eine Schülerschaft bildete).

• **Askese:** Verzicht-Übung meist des Willens und der Sinne, Entsagung zum Zweck der Reinigung und mit dem erhofften Ziel, dadurch dem Heil bzw. einer Gottheit näherzukommen.

• **ASW:** aussersinnliche Wahrnehmung: englisch ESP = Extra Sensory Perception. Unter dem Überbegriff werden solche Wahrnehmungsleistungen zusammengefasst, die sich ausserhalb der allgemein bekannten und erforschten Mitteilungswege abspielen.

• **Astralkörper(-leib):** Vorstellung, dass es neben unserem materiellen (grobstofflichen) Körper noch einen zweiten feinstofflichen (geistigen) Körper gebe. Der Astralkörper, der durch besonders begabte Medien gesehen wird oder durch die Kirlianfotographie sichtbar gemacht werden kann, hat den Charakter eines Energiemantels. Er soll unsterblich sein und kann mittels bestimmter Techniken zum Wohlbefinden des Menschen beeinflusst werden.

• **Astralreisen:** Hierbei soll sich der Astralleib vom Körper trennen. Eine Astralreise wird durch bestimmte Verfahren (z.B. Trance, Hypnose...) eingeleitet. Der Astralleib wird auf die Reise in die Vergangenheit, Zukunft oder in das Jenseits geschickt. Im Trancezustand beschreibt der Patient, was sein Astralleib während der Reise erlebt.

• **Astrologie:** Makro-mikrokosmische Entsprechungslehre, derzufolge in einer lückenlosen Verbundenheit alles irdische Geschehen seine Entsprechung in den Bewegungen der Gestirne hat. Dieser Lehre liegt ein auf die Erde und auf den Menschen als Mitte des Kosmos bezogenes Weltbild zugrunde. Mit Hilfe des Horoskops wird der Makrokosmos in der Beziehung zu einem einzelnen Menschen abgebildet. Dabei wird versucht, anhand der spezifischen Planetenkonstellationen bestimmte Lebensmuster und Charakterstrukturen zu erkennen.

• **Auditing:** Eine scientologische Befragungstechnik, die den Charakter einer Therapie besitzt. Oft wird dazu ein Hubbard-Elektrometer verwendet, das ähnlich wie ein Lügendetektor wirkt. Scientology definiert: "Auditing beseitigt ungewollte Barrieren, die die natürlichen Fähigkeiten einer Person hemmen, stoppen oder einschränken, und steigert schrittweise die Fähigkeiten eines Menschen." Beim Auditing wandert der Preclear (Proband) auf der Zeitspur durch die früheren Leben und macht alle Geschehnisse aus, die einen negativen Einfluss auf die Gegenwart bewirken.

• **Aura:** In den Medizin: Vorzeichen, Vorgefühl von nur wenigen Sekunden Dauer beim Herannahen eines Anfalls, insbesondere eines epileptischen Anfalls. Im Okkultismus: Ausstrahlung (Fluidum) einer Person, die von medial empfindsamen Menschen angeblich als Farbspektrum, das den Körper wolken- oder lichtkranzartig umgibt, wahrgenommen wird. Theosophie und Anthroposophie unterscheiden eine dreifache Aura entsprechend ihrer Unterscheidung von Leib, Seele und Geist.

• **Automatisches Schreiben:** Eine mediale Person schreibt verschiedene Texte, unter Umständen mit beiden Händen gleichzeitig, die sie selber nicht als Leistung der eigenen Psyche deutet, sondern entsprechend der spritistischen Annahme einer Geisterwelt zuordnet, aus der die Inhalte diktiert werden.

• **Autoritär:** Machausübendes Verhalten, das mit einer formalen Autorität, nicht mit der eigenen Persönlichkeit legitimiert wird.

• **Bachblütentherapie:** Siehe Aromatherapie

• **Backward masking:** Verfahren, bei dem auf Schallplatten "rückwärts markierte" Tonspuren aufgepresst werden. Die Texte der Tonspuren sind beim normalen Abspielen und Hören der Platte nicht zu erkennen. Erst wenn die Platte rückwärts gespielt wird, sind solche Texte zu hören. Die Texte haben satanischen Inhalt. Die Behauptung, dass solche versteckten Botschaften direkt auf das Unterbewusstsein wirken, ist bisher nicht nachgewiesen. Vielmehr wird man davon ausgehen können, dass teilweise Werbestrategien dahinterstehen, um eine Platte besser zu verkaufen.

• **Bewusstseinstechniken:** Dienen zur Steuerung des als Energie verstandenen und durch Sammlung und Meditation gebündelten Bewusstseins, mit dem Zweck, die Aussenwelt zu beeinflussen oder sich vom Einfluss des Materiellen als etwas Hinderlichem zu befreien. Im Shintoismus, der ältesten japanischen Religion, und im Zen-Buddhismus wurden diese von New Age-Gruppen übernommenen Meditationstechniken seit Jahrtausenden geübt.

• **Biblizismus:** Ursprünglich eine theologische Richtung im Protestantismus, die nur das geschriebene Bibelwort als Norm für die Glaubensaussagen gelten lässt. Sie prägte den Pietismus und die Erweckungsbewegung des 19. Jahrhunderts. Heute wird der Begriff zunehmend mit der amerikanisch-fundamentalistischen Vorstellung von der wörtlichen Inspiriertheit und Irrtumslosigkeit der Schrift in Verbindung gebracht.

• **Bioenergetik:** Lehre von der kosmischen Urenergie, die alles Lebende durchströmt und die durch bestimmte Praktiken besser genutzt und ausgeschöpft werden kann.

• **Black-Metal-Musik:** Eine in den 70er Jahren entstanden Stilrichtung der Rockmusik, die in ihren Texten satanische Inhalte besingt. Es geht den Hörern weniger um die Übereinstimmung mit dem Satanismus als vielmehr um die Musik und das Gruppenerlebnis. In den Konzerten von Gruppen wie Black Sabbath, Venom, Iron Maiden, Slayer... werden die Inhalte der Lieder oft in ein entsprechendes Bühnenszenario umgesetzt.

• **Chakra:** Der grobstoffliche Körper soll an sieben Punkten mit dem Astralleib verbunden sein. Solche Verbindungen werden als Energiezentren aufgefasst. Die Verbindungsstellen, die trichterförmig mehrere Zentimeter über den Körper hinausragen, denen alle unterschiedliche Eigenschaften zugeschrieben werden, sollen mit Hilfe von bestimmten Techniken positiv beeinflusst werden, um eine Harmonie zwischen dem geistigen Leib und dem körperlichen Leib herzustellen.

• **Channeling:** eine in den USA weitverbreitete spiritistische Technik. Personen bezeichnen sich als "Kanäle" (engl. channels), durch die sich höhere Geistwesen melden und Auskünfte und Botschaften vermitteln. Das Medium versteht sich als "Sprachrohr", das nur die Botschaften der Geister übermittelt, ohne selber Anteil an den inhaltlichen Ausformungen zu haben.

• **Chiliasmus, chiliastisch:** Erwartung eines tausendjährigen Reiches vor dem Endgericht.

• **Chirologie:** Siehe Handlesen.

• **Dämonenlehre:** Spiritistische Lehre von der Leibhaftigkeit und vom leibhaftigen Einfluss böser und guter Geister auf die Menschen und auf das Weltgeschehen, artet in den Teufelskult (Satanismus) oder in die Engelslehre (Opus angelorum) aus.

• **Denomination:** Ursprünglich einfach Benennung, Bezeichnung; heute nennt man Freikirchen oder Einzelkirchen so, in den USA heisst jede organisierte Kirche "denomination".

• **Dianetik:** Das scientologische Kunstwort ist zusammengesetzt aus den griechischen Begriffen dia und noos, was "durch die Seele, den Sinn oder das Denken" bedeutet. Dianetik ist eine scientologische Disziplin.

• **Divination:** Die Gabe, zukünftige Ereignisse zu erahnen oder vorauszusagen. In der Antike wurde die Fähigkeit als ein göttliches Geschenk eingestuft. Die natürliche Divination konnte im Traum geschehen, der dann vom Seher oder der Seherin gedeutet werden musste. Eine andere Form der Divination war das Orakel.

• **Dogma, dogmatisch:** Glaubenssatz, einem oder mehreren Glaubenssätzen starr verpflichtet.

• **Doktrin, doktrinär:** Starre Lehre, starres, unflexibles Befolgen eines Prinzips oder einer Lehre.

• **Drüben:** Bezeichnung für das Jenseits im Kreise der Okkultisten. Mit Hilfe von "Jenseitsbrücken" ist der Kontakt mit den Verstorbenen "drüben" aufzunehmen, die dann Fragen beantworten und Anweisungen geben.

• **Edelsteintherapie:** Jedem Edelstein wird eine geistige Eigenschaft zugewiesen. So kann bei der Auswahl eines Edelsteines auf die Person des Auswählenden zurückgeschlossen werden. Ausserdem sollen die Edelsteine die Strahlenqualität der Umgebung günstig beeinflussen.

• **Einweihung:** In der Esoterik werden die Adepten (= Schüler) mittels Einweihung in die Geheimlehren eingeführt. Je nach esoterischer Schule geschieht dies entweder durch einen Meister, der sein Wissen an Schüler weitergibt und sie je nach Reifegrad in höheres Wissen einweiht, oder der Schüler nimmt auf dem Weg der Selbsterkenntnis die Einweihung in eine höhere Stufe selber vor. In den meisten Fällen ist die Einweihung mit einer rituellen Handlung verbunden. Oft erhält der Eingeweihte einen neuen Namen, eine geheime Formel (z.B. ein Mantra) oder Insignien seiner neuen Weihestufe.

• **Ekstase, ekstatisch:** Ausser-sich-Sein; Sinneszustand, in dem man sich aus dem üblichen Wirklichkeitsempfinden herausgehoben fühlt.

• **Elektizismus:** In der Philosophie Prinzip des Auswählens einzelner Elemente aus früheren Traditionen bzw. Autoren, um die eigene Lehre zusammenzustellen. Es gibt auch Elektizismus in Religionen.

• **Entmaterialisierung:** Auflösung des menschlichen Körpers in einen geistigen, von keinen Hindernissen mehr behinderten Leib.

• **Eschatologie, eschatologisch:** die Lehre von den letzten Dingen, auf das endzeitliche Geschehen bezogen.

• **Esoterik:** Bedeutet ursprünglich "Richtung nach innen", wird vor allem im Sinn von Geheimlehre gebraucht; – esoterisch: nur der Erkenntnis von Eingeweihten zugänglich.

• **ESP:** (Extra Sensory Percepiton) siehe ASW

• **Exorzismus:** Die Beschwörung von Geistern, meist bösen Dämonen, in einem festgelegten Ritual, um sie aus Menschen (Besessenen) auszutreiben oder Orte und Gegenstände von ihnen zu befreien.

• **Ethik, ethisch:** Lehre von der Sittlichkeit, sittlich.

• **Exoterik:** Im Gegensatz zur Esoterik das offene und auch Uneingeweihten zugängliche Wissen.

• **evangelikale Christen:** von englisch Evangelicals, Christen pietistischer und erwecklicher Richtung.

• **Evolution:** Entwicklung im Sinn der Weiter- und Höherentwicklung alles Lebenden.

• **Fernheilung:** Mit Hilfe von Beschwörungen, Energieübertragungen und ähnlichem versucht die fernheilende Person bei einem entfernt lebenden Menschen Heilungen zu erzielen. Meist geschieht der Vorgang der Fernheilung durch gedankliche Konzentration über der Fotografie des Kranken. Solche Fernheilungen, die angeblich auch körperlich nachweisbar sind, stellen für viele Todkranke die letzte Hoffnung dar.

• **Fischezeitalter:** Bezeichnung in der Astrologie für den Monat im Kosmischen Weltenjahr, der durch den Durchlauf des sog. Frühlingspunktes durch das Sternzeichen "Fische" definiert wird. Das Zeitalter der Fische dauerte die letzten 2000 Jahre und wird jetzt durch das Wassermannzeitalter abgelöst. In astrologischer Deutung ist das Fischezeitalter durch polares Denken gekennzeichnet, das für die gegenwärtige globale Krise verantwortlich sein soll.

• **Flag:** Das Hauptquartier der Eliteeinheit "Sea Org." (siehe Sea-Org.)

• **Freidenker, freigeistig:** Menschen, die weltanschaulich jede (besonders jede theologische und kirchliche) Autoriät ablehnen und sich allein einem Humanismus verpflichtet wissen.

• **Fundamentalismus, fundamentalistisch:** Aus Amerika stammende christliche Bewegung, die u.a. die Verbalinspiration und Irrtumslosigkeit der Bibel und die absolute Gültigkeit der altprotestantischen Dogmen als Grundlage (Fundament) ihres Glaubens betont.

• **Geister:** Eine Bezeichnung für Wesen, die nach weltweit verbreitetem Volksglauben dem Menschen überlegen, aber nur mit begrenzter Machtfülle ausgestattet sind. Sie werden immateriell oder aus feinstofflicher Geistsubstanz bestehend vorgestellt. In unterschiedlichen esoterischen Traditionen werden die Geister entweder als Verstorbene im Jenseits oder als eigenständige Wesen, die sich gelegentlich materialisieren müssen und so auf die Erde kommen, gedacht. Im Spiritismus sind die Geister wichtigstes Element einer universellen Erklärung für alle aussergewöhnlichen Ereignisse auf der Erde.

• **Gläserrücken:** Mit Hilfe eines umgedrehten Glases und eines Buchstabenkreises wird der Versuch unternommen, mit den Geistern Kontakt aufzunehmen. Jeder Teilnehmer an der Sitzung legt einen Finger auf das Glas, und nach einer "Einschwingungsphase" beginnt das Glas sich zu bewegen. Die "Jenseitsbotschaften" werden Buchstabe für Buchstabe diktiert.

• **Gnosis, Gnostiker, gnostisch:** Bezeichnung für ein Erkennen, bei dem das gedankliche Erfassen vom geistigen Schauen und u.U. vom Einswerden mit dem Gegenstand der Erkenntnis begleitet ist. Gnosis ist ebenso der Name für eine religiöse Bewegung der ersten nachchristlichen Jahrhunderte, die, oftmals als Geheimlehre nur Eingeweihten zugänglich, eine neue Verbindung mit Gott vermittelt.

• **Goetie:** Gleichbedeutend mit "schwarzer Magie".

• **Handlesen:** Orakelpraxis, bei der aus dem Verlauf der Handlinien angeblich die Schicksalstendenzen eines Menschen erkannt werden können. Die Linien in der Hand und die Handform werden auf die Vergangenheit, Gegenwart und Zukunft eines Menschen hin gedeutet.

• **Hedonismus:** Philosophische Lehre, nach der das Streben nach Lust den Sinn menschlichen Daseins darstellt und das Handeln des Menschen bestimmen sollte. Ethisch führte der Hedonismus in der Regel zur (oft verdeckten) Ablehnung moralischer Normen.

• **Hellsehen:** Sammelbegriff für verschiedene okkulte Praktiken. Gemeinsam ist diesen Praktiken, dass ein Medium in der Lage ist, räumliche und zeitliche Grenzen aufzuheben und zu berichten, was sich in der Vergangenheit abgespielt hat oder in der Zukunft noch abspielen wird. Von Hellsehern wird berichtet, dass sie in einem tranceähnlichen Zustand in ihrem Inneren eine Art Film sehen, auf dem die Ereignisse dargestellt sind. Als Hilfsmittel zum Hellsehen wird u.a. oft eine Kristallkugel verwandt.

• **Hermetische Philosphie:** angeblich auf Hermes den griechischen Gott der Weisheit, zurückgehende, alte (oft okkulte oder esoterische) Lehren. Hermes ist der griechische Name für den ägyptischen Gott Thot.

• **Hexen:** Bezeichnung für Frauen, die dem Volksglauben nach magisch-schädigende Kräfte besitzen. Hexen sind auch in vor- und nichtchristlichen Religionen bekannt. Der Hexenbegriff des Mittelalters rührt aus der Verbindung von ursprünglich nicht zusammengehörenden Elementen des Zauber- und Aberglaubens mit Lehren der Dämonologie und Straftatbeständen der Ketzerinquisition. Mit dem Wiederaufkommen von okkulten Vorstellungen finden sich Frauen in Anlehnung an die historischen Hexen zu Hexenzirkeln zusammen (Wiccakult). Auch in der Frauenbewegung spielt die "Wiederentdeckung der Hexen" eine wichtige Rolle.

• **Holismus; holistisch:** Ganzheitsanschauung.

• **Horoskop:** Mit der Hilfe der Berechnung von (an den Himmel projizierten) Sternbildern erstellt der Astrologe eine Horoskop, aus dem er Aussagen über das Leben des individuellen Menschen machen will.

• **Hypnose:** (vom griech. hypnos = Schlaf). Eine durch Aussenreizverminderung und Suggestion herbeigeführte konzentrierte Bewusstseinsveränderung. Die körperlichen Auswirkungen der Hypnose gleichen eher einem partiellen Wachsein als einem Schlafzustand.

• **Illumination:** Erleuchtung.

• **Illusion:** Sinnestäuschung, Einbildung

• **Jenseitsbrücke:** Möglichkeit, mit den im Jenseits lebenden Geistern Kontakt aufzunehmen. Dies kann entweder durch eine medial begabte Person geschehen, die mit den Geistern kommunizieren kann, oder durch eine okkulte Technik (Pendeln, Gläserrücken...). Durch eine solche Brücke ins Jenseits ist es möglich, Fragen zu stellen, Anweisungen für das eigene Leben zu erhalten und theologische Aussagen zu bekommen.

• **Inkarnation, inkarniert:** Fleischwerdung, Menschwerdung, Mensch geworden.

• **Inspiration, inspiriert:** Eingebung (durch Gott bzw. durch den Heiligen Geist).

• **Karma:** Bezeichnung für das Gesetz von der Vergeltung der Taten. Es handelt sich hierbei um eine aus dem Hinduismus stammende Vorstellung, dass jede menschliche Tat eine vergeltende Tatfolge nach sich zieht. Je nach Art der Tat wird die Folge gut oder böse sein. Entsprechend ist auch die Vergeltung der Tat. Die menschliche Ungleichheit im Leben fliesst aus dem eigenen Handeln des Menschen, nicht aus göttlicher Bestimmung. Auch seine soziale Stellung ist dadurch bestimmt. Eng mit dieser Vorstellung ist die Wiedergeburtslehre verbunden.

• **Kartenlegen:** Tarotkarten (Tarot oder Tarok – "königlicher Weg") dienen vor allem dazu, Schicksalsfragen zu beantworten und Lebensentscheidungen zu klären. Im Sinn von Orakeln wird Auskunft erwartet über die verborgene Entwicklung des eigenen Lebens.

• **Kausalität:** Gesetzmässiger Zusammenhang von Ursache und Wirkung.

• **Kongregation:** Vereinigung, Bruderschaft.

• **Kosmos, kosmisch:** Weltall, die Ordnung der Welt; auf das Weltall bezogen; die Ordnung des Weltalls betreffend.

• **Kristallsehen**: Eine seit altersher gepflegte Orakeltechnik, in der Steine, insbesondere Kristalle und Edelsteine, als das "Gedächtnis der Erde" gelten.

• **Lama:** Bezeichnung für tibetanischen Mönch.

• **Loge:** Bruderschaft, Gesellschaft.

• **Magie:** Der Versuch, mit Hilfe von Beschwörungen und Kulthandlungen materielle und nichtmaterielle Dinge zu beeinflussen. Das, was sich der eigenen Verfügbarkeit entzieht, soll mit Hilfe von geheimen und allmächtigen Formeln und Riten dem Willen des Magiers unterworfen werden. Gewinnung von Macht und Einfluss ist das Ziel der Magie.

• **Magnetismus, magnetische Heilung:** die auf F.A.Mesmer (1734-1815) zurückgehende Vorstellung, dass gewisse Menschen über eine Kräfteausstrahlung verfügen, die Heilung von Krankheiten bewirken kann.

• **Makrokosmos:** das Universum, das Weltall; das Weltall als Manifestation Gottes.

• **Mantra:** (aus dem Hinduismus): eine göttliche Silbe oder ein kurzes Wort, das meditierend wiederholt wird. Letztlich wird (so glaubt man) das, was die Silbe oder das Wort aussagt, Wirklichkeit.

• **Materialisation:** Erscheinen und Verschwinden (Dematerialisation) von Gegenständen, ohne dass eine äussere physikalische Ursache dafür erkennbar wäre.

• **Meditation:** Geistige Versenkung, bei der das in die Betrachtung versunkene Ich ganz mit dem betrachteten Gegenstand zusammenfliesst.

• **Medium:** Eine Person, die durch ein Schlüsselerlebnis oder durch eine Einweihung die Fähigkeit entdeckt (entwickelt) hat, mit der Geisterwelt Kontakt aufzunehmen. Das Medium versteht sich als "Sprachrohr" eines höheren Wesen, das auf diese Weise den Menschen Botschaften übermittelt.

• **Messianismus, messianisch:** der Glaube an das zukünftige, durch das (Wieder-)Kommen des Messias entstehende Reich, oder allgemeiner: der Glaube an ein zukünftiges göttliches Friedensreich.

• **Metaphysik:** Ursprünglich eine Bezeichnung für die Bücher, die Aristoteles nach (gr. = meta) den Büchern über die Physik angeordnet hatte. Später verstand man darunter die philosophische Disziplin, deren Erkenntnis und Begründungsinteresse über die Natur (gr. = physis) hinausgeht.

• **Mikrokosmos:** der Mensch als Abbild des Makrokosmos.

• **Monismus:** Einheit allen Seins (im Unterschied zum Dualismus als Annahme zweier unvereinbarer Grundkräfte).

• **Monotheismus:** der Glaube an einen einzigen Gott.

• **Mysterien** (Einzahl Mysterium): Geheimlehren, Geheimkulte, geheimgehaltene Riten und Weihen, die den Eingeweihten Zugang zu Gott oder Anteil an der lebensspendenden Gottheit erschliessen.

• **Mystik, Mystiker, mystisch:** religiöse Haltung, bei der nicht nur die Gemeinschaft mit Gott, sondern das Eingehen in die Gottheit, das Verschmelzen und das Auslöschen des menschlichen Ich im Meer der Gottheit erstrebt wird.

• **Morphogenetische Felder:** Weder auf materiellen noch auf energetischen Vermittlungen beruhende "Vorlagen", zu verstehen ähnlich wie Baupläne, die nach dem Biologen Rupert Sheldrake bestimmte Entwicklungen, zum Beispiel Verhaltensarten und Gewohnheiten, erklären könnten.

• **New Age:** Ungenaue Sammelbezeichnung für eine Vielzahl von Gruppen, Ideen und Initiativen, die in den Krisensymptomen unserer Zeit ein Zeichen dafür sehen, dass ein neues Bewusstsein anbrechen wird, das nicht mehr polar, sondern harmonisch denkt. Die New-Age-Bewegung ist in den 70er Jahren in den USA entstanden.

• **Nirwana:** Vollendung, das Auslöschen im seligen Nichts (buddhistisch).

• **Okkultismus, Okkultist, okkult, okkultistisch:** Beschäftigung mit und Erforschung von Erscheinungen, deren Entstehung und Zusammenhänge verborgen (occultus, lat. = verborgen, geheim) sind, z.B. Telepathie, Hellsehen, Spiritismus, Geistersehen, Magie u.a.

• **Operierender Thetan (OT):** Laut Hubbard (s. Scientology) "ein Wesen, das wissentlich und willentlich Ursache über Denken, Leben, Form, Materie, Energie, Raum und Zeit sein kann, subjektiv und objektiv". Übersetzt in die Alltagssprache bedeutet OT eine autonome, frei agierende, befreite Seele.

• **Orakel:** Weissagung (vom lat. "os" – Mund abgeleitet), das heisst durch ein Medium vermittelte Auskunft über einen bestimmten Menschen oder dessen Entwicklung.

• **Orthodoxie, orthodox:** der rechten Glaubenslehre verpflichtet; auch: in den rechten Glaubenslehren erstarrt.

• **Pantheismus, pantheistisch:** Anschauung, wonach Gott ganz in die Welt und ihre Erscheinungen eingegangen ist und mit ihnen eine Einheit bildet.

• **Parapsychologie:** Wissenschaftliche Untersuchung von aussergewöhnlichen, übersinnlichen und vorläufig nicht erklärbaren Erscheinungen.

• **Personalprälatur:** Juristischer Status innerhalb der katholischen Kirche, der direkt vom apostolischen Stuhl verliehen wird. Der Ordinarius einer Personalprälatur kann nationale und internationale Seminare errichten und priesterlichen Nachwuchs ausbilden. Der Orden verfügt innerhalb der kirchlichen Strukturen über weitgehende Autonomie und entzieht sich damit der Kontrolle durch die lokale kirchliche Hierarchie.

• **Pluralismus:** religiöser Pluralismus ist die Bezeichnung für die Situation, in der verschiedene theologische, religiöse und weltanschauliche Ansichten oder Vereinigungen gleichzeitig nebeneinander bestehen.

• **Präkognition:** Behauptung, dass es möglich ist, mittels aussersinnlicher Wahrnehmung (ASW) Informationen zu empfangen, die über die normalen Kanäle der Informationsbeschaffung nicht zugänglich sind.

• **Projektion:** Vorstellungen des Seelenlebens werden auf andere Gegenstände oder Personen übertragen; im extremen Fall können solche Projektionen subjektiv als eigene Wirklichkeit erlebt werden.

• **Psychokinese:** Mit Hilfe der Psyche soll es möglich sein, auf Materie energetischen (Kinetik) Einfluss auszuüben, z.B. Gegenstände zu bewegen oder zu deformieren.

• **Puritanismus, puritanisch:** kirchliche Strömung in England im 16. Jahrhundert, die biblische Einfachheit und Sittenstrenge verlangt.

• **Radiästhesie:** Lehre von den Erd- und kosmischen Strahlungen; mit Hilfe von Ruten und Pendeln sollen die angenommenen Strahlen in ihrem Verlauf feststellbar sein, um gegen die schädlichen Wirkungen Gegenmassnahmen ergreifen zu können. Für die Neutralisierung der Strahlung wird eine Vielzahl von Instrumenten angeboten.

• **Rebirthing:** Therapieform, bei der durch unterschiedliche Atemtechniken das Erlebnis der Geburt wiederholt werden soll.

• **Registrar:** Scientology-Mitarbeiter, der Scientologen Dienstleistungen verkauft oder sie dafür einschreibt.

• **Reinkarnation:** Lehre, nach der der Mensch nicht nur einmal auf der Erde ist. Vielmehr hat er mehrere Leben zu durchleiden, um von Mal zu Mal in einen höheren Bewusstseinszustand zu gelangen. Ursprünglich kommt der Gedanke aus der ostasiatischen Philosophie, in der aber die Reinkarnation als eine Belastung angesehen wird. Reinkarnation ist ein Zeichen der Unerlöstheit.

• **Rituale:** Nach bestimmten Regeln und Abläufen festgesetzte sakrale oder magische Handlungen.

• **Rückführung:** Gemeint ist eine Rückführung in diesem Leben bis zum Augenblick der Empfängnis und darüber hinaus in vorhergehende Leben (>Reinkarnation).

• **Rundown:** Verschiedene kursartige Dienstleistungen werden von den Scientologen als Rundown bezeichnet. Es handelt sich dabei vor allem um Auditing-Aktionen und -Verfahren.

• **Runen:** Germanische Orakelpraktik. Auf kleinen Steinen oder Hölzern sind Zeichen aufgemalt, die eine symbolische Bedeutung besitzen. Solche Symbole werden geworfen, und nach Lage und Sichtbarkeit können Aussagen über die Zukunft gemacht werden.

• **Säkularisierung** (Säkularisation): die Verweltlichung von Bereichen des Lebens und Denkens, die ursprünglich religiös, kirchlich oder theologisch geprägt waren.

• **Satanismus:** Bezeichnung für die Verehrung und Verherrlichung des Satans als das widergöttliche Prinzip. Oft wird der Satanismus verknüpft mit Praktiken der Alchemie und der schwarzen Magie.

• **Schamanismus:** Glaube an Kontakte mit dem Jenseits, an Geisterbeschwörung und Krankenheilung, wie sie von Schamanen, das heisst von psychisch besonders veranlagten Menschen vorgenommen werden.

• **Schwarze Magie:** beschäftigt sich mit den negativen Wirkungen des magischen Handelns.

• **Scientology:** Kunstwort aus dem lateinischen Begriff scire (wissen) und dem griechischen Wort logos (Lehre oder Studium). Der Begriff bedeutet etwa "Lehre des Wissens". Die Scientology-Bewegung definiert ihn folgendermassen: "Eine angewandte religiöse Philosophie und Technologie, die Probleme des Geistes, des Lebens und des Denkens löst". Scientology hat der Bewegung von L. Ron Hubbard den Namen gegeben.

• **Séance:** Sitzung mit einem Medium, um durch spiritistische Praktiken Kontakt mit den Geistern aufzunehmen.

• **Sea-Org. ("Meeres-Organisation"):** Die Eliteeinheit der Scientology-Kirche, die unter anderem Kontrollfunktionen ausübt. Sie erhielt diesen Namen, weil sich Hubbard jahrelang auf internationalen Hoheitsgewässern aufhielt.

• **Spirit Healing:** auf spiritistischer Grundlage erstrebte Heilung.

• **Spiritismus:** Weltanschauung, die davon ausgeht, dass die materielle Welt umgeben und durchdrungen von einer feinstofflichen Geisterwelt ist. Der Spiritismus dient als Erklärungsansatz für okkulte Vorgänge.

• **Spiritualismus, spiritualistisch:** eigentlich die Lehre, der Geist sei die einzige Grundlage allen Seins. Als spiritualistisch bezeichnen sich aber auch religiöse Vereinigungen, in denen jenseitige Geistführer sich durch ein Medium kundtun.

• **Spukerscheinungen:** Sammelbezeichnung für rational unerklärliche und darum unheimliche Erscheinungen. Sie werden zurückgeführt auf das Erscheinen Verstorbener. Spukerscheinungen, soweit sie nicht auf Täuschung beruhen, sind Untersuchungsgegenstand der Parapsychologie.

• **Suggestion, suggestiv:** zwingende seelisch-geistige Beeinflussung.

• **Synchronizität:** In sich vernetzte Gleichzeitigkeit von Erscheinungen.

• **transzendental:** In der Philosophie (Erkenntnislehre) das, was die Bedingungen der Möglichkeit von Erfahrung ausmacht, in der Esoterik das, was vom irdischen Erkennen abgerückt ist.

• **Synkretismus:** Verschmelzung von Religionen, religiösen Anschauungen und Weltanschauungen.

• **Tantrismus, tantrisch:** Hinduistisches Lehrsystem aus dem 1. Jhdt. n. Chr. Durch Riten und Zeremonien soll der Schüler zu höheren Kräften gelangen.

• **Taoismus, taoistisch:** Chinesische, auf Laotse zurückgeführte, mit weiteren Elementen durchwirkte religiöse Lehren.

• **Telekinese:** Entfernte Gegenstände werden bewegt oder verändert, ohne dass die bekannten Energieübertragungswege benutzt werden.

• **Telepathie:** Fähigkeit, räumlich und zeitlich auseinanderliegende Gedanken und Gefühle auf Menschen zu übertragen.

• **Theonomie:** Bindung des Lebens und Handelns an den Willen Gottes (Gottesgesetzlichkeit), im Gegensatz zur menschlichen Autonomie (Selbstbestimmung) ebenso wie zur menschlichen Heteronomie (Bindung an andere Mächte).

• **Thetan:** Abgeleitet vom griechischen Buchstaben Theta, der auch als Symbol von Geist gilt. Der Thetan ist die scientologische Seele. Die Scientology-Definition lautet: "Die Person selbst, nicht ihr Körper..., das, was sich bewusst ist, bewusst zu sein; die Identität".

• **Theosophie, theosophisch:** Weisheit von Gott, die durch höhere Formen der Wahrheitsschau gewonnen werden soll.

• **Totalitarismus, totalitär:** Einseitige Ausrichtung auf das Ganze (das soziale System) und Vernachlässigung der Teile (der Individuen).

• **Trance:** schlafähnlicher, hypnotischer oder verzückter Zustand mit der Empfindung, man sei örtlich und zeitlich anderswo.

• **Transformation:** Oberstes Ziel der New-Age-Bewegung ist es, eine Transformation (=Umwandlung) des menschlichen Bewusstseins durchzuführen, so dass der Mensch in Einheit mit sich, der Natur und dem Kosmos leben kann. Als Hilfestellung werden hierzu verschiedene Therapie- und Meditationsformen angeboten. Die Transformation soll global wie auch individuell geschehen.

• **transpersonal:** die durch das Menschsein gegebenen Grenzen überschreitend. Sich ins Überpersönliche erstreckend.

• **Vision, visionär:** geistige Schau, Erscheinung; Neigung, Fähigkeit zu geistiger Schau.

• **Wassermann-Zeitalter:** Astrologen sprechen in Anlehnung an die Sternbilder von Sternzeitaltern, die jeweils etwa 2000 Jahre dauern. In unserer Zeit geht nach astrologischen Aussagen das Zeitalter der Fische zu Ende, und das Zeitalter des Wassermanns nimmt seinen Anfang. Es soll eine Periode des Heils, des Friedens und der Harmonie sein. Über das Anfangsjahr des neuen Zeitalters gehen die Ansichten der Astrologen auseinander.

• **Weise Bruderschaft:** die Vorstellung von einer unsichtbaren geistigen, irdisch-überirdischen Bruderschaft, deren Äusserungen dem esoterisch Eingeweihten wahrnehmbar sind.

• **Weisse Magie:** Die Weisse Magie beschäftigt sich mit guten, hilfreichen Wirkweisen, die durch magische Handlung erreicht werden sollen.

• **Wendezeit:** Astrologische und in der New-Age-Bewegung aufgenommene Bezeichnung für den Zeitraum, an dem in einem kosmischen Weltenjahr der Übergang von einem Monat in den anderen stattfindet. Mit dieser Wende verbindet man nicht nur den Abschluss einer zeitlichen Epoche, sondern man geht davon aus, dass sich auch das geistige Bewusstsein ändert.

• **Zungenrede, (Glossolalie):** religiös-verzücktes Sprechen in unverständlichen Lauten (die übersetzt werden sollen) oder in einer dem Zungenredenden fremden Sprache.

Beratungsstellen

• **infoSekta**, Verein Informations- und Beratungsstelle für Sekten und Kultfragen, Schweighofstrasse 420, Postfach, 8055 Zürich, Tel. 01/451 52 52.

• **Oekumenische Arbeitsgruppe "Neue religiöse Bewegungen in der Schweiz"**

Dr. Georg Schmid, Im Baumgarten 24, 8606 Greifensee, Tel. 01/940 19 73

Kaplan Joachim Müller, Wiesenstr. 2, 9436 Balgach, Tel. 071/72 33 17

Martin Scheidegger, Matthofring 4, 6002 Luzern, Tel. 041/44 78 19

Dr. Oswald Eggenberger, Frohalpstr. 77, 8038 Zürich, Tel. 01/482 01 29

Stefan Kuster, Auf der Mauer 13, 8001 Zürich, Tel. 01/251 76 20

• **Selbsthilfegruppen**

SADK (Schweizerische Arbeitsgemeinschaft gegen destruktive Kulte), Postfach 18, 8156 Oberhasli. Tel. 071/75 61 07

AGSD (Aufklärungs-Gemeinschaft über Scientology und Dianetik), Postfach, 8036 Zürich

Psychostroika, Postfach 261, 8024 Zürich

• **Regionale Beratungsstellen**

– Aargau:

Jugendseelsorge Aargau, Konrad Flury, Feerstr. 8, 5000 Aarau, Tel. 064/22 86 06

Pfr. Lothar Mack, Langfohrenstr. 501, 5322 Koblenz

– Appenzell:

Pfr. Walter Frei, Oberdorf 32, 9055 Bühler

– Basel-Stadt:

Evangelischer Jugenddienst, Peterskirchplatz 8, 4051 Basel, Tel. 061/25 20 86

– Basel-Land:

Reinhard Müller, Bruggzeltweg 16, 4147 Aesch BL

– Bern:

Jugendseelsorge, Rainmattstr. 18, 3011 Bern, Tel. 031/25 77 47

Kath. Jugendseelsorge, Herzogstr. 23, 3014 Bern, Tel. 031/41 85 42

Pfr. Walter Wieland, Ref. Pfarramt, 3452 Grünenmatt, Tel. 034/71 14 26

Pfr. Franz Liechti, Lindenstrasse, 3367 Thöringen, Tel. 063/61 16 83

Pfr. Dr. Bernhard und Susanne Rothen, 3770 Zweisimmen, Tel. 034/ 71 14 26

Reformierte Heimstätte, 3645 Gwatt/BE, Tel. 033/36 31 31

– Freiburg:

Arbeitsstelle für Jugendseelsorge, Burgbühl, 1713 St. Antoni, Tel. 037/35 11 24

– Genf:

Saint-Boniface,14, av. du Mail, 1205 Genève, Tel. 022/26 25 75

– Glarus:

Pfr. K. Staub, 8874 Mühlehorn

– Graubünden:

Dr. Giosch Albrecht, Beratungsstelle für Ehe-, Familien- und Lebensfragen, Plessurquai 53, 7000 Chur, Tel. 081/22 56 58

Pfr. Peter Rudolf, 7278 Monstein

– Luzern:

Pfr. Martin Scheidegger, Matthofring 4, Postfach 3907, 6002 Luzern, Tel. 041/44 78 19

– Schaffhausen:

Evangelische Jugendberatung, Fischhäuserstr.44, 8200 Schaffhausen, Tel. 053/24 87 82

Dr. Joachim Finger, Hohenstoffelstr. 20, 8200 Schaffhausen

Katholische Jugendseelsorge, Fäsentaubstrasse 4, 8200 Schaffhausen, Tel. 053/25 36 35

– St. Gallen:

Pfr. Günter Schnöring, Langmoosweg 6, 9400 Rorschach, Tel. 071/42 48 65

Arbeitsstelle für kirchliche Jugendarbeit, Elisabeth Müggler, Webergasse 9, 9000 St. Gallen, Tel. 071/22 64 60

Ehe- und Familienseelsorge, Niklaus Knecht-Fatzer, Grütliweg 5, 9000 St.Gallen

Armin Vökle, Fröbelstr. 12, 9500 Wil, Tel. 073/23 24 94

oder Lommiserstr. 6, 9545 Wängi, Tel. 054/51 24 75

– Tessin:

Don Giovanni Maria Colombo, Via S. Gottardo 58, 6500 Bellinzona, Tel. 091/44 86 32

Don Francesco Palmisano, Ospedale Beata Vergine, 6850 Mendrisio, Tel. 091/ 46 42 42

Don Giuseppe Bentivoglio, 6808 Toricella

– Thurgau:

Pfr. René Perrot, Poststr. 3, 9325 Roggwil

Pfr. Andreas Baumann, Kirchstr. 24, 8353 Sulgen

– Wallis:

Jugendseelsorge, Marcel Margelisch, Bildungshaus St. Jodern, 3939 Visp, Tel. 028/46 74 74

– Zürich:

Jugendseelsorge, Stefan Kuster, Daniel Ammann, Auf der Mauer 13, 8032 Zürich 1, Tel. 01/251 76 20

Pfr. Dr. Oswald Eggenberger, Frohalpstr. 77, 8038 Zürich, Tel. 01/482 01 29

Evangelische Arbeitsstelle für Jugendseelsorge und Jugendfragen, Jörg Weishaupt, Ausstellungsstrasse 105, 8031 Zürich

Arbeitshilfen für Unterricht und Erwachsenenbildung

Fachzeitschriften (Themenhefte)

RL – Zeitschrift für Religionsunterricht und Lebenskunde, Zürich

1 (83): Neue religiöse Bewegungen: Kinder Gottes.

3/4 (85): Christliche Freikirchen und Sondergemeinschaften ("Sekten").

3 (91): "Die ich rief, die Geister..." Okkultismus in der Schule

RU – Zeitschrift für die Praxis des Religionsunterrichts, Mainz

1 (89): Okkultismus. Begegnung und Auseinandersetzung

RHS – Religionsunterricht an höheren Schulen, Düsseldorf

5 (87): Esoterik.

CPB – Christlich-pädagogische Blätter, Wien

5 (87): Esoterik.

Religion heute. Athenäum, Frankfurt

2 (88): Okkultismus.

Unterrichtsmaterialien

Hodel H. - Müller J., Neue religiöse Bewegungen (mit 15 Farbdias), Zürich/Köln 1982. (Unterrichtsmodelle zu Scientology, Vereinigungskirche, Krishna-Bewegung und Bhagwan, z.T. überholte Materialien)

Neue Kultbewegungen und Weltanschauungsszene. Hintergründe, Phänomene, Ortsbeschreibungen. Methodische Hilfen und Anleitungen. Arbeitshilfen für die Gemeinden im Bistum Aachen, Bd. 1 und 2, Mönchengladbach 1987, 1990. (Hervorragende Informationshilfe über den gesamten Bereich der Neuen Religiosität, Arbeitsentwürfe und Unterrichtsmodelle für Schule und Erwachsenenbildung)

Rausch U. - Türk E., Geister-Glaube. Arbeitshilfen zu Fragen des Okkultismus, Düsseldorf 1991. (Wertvolle Anregungen; Unterichtsmodelle zu verschiedenen Themen des Jugendokkultismus)

Filme und Videos zum Thema

Zahlreiche 16 mm-Filme und Videos VHS zum Thema sind erhältlich bei: Selecta/Zoom-Verleih, Jungstr. 9, 8050 Zürich (Tel.: 01/302 02 01). Einen Katalog mit kommentierten Filmvorstellungen hat der Evang. Mediendienst, Zentrale Mediendokumentation, Postfach 45, 3000 Bern 23 (Tel. 031/46 16 76) zusammengestellt.

Einige Beispiele von Filmen/Videos, die an diesen beiden Stellen erhältlich sind:

- Die Auserwählten. (Die 19jährige Susanne B. schildert ihren Weg aus der persönlichen Isolation in die scheinbare Geborgenheit einer "Jugendsekte", aus deren Bann sie sich nur mit Mühe lösen kann.)
- Dozwil im Banne einer Sekte. Film zur Michaelsvereinigung in Dozwil (Zeitspiegel-Reportage 27. 6.1988).
- Traumreise nach Innen. New Age – neues Bewusstsein im neuen Zeitalter. 1987.
- Scientology. Reportage Kassensturz 1990.
- Gehirnwäsche. Scientology. Sendung Westdeutscher Rundfunk 1990.

Fragebogen und Arbeitsblätter

Gruppierungen mit totalitärem Trend? – Ein Denkanstoss

- ❍ Die Gruppe spricht junge Menschen an, die nach dem Sinn des Lebens fragen und ihre Kraft zur Verbesserung der Welt einsetzen wollen.
- ❍ Sie bietet eine starke Führungsgestalt (Guru, Messias, Prophet, Meister, Philosoph) oder eine absolute, durchschlagende Leitidee an.
- ❍ Dieser Führer besitzt das Heilsrezept und verlangt absoluten Gehorsam.
- ❍ Die Mitglieder werden in Gruppen zusammengebracht und haben ein intensives Gruppenerlebnis.
- ❍ Die Freundlichkeit der Gruppenmitglieder fasziniert, man fühlt sich geborgen und verstanden.
- ❍ Die Mitglieder fühlen sich zu hohen Zielen auserwählt.
- ❍ Die Gruppe wird als heile Welt erlebt. In ihr "stimmt alles", im Gegensatz zur übrigen Welt.
- ❍ Alle anderen Menschen gelten als verblendet oder vom Satan verführt oder befinden sich bewusstseinsmässig auf einem tiefen Niveau.
- ❍ Man kann in der Gruppe aufsteigen; es besteht eine ausgeprägte Motivation, auch niedrigste Arbeiten zu verrichten – als Weg zum religiösen Glück.
- ❍ Man setzt seinen ganzen Idealismus ein für die Werbung neuer Mitglieder (z.B. Verkauf von Büchern, Schallplatten etc.) und die Förderung der eigenen Gruppe.
- ❍ Man glaubt, in der Gruppe das gefunden zu haben, wonach man schon immer gesucht hat.
- ❍ Man sieht es als höchstes Ziel an, nur noch für die Gruppe zu arbeiten, auch unentgeltlich.
- ❍ Man spendet sein ganzes Vermögen oder verbraucht es zum Kauf von Kursen und macht Schulden für die Gruppe.
- ❍ Alle Tätigkeiten in der Gruppe sind mit religiös verbrämten Zielen verbunden.
- ❍ Man ist kaum je allein und wird dauernd beschäftigt.
- ❍ Die Gruppenmitglieder kontrollieren sich untereinander.
- ❍ Man erlebt Angstgefühle beim Gedanken an einen Austritt.
- ❍ Die Lehren der Gruppe werden als "wahres Wissen" verstanden und können nicht hinterfragt werden.
- ❍ Die dauernde Beeinflussung durch die Lehre lässt dem einzelnen kaum Zeit zum Nachdenken.
- ❍ Eine von aussen kommende Kritik, auch durch Eltern und Freunde, gilt als Bedrohung und wird unterbunden.
- ❍ Familiäre Bindungen und Freundschaften werden zugunsten der neuen Gruppe aufgegeben. Wenn sich Eltern oder Freunde gegen die Gruppe stellen, entsteht ein Hass auf sie.
- ❍ Das bisherige Leben wird als sinnlos und verloren angesehen.
- ❍ Man lebt in der Gegenwart; Vergangenheit und Zukunft haben einen geringen Stellenwert.

Schon wenige Kreuze können auf einen totalitären Trend der Gruppe hinweisen.

Wie widerstandsfähig bin ich gegenüber totalitären Gruppierungen? – Eine Checkliste

	Ja	teils/teils	Nein
1. Wenn mir etwas schiefgegangen ist, dann habe ich in der Regel das Gefühl: Immer ich!	0	1	2
2. Ich neige dazu, Problemen und Konflikten aus dem Weg zu gehen oder ihre Lösung aufzuschieben.	0	1	2
3. Es macht mir Spass, mich mit gegensätzlichen Ansichten und Haltungen auseinanderzusetzen.	2	1	0
4. Ich kann einen unangenehmen Zustand im allgemeinen gut aushalten, wenn ich weiss, dass er nur eine bestimmte Zeit lang andauert.	2	1	0
5. Ich fühle mich unwohl, wenn ich spüre, dass irgendwo eine Spannung besteht.	0	1	2
6. Ich nehme nicht gern an Diskussionen teil, weil ich dann oft in meiner eigenen Haltung unsicher werde und nicht weiss, was ich sagen soll.	0	1	2
7. Mein Leben wird meist durch Ziele bestimmt, die mir wie ein Kompass die Richtung angeben.	2	1	0
8. In Konflikten habe ich oft ein prickelndes Gefühl, und ich bin gespannt, wie es weitergeht.	2	1	0
9. Wenn es mir in einer Situation unbehaglich ist, fällt es mir im allgemeinen schwer, darüber zu sprechen.	0	1	2
10. Ich mag Lebenssituationen, die offen sind und die ich selber ausgestalten kann.	2	1	0
11. Wenn ich Unlustgefühle habe, frage ich mich oft zuerst, wie sie entstanden sind.	2	1	0
12. Mein Leben, so wie ich es gegenwärtig führe, empfinde ich als sinnvoll.	2	1	0
13. Wenn Schwierigkeiten und Probleme auftreten, bin ich rasch entmutigt.	0	1	2
14. Vor einer Entscheidungssituation stelle ich mir in der Regel vor, die günstigere Variante werde eintreten.	2	1	0
15. Mein Verhalten wird stärker durch mich selbst als durch äussere Umstände bestimmt.	2	1	0
16. Wenn ich in einer unklaren Situation bin, habe ich meist ein unangenehmes Gefühl.	0	1	2
17. Nach einem Misserfolg bin ich oft noch lange mutlos und resigniert.	0	1	2
18. Ich entwickle viel Eigeninitiative.	2	1	0
19. Ich habe im allgemeinen genügend Selbstvertrauen, um den Aufgaben und Schwierigkeiten in meinem Leben zu begegnen.	2	1	0
20. Ich bin Unlustgefühlen oft gänzlich ausgeliefert und kann schlecht mit ihnen umgehen.	0	1	2
Insgesamt:	....	....	....

Über 30 Punkte: Sie werden kaum je den Verlockungen einer totalitären Gruppierung erliegen! (Oder sind Sie bereits Mitglied einer solchen Gruppe?) *Unter 20 Punkte:* Ihre Widerstandskraft gegenüber den Versprechungen totalitärer Gruppierungen und Bewegungen ist nicht sehr ausgeprägt. (Vielleicht sind Sie auch ausserordentlich selbstkritisch!)

Lebe ich in einer Umwelt, aus der ich nicht auszubrechen brauche? – Ein Diskussionsauslöser

- ❍ Ich fühle mich geborgen und beheimatet in der Gruppe und in der Umgebung, in der ich lebe.
- ❍ Meine Lebensumstände geben mir ein Gefühl von Selbstwert und Selbstvertrauen.
- ❍ Mein gegenwärtiges Leben ist erlebnisreich.
- ❍ Ich werde in meiner Umgebung als ganzer Mensch wahrgenommen und akzeptiert.
- ❍ In meiner Umwelt mache ich mehr ermutigende als entmutigende Erfahrungen.
- ❍ Meine Umgebung nimmt Anteil an meinem Leben.
- ❍ Mein Leben gibt mir ein Gefühl von Sinn.
- ❍ Ich fühle mich in ein soziales Netz eingebettet, das gemeinschaftliche Erlebnisse vermittelt.
- ❍ In meinem Leben kann sich auch Spontanes und Gefühlvolles entfalten.
- ❍ Auch nach meinem Tode werden gewisse Spuren an mich erinnern.
- ❍ In meinem Lebenskreis gibt es viel Spannendes und Geheimnisvolles, das mich in Atem hält und mich staunen lässt.
- ❍ Ich habe mit vielen Menschen in meiner Umgebung ein offenes und herzliches Verhältnis.
- ❍ Ich erfahre durch meine Arbeit Befriedigung und Sinn.
- ❍ Meine Umwelt braucht mich.
- ❍ In meinem Lebenskreis kommen oft Fragen über den Sinn des menschlichen Lebens zur Sprache.
- ❍ Ich habe das Gefühl, was mir wichtig ist, könne ich denen mitteilen, die es brauchen.
- ❍ Mein Leben ist offen für den Bereich des Gemeinschaftlichen und Überpersönlichen.
- ❍ Mein Leben verläuft in mancher Hinsicht spontan und nimmt immer wieder eine neue Richtung.

Mehr als 14 Punkte: Ich lebe in einer Welt, aus der auszubrechen ich wenig Anlass habe.

Weniger als 10 Punkte: Meine Lebensumstände entsprechen nicht dem, was für ein reiches und erfülltes Leben wichtig wäre. Wie kann ich mein Leben so verändern, dass ich dadurch mehr Befriedigung erfahre?

Totalitäre Gruppen

Kulturelle Entstehungsbedingungen und individuelle Reaktionen

Problematik	**Suche nach Lösungen**
1. Aufweichung des Wert- und Normengefüges ("Pluralismus") →	Gefühls- und handlungsmässige Desorientierung Suche nach einfachen, "griffigen" Erklärungs- und Orientierungsmustern
2. Überfordernde Komplexität der modernen Umwelt	Abhängigkeit von Autoritäten, die über eine "klare Durchsicht" verfügen
3. Traditionelle Sinnspender (Religionen u.a.) haben an Verbindlichkeit eingebüsst.	Bedürfnis nach alternativer Teilhabe am "Übergreifenden" (Astrologie, Esoterik, östliche Weisheit, "neue Mystik" etc.)
4. Zerfall bergender sozialer und gefühlsmässiger Strukturen	Bedürfnis nach gefühlshaftem Leben in der Aufgehobenheit überschaubarer Gruppen.
5. Gefühl der individuellen Bedeutungslosigkeit in der anonymen Massengesellschaft	Die Mitgliedschaft in einer "erleuchteten" und "geretteten" Gruppe vermittelt das Gefühl, als Person bedeutungsvoll zu sein und gebraucht zu werden.
6. Verdrängung irrationeller Lebensaspekte aus der "offiziellen" Welt; einseitige Bewusstseinslage: Überbetonung der materiellen Wirklichkeit und der Extraversion	Faszination durch das verdrängte Übersinnliche, Numinose, Mystische, Dämonische, Dunkle...
7. Die Jugendkrise (Initiation in die Gesellschaft) findet immer mehr ausserhalb der "offiziellen Regie" statt.	Maximale Offenheit für alternative, subkulturelle Orientierungs- und Verhaltensmuster
8. Die moderne "Informationsgesellschaft" überschwemmt uns in bisher unbekanntem Ausmass mit unkoordinierten Denkanstössen. →	Abwehr Aktivierung des Bedürfnisses nach Erkenntnis, insbesondere hinsichtlich der "Grenzen von Mensch und Welt".
Aspekte einer Kultur in ausgeprägtem Wandel (Kulturkrise)	**Symptome für Mangelerscheinungen in dieser Kultur.** **Problematik der Prävention: Bei den Symptomen oder bei den Mangelerscheinungen ansetzen?**

Über die menschliche Bedürftigkeit

Ein anthropologischer Exkurs

"Sie haben Ihren persönlichen Stil." "Sie wissen, was Sie wollen". "Sie sind unkonventionell".

Eine "unverwechselbare Persönlichkeit" sein heisst, das eigene Leben frei, unabhängig, "aus eigener Kraft" gestalten. Doch wer kann das schon? Woher die Zeit und die Kraft nehmen, um im Alltagsgetümmel Individualität zu markieren und zu beweisen, um sich seine eigene, persönliche Meinung zu bilden – und sich auch dementsprechend zu verhalten?

Der Mensch – der "erste Freigelassene der Schöpfung" – gilt zwar als das einzige Lebewesen, das sich nominell frei entscheiden kann, doch faktisch ist er dazu oft nicht fähig. Das ist seine tragische Grundsituation!

Wissenschafter beschreiben diese mangelhafte Ausstattung des Menschen zum Überleben und seine Hilfsbedürftigkeit mit Begriffen wie "physiologische Frühgeburt" (Adolf Portmann), "Prothesengott" (Sigmund Freud) oder "infantiler Affe" (John B. Watson).

Wer hat schon die Zeit, all den Fragen, mit denen ihn der Alltag konfrontiert, wirklich auf den Grund zu gehen? Und wer hat die Kraft, die Ungelöstheit all dieser Fragen auszuhalten? Einzig der klassische "Philosoph" ist vom Handlungszwang des Alltags befreit. Er kann es sich leisten, solche Fragen in der Schwebe zu lassen.

Ganz "aus eigener Kraft" zu leben ist eine Illusion. Niemand kann gänzlich auf Geh-Hilfen verzichten. Sie erleichtern uns das Leben – schränken dabei aber unseren individuellen Freiheitsspielraum ein.

Darum: Krücken nur so lange brauchen, bis man sich auch ohne sie bewegen kann! Je stärker die Eigenständigkeit, desto entbehrlicher werden sie.

Autorinnen und Autoren

Klaus J. Beck, Jg. 1945, Matura, Lehrerausbildung, Studium der Pädagogik/Psychologie/Soziologie, M.A., Dozent in der Ausbildung von Sozialarbeitern und Sozialpädagogen, Pfarrer in einer Projektgemeinde, wissenschaftlicher Mitarbeiter an einem Institut für religionspädagogische und lebenskundliche Fragen, seit 1982 Religionslehrer und Beauftragter für Jugendarbeit in einer Winterthurer Kirchgemeinde.

Rosmarie Gerber, geboren 1953 in Luzern, arbeitet seit dreizehn Jahren als Journalistin. Nach zwei Jahren als Redaktorin beim "Schweizerischen Beobachter" schreibt sie heute vor allem über Recht, Wirtschaft und Politik.

Kurt-Emil Merki, Jahrgang 1950, ist seit 1977 als vollberuflicher Journalist tätig. Von 1980 bis 1986 war er beim Tages-Anzeiger Redaktor und Reporter. Seit 1987 ist er als freier Journalist Mitglied des Pressebüros Index in Zürich. Seine Themenschwerpunkte: Alltags- und Gerichtsreportagen. Seit 1988 beobachtet und beschreibt er den VPM.

Hugo Stamm ist Journalist und befasst sich seit Mitte der 70er Jahre mit Sekten, neureligiösen Kulten und doktrinären Gruppierungen. Er schrieb Dutzende von Artikeln zu diesen Themen und publizierte 1982 das inzwischen vergriffene Buch "Scientology – Seele im Würgegriff".

Jacques Vontobel, geb. 1933, Dr. phil. I, Sozialpsychologe. Primarlehrer, wissenschaftlicher Mitarbeiter an der ETHZ, Studienleiter am Institut für Angewandte Psychologie Zürich. Seit 1976 am Pestalozzianum tätig (Fachstelle Lebens- und Sozialkunde), daneben freiberufliche Tätigkeit (Lehraufträge etc.).

Maja Wicki, geb. 1940, Dr. phil, Journalistin BR, Lehraufträge an Mittelschulen, Volkshochschule und verschiedenen Universitäten; vier erwachsene Kinder.